アメリカの
資本蓄積と社会保障

本田浩邦

日本評論社

はしがき

「憐れみと縛り首」の経済学

ポーランドの歴史学者ブロニスワフ・ゲレメクは、中世から近代のヨーロッパの貧困対策の歴史を概観し、「施しという慈善行為が乞食に加えられた縛り首の恐怖と交代したのではなく、それが弱まる時期と力を増す時期とが交互に現れ、突出する時期と衰退する時期とが繰り返されてきた」と述べている（Geremek [1991]）。ゲレメクは、貧者に対する救済と懲罰を「憐れみと縛り首」と呼び、自著の表題に掲げた。

ゲレメクのいうヨーロッパ史の「憐れみ」と「縛り首」は、ともにアメリカの経済システムの歴史にも内蔵されている。それぞれの時代の貧者に対する姿勢がこの2つの類型に截然と区別されるわけではないが、1930年代から60年代まではリベラル派が前者を、それ以降は保守派が後者を経済政策の舞台の前面に押し出したといえよう。

ローズヴェルト大統領によるいわゆる「ニューディール」と呼ばれる一連の経済政策が開始されたのは大恐慌のただなかの1933年であった。大規模な公共事業による雇用創出、年金や失業保険など社会保障制度などが創設され、労働組合の法的な地位が確立した。すこし遅れて戦時生産体制が本格化した40年代初頭から大戦後の数年にかけて所得分配の不平等が大幅に是正された。その柱となったものは、大規模な財政支出と経済資源の軍需生産への集中、高額所得層に対する限界税率の引き上げ、企業の利潤、配当の抑制、最低賃金の引き上げ、女性やマイノリティの雇用拡大などであった。これらは、直接には戦時経済をインフレなしに遂行することを目的とした政策措置であったが、結果的には富裕層の所得を削減し、貧困層の所得を底上げする結果をもたらした。

戦時期に連邦政府の財政規模はニューディール以前の10倍、ニューディール期の7倍となり、国内総生産に占める政府部門の割合は、同じ期間に

15％から48％まで膨れあがり、所得と消費を支えた。

　戦後アメリカの政策担当者や社会運動家たちにとって、この経験は強力な経済政策があれば、分配の望ましい水準や公正さを達成することが可能であることを証明しているように思われた。1930年代の大量失業の再来を回避し、成長の拡大を実現するためには、ニューディールの規模をはるかに上回る、政府の経済活動へのより大規模な介入が必要であると彼らは考えた。19世紀の革命家たちがフランス革命の経験に強くとらわれたように、彼らもまた、多かれ少なかれニューディールとその後の財政上の革命に影響を受け、それを自分たちの目標と手段を理解する手がかりとしたのである。

　ケネディ政権下で経済諮問委員を務め、のちにノーベル経済学賞を受賞したジェームス・トービンは、1967年に、10年後の76年までに貧困が克服できると主張したが、それは戦後経済学の楽観的なムードを表している（Tobin [1967]）。トービンに限らず、当時、経済学者たちは、失業や貧困の克服についてかなり楽観的にみていた。そこには市場経済が生み出す歪みは、市場自体の力と国家の経済政策によって克服しうるという、市場と政策に対する絶大なる信頼があった。

　ところが、戦後の高い成長率が維持され、さらにその果実の分配が均等に行われるという状態はそう長くは続かなかった。1960年代半ばにジョンソン政権が行った失業給付の拡大、メディケア（高齢者向け医療給付）やメディケイド（貧困者向け医療補助）など医療保障、マイノリティに対する積極的優遇政策の導入を最後にアメリカにおける社会保障制度の整備はあまり進まなくなった。68年の大統領選挙以降、ヴェトナム政策をめぐって国内世論は分裂し、国内問題についてもニューディールを積極的に支持した白人中間層が社会保障の強化を求める流れから離脱しはじめた。70年代にはいると、アメリカ経済が生産性を押し上げる力は徐々に弱まり、高雇用を保障する政府の約束はますますその基盤を失うようになってきた。企業はインフレや国際競争力低下のしわ寄せを労働者に転嫁するようになり、賃金抑制と生産の海外移転を進め収益性の確保を図った。その結果、所得分配の不平等が再び大きくなりはじめた。所得再分配政策はそれに対応するどころか、むしろ後退した。時を同じくして、福祉政策の非効率が声高にさけばれるように

なり、生活保護受給をめぐるモラルハザードなどがさかんに取り上げられるようになった。

　1980年に共和党レーガン政権ができ、新自由主義の経済政策がとられるころになると、社会保障政策は不必要なものであるか、せいぜい必要悪にすぎないと主張されるようになった。低成長と経常収支赤字、財政赤字、福祉制度の機能不全を、保守派は企業や市場の問題ではなく、ニューディール以来の「大きな政府」の誤りであると攻撃した。今日の経済学は、こうした変化を反映し、経済成長の長期的停滞の根源に生産性上昇率の鈍化があるとみなし、わずかばかりの成長のためでさえよりいっそうの教育投資と技術革新が必要であると強調するようになった。古典派の陰鬱な「縛り首」の経済学への回帰である。それを理論的に表現したのが、80年代はミルトン・フリードマン、ジョージ・ギルダー、チャールズ・マレー、アーサー・ラッファー、マーティン・フェルドスタインといった人たちであり、現在ではグレゴリー・マンキュー、フィニス・ウェルチ、ゲイリー・ベッカー、ルイジ・ジンガルス、アーサー・ブルックスらである。

　こうしてトービンの時代から数十年間で、アメリカの所得再分配政策に対する政策的認識は一変した。企業の給与支払いの不平等は野放しにされ、戦後の経済政策によって築かれた福祉の成果は確実にくつがえされつつある。

本書の課題

　本書は、第二次世界大戦後から今日までのアメリカ経済の以上のようなプロセスを、資本蓄積と社会保障の関係を軸に考察したものである。

　第Ⅰ部の課題は、こうした「憐れみモデル」から「縛り首モデル」に変貌する経済の発展過程を考察している。

　戦後の経済学は、安定的で持続的な経済発展のもとで、高雇用下の生産性上昇が国民生活の持続的向上に結びつくことを多かれ少なかれ想定したものであった。技術革新が経済成長率を高め、消費と貯蓄が活発な投資を生み、その成果は公平に分配される。拡大する経済は人々に遍く恩恵をもたらす。こうした意味で、戦後の経済学は、伝統的な新古典派のストイックな理論的骨格を保持しつつも、国民全体の生活の実質的な向上を展望する、「施し」

と「憐れみ」の形質を獲得したものとなった。第1章では、戦後の経済学がどのような特徴をもった理論であったかを検討し、第2章では、戦後アメリカの資本蓄積の過程に即して、戦後経済学が主張したことの現実的な成果をみる。実際は、経済学の予見に反して、戦後の成長期の終焉とともに投資と生産性は徐々に停滞し、人々の受け取る実質的な労働報酬はその生産性をもはるかに下回る事態となり、現在では、「第三次産業革命」といわれる技術革新のなかで、むしろ「技術的失業」の可能性が取り沙汰されている。こうした今日の経済停滞の複雑な特徴は、技術や生産性が不足しているために起こっている現象ではない。アメリカのような世界的に最も技術革新と高い生産性を誇る国が、よりいっそうの生産性の増大が必要であるというのは、いかにもパラドキシカルである。第3章では、近年の経済学の諸説を取り上げて、こうした問題を考える。第4章では、多少異例であるが、主流派の経済学がほとんど対象とせず、もっぱら非主流派の経済学にゆだねられてきた「経済的余剰」の領域の問題を取り上げ、資本蓄積の重層的で複雑な性格を描こうとしている。なお、本書では資本蓄積という用語を企業活動の総体という意味で用いている。

　第Ⅱ部では、アメリカの社会保障制度を扱っている。第5章でみるように、現在のアメリカにおける社会保障制度は高雇用体制を前提に、人々が労働市場から離脱した場合にのみ、社会が一時的な救済の手をさしのべるものとして作られたものである。その救済の対象はあくまで高齢、傷病、失業、困窮などの問題を抱えた人々に限定され、給付水準も一時的な離職期間もしくは退職後の最低限の生活を支えるに足るものにすぎず、したがって就労促進的な要素が強い。さらに制度そのものが民間市場に依存する割合が非常に強い。しかし、国際競争、技術革新、サービス経済化の進展によって、企業の業態転換が激しくなり、企業の雇用能力が衰弱すると、高雇用を前提とし、職域を通じて年金・医療など社会保障制度へ加入するというこれまでの方式では、多くの家計を支えることがますます難しくなりつつある。選別的で普遍性の希薄なアメリカの社会保障制度が、その土台となる雇用体制の弱体化にともなって、その対象を狭め、機能を低下させているのである。とくに雇用流動性の高い中位所得層以下の労働者層、家計が制度の対象からはず

れがちとなる。オバマケアは医療制度面でこの不備を補おうとする試みであるが、第6章では、それがどのように困難な課題であるかをみている。

　脆弱な労働市場の土台のもとでは安定的な社会保障制度は成り立ちにくい。社会保障財政の膨張に対して、受給者をバッシングし、制度の就労促進的要素を強めようとする対策がとられてきた。しかしこうした対応は、労働市場がまともな雇用と報酬を生み出すというこの制度の前提そのものが失われつつあることを無視したものである。生活保障を全面的に市場にゆだねるというのは、保守派の掲げる方向性であるが、市場自体の雇用力の弱体化が社会保障制度の弱体化を生んでいるのであるから、この主張の誤りは明らかである。労働市場から排除されたものを、排除メカニズムをそのままにしてそこへ押し戻すというのは問題の解決策ではなく、それ自体がさらなる問題である。

　アメリカのリベラル派のあいだでも既存のニューディール型社会保障に対する思い入れは根深く、その単純な維持、拡大を主張する人々も少なくない。その意味では、アメリカの既存の社会保障制度に対する評価は定まっていないように思える。この点では、日本においても同様である。

　こうした労働市場と社会保障制度の限界に対する認識から現れてきたものが、第Ⅲ部で検討する普遍的所得保障の考え方である。将来的に有効な社会保障制度の実現は、既存の制度の単純な量的拡大によっては成し遂げることができないというのが本書の立場である。

　第Ⅲ部では、社会保障制度の代替案の可能性を考察する。既存の制度を、就労その他の給付条件をつけない普遍主義的なものに作り替えることこそ、問題の解決に導きうる道である。アメリカでは1960年代後半に、「負の所得税」という制度の導入によって貧困対策の制度を普遍的に作りかえようとした経験があるが、第7章はこの経緯を考察したものである。第8章では、生存権保障のための普遍主義の思想的源流を振り返った。第9章で取り上げる「ベーシックインカム」は、現代的な普遍的所得保障制度のひとつの形態であり、政府が社会成員に無条件で一定額の給付を行うことによって、生活の最低限（社会的ミニマム）を保障するという、いわば社会保障制度の基礎的な部分の代替案である。生存権は国家によって無条件に保障される。普通教

育やワクチン接種のように、社会が賃金の基礎的な部分を給付する制度のアメリカにおける可能性を検討している。

　私は、本書を専門家だけでなく、学生や一般の人々にも理解していただきたいと願って書いた。それは、こうしたアメリカ経済の問題の理解が、わが国の経済問題の理解にもつうじると考えるからである。日本は社会保障にとどまらず、経済政策全般においても、企業行動においてもアメリカを模倣した面が強い。日本の社会保障制度は、アジア太平洋戦争期に作られた労働者保健法や年金法が戦後の社会保障制度改革でまとめられたものであるが、制度設計の根本でアメリカ的な要素が強い。また、全国的な労働協約制度が欠落しているという、労働者代表制の根本的な性格においても両者は共通している。このようなことから、現在の長期停滞の経済状況を打開する政策的な議論にわずかながらでも寄与できればと思う。

謝　辞

　本書にまとめた考えは、この間発表した諸論文、さらにアメリカ経済研究会、日本国際経済学会、アメリカ経済史学会、アメリカ経済思想史研究会などでの研究報告がもとになっている。論文や報告に貴重なご意見を下さった方々にお礼を申し上げたい。

　本書は私にとっての初めての単著である。多くの方々のご指導なくして本書は成しえなかった。高校時代の恩師、山田正登先生のご指導によって私は社会科学の扉を開いた。先生の影響で読みふけったレオ・ヒューバーマンやジュリアス・レスターは、私がその後アメリカ研究を専攻するきっかけとなったと今振り返れば思う。以来、今日まで先生にご指導いただいていることにお礼を申し上げたい。

　立命館大学時代には上野俊樹先生、一橋大学大学院時代には平井規之先生にご指導いただいた。先生方から教えていただいたご恩は、どのような言葉をもっても表せない。学生、院生の育て方には「放牧型」と「ブロイラー型」があるといわれるが、先生方はともにまったくの「放牧型」で、私自身、放牧がいつしか放浪となったように感じていた。しかし先生方はどちらも思想史に強い関心をもたれていた方々で、その意味では本書はまさに先生

方の学統のうちにあることに気づかされる。先生方には、経済学が現状を批判し社会に寄与するための武器であること、研究者がその発展のために尽くすべきことを教えていただいた。本書がそのような学恩になんら報いるものでなく、お二人ともに故人となられたことが私にとってなにより無念である。

　一橋大学名誉教授・佐藤定幸先生（故人）、横浜国立大学名誉教授・萩原伸次郎先生、立命館大学経済学部・中本悟先生、獨協大学名誉教授・西川純子先生、駒沢大学名誉教授・瀬戸岡紘先生にはアメリカ経済研究会で、九州大学名誉教授・高哲男先生にはアメリカ経済思想史研究会でご指導いただいたことにお礼を申し上げたい。

　勤務先の獨協大学では、新井孝重先生、小林哲也先生をはじめ多くの同僚の先生方に日頃から刺激的なコメントをいただいている。職員の方々にもご協力と励ましをいただいた。あまりにも多くの方々を列挙することはできないが、すべての方々に謹んでお礼を申し上げたい。なお、本書の出版は2016年度　獨協大学学術図書出版助成費によるものである。大学に謹んで謝意を述べたい。

　日本評論社編集部の永本潤氏には、忍耐強く、本書の完成までご協力いただいたことに感謝したい。

　最後に、本書を私の両親と家族に捧げたい。働きづめに働き、私を大学院に進ませてくれた両親には感謝してもし尽くせない。また妻・絹と二人の息子のお陰で私は研究に専念できた。

　　2016年11月

　　　　　　　　　　　　　　　　　　　　　　　　　　著　　者

目　　次

はしがき　iii

《第Ⅰ部》資本蓄積と所得分配

第1章　戦後経済学の主要命題——予備的考察 …………… 2

はじめに　2

Ⅰ　均衡成長と実質賃金の論理と実証——〈第1命題〉　5
  (1) ポール・ダグラスと生産関数の理論
  (2) 戦後経済学によるこの分野の研究
  (3) 均衡論的把握に対する批判

Ⅱ　新古典派成長理論と生産性の問題——〈第2命題〉　19
  (1) 「多要素生産性」(MFP)
  (2) 〈収穫逓増〉からの批判
  (3) 「生産性のパラドックス」
  (4) 需要面からの成長抑制——マーティン・ワイツマン

Ⅲ　所得格差の平準化——〈第3命題〉　30
  (1) クズネッツ再考
  (2) 「クズネッツ仮説」批判——ピケティとサエズ
  (3) 所得分配に対する主流派経済学の説明

むすび　37

第2章　アメリカにおける資本蓄積と所得分配
　　　　——1945〜2015年 ………………………………………… 39

はじめに　39

Ⅰ　経済成長と所得分配　39
  (1) 生産性と労働報酬のギャップ
  (2) 経済成長率の長期的低下と賃金シェア

Ⅱ　労働報酬はどのようにして抑制されたか　45
　　　　(1) 労働から資本への一方的代替——技術革新の破壊的影響
　　　　(2) 政策的賃金抑制
　　Ⅲ　資本蓄積の長期的変化　51
　　　　(1) 投資と設備稼働率
　　　　(2) 金融的肥大化のもとでの投資停滞
　　　　(3) 資本蓄積の現代的領域
　　Ⅳ　現代的な供給過剰　59
　　　　(1) 需要面からの成長制約
　　　　(2) 経済的不平等のマクロ的帰結——総需要の抑制
　　　　(3) 「性能の供給過剰」——C・クリステンセン
　むすび　63
　〈補注1〉賃金シェアと利潤シェア　64
　〈補注2〉実質賃金と家計消費構造の変化　70

第3章　資本蓄積の現代的領域
——T・ピケティ、R・ゴードン、W・ボーモル　75

　はじめに　75
　　Ⅰ　経済成長の歴史的構図——トマ・ピケティ　75
　　　　(1) 「資本主義の基本法則」
　　　　(2) 資本収益性と資本所得比率
　　Ⅱ　20世紀の技術革新と経済成長の「大波動」
　　　　——ロバート・ゴードン　81
　　　　(1) 第二次産業革命の「グレート・インベンションズ」とその衰退
　　　　(2) 「テクノロジー失業」の理論——ブリニョルフソンとマカフィー
　　Ⅲ　資本蓄積の現代的領域
　　　　——ウィリアム・ボーモルの「コスト病」　89
　　　　(1) 「成長部門」と「停滞部門」の不均等成長モデル
　　　　(2) コスト病と「生産性のパラドックス」
　　Ⅳ　「社会的共同領域」と新たな社会保障制度の必要性　95
　　　　(1) コスト病と政府および社会保障制度の役割

        (2) 代替的経済戦略の可能性
    むすび　101

第4章　「余剰」の経済学……………………………………………103
    はじめに　103
    Ⅰ　ジョン・メイナード・ケインズ　104
        (1) ケインズにおける〈余剰〉の経済学
        (2) ケインズ政策の限界
        (3) 〈希少性〉の超克
    Ⅱ　現代マルクス経済学　111
        (1) 〈余剰〉の潜在的領域
        (2) 競争的過剰のメカニズム——J・クロティとR・ブレナー
    Ⅲ　制度派経済学　122
        (1) 〈余剰〉と〈希少性〉の概念
        (2) 完全雇用による〈余剰〉の「制度化」——W・ダガーとJ・ピーチ
        (3) 消費促進による〈余剰〉の解消——B・シーハンとJ・リビングストン
        (4) イヴァン・イリッチの「ラディカルな独占」
    むすび　130

《第Ⅱ部》社会保障制度

第5章　アメリカの社会保障制度
　　　　——年金・医療・貧困対策プログラム ……………………132
    はじめに　132
    Ⅰ　企業福祉優位の構造
        ——社会保障のアメリカ的特殊性　133
        (1) ウェルフェア・キャピタリズムへの回帰現象
        (2) 雇用創出機能の劣化——社会保障制度との相互的な危機
    Ⅱ　年金制度　140
        (1) 公的年金制度
        (2) 企業年金制度

　　　　(3) 企業年金制度からの撤退——ウェルフェア・キャピタリズ
　　　　　　ムの行き詰まり
　　Ⅲ　医療保険制度　　147
　　　　(1) ニューディールの「孤児」
　　　　(2) オバマケア——普遍的医療保険制度へのアメリカ的アプロ
　　　　　　ーチ
　　Ⅳ　貧困対策——AFDC から TANF、EITC へ　　152
　　　　(1) 貧困対策プログラム
　　　　(2) 新自由主義的福祉制度改革はどうなったか
　　　　(3) EITC（勤労所得税額控除）
　　むすび　　157

第6章　オバマケア——医療保険制度改革の分岐点 ……………………………159
　　はじめに　　159
　　Ⅰ　医療産業の支配構造　　162
　　　　(1) 高騰する医療費——アメリカ医療保険業界の寡占的支配
　　　　(2) プライベートエクイティ会社による医療機関の支配
　　Ⅱ　普遍的な医療保険制度の可能性　　167
　　　　(1) 医療保険会社への対抗
　　　　(2) プライベートエクイティ会社への公的規制
　　むすび　　170

《第Ⅲ部》 普遍的所得保障

第7章　戦後アメリカにおける普遍的所得保障
　　　　——「家族支援計画」(FAP)不成立の経緯 ……………………………174
　　はじめに　　174
　　Ⅰ　「サイバネーション革命」と所得保障
　　　　——1960 年代の所得保障要求の端緒　　176
　　　　(1) 完全雇用政策とニューディール型社会保障制度に対する批
　　　　　　判としての所得保障論
　　　　(2) ロバート・セオボルドらの所得保障の経済学

(3) 技術革新と雇用――「三重革命のための臨時委員会」
　Ⅱ 「家族支援計画」(FAP) の政治過程　186
　　　(1) ジョンソン政権からニクソン政権へ
　　　(2) 白人保守層の離反――1966 年中間選挙と 1968 年民主党全国大会
　　　(3) 「クロウォード＝ピーヴン戦略」とニクソン・プランの挫折
　むすび　194

第 8 章　普遍的所得保障の思想的系譜――予備的考察 ……………198
　はじめに　198
　Ⅰ 所有権の優位――古典的自由主義　200
　　　(1) 古典的二項対立
　　　(2) アダム・スミス
　Ⅱ 完全雇用と補完型社会保障
　　　――ニューリベラル・モデル　204
　　　(1) 「ニューリベラル」(新しい自由主義)
　　　(2) 労働権
　Ⅲ 普遍的所得保障
　　　――ペイン、スペンスおよびホブハウス　207
　　　(1) 生存権と労働権の分離
　　　(2) トーマス・ペイン
　　　(3) トーマス・スペンス
　　　(4) L・T・ホブハウス
　むすび　213

第 9 章　ベーシックインカム ………………………………………214
　はじめに　214
　Ⅰ ベーシックインカムとは何か　215
　　　(1) 発生史的定義
　　　(2) 機能
　Ⅱ アメリカにおける所得保障論の展開　219
　　　(1) エーリッヒ・フロム――権威主義社会主義体制への批判

(2) ジョン・K・ガルブレイスの所得保障論——「生産と保障の分離」

　　(3) ケインズ主義を超えて

Ⅲ　「負の所得税」とリバタリアン・ベーシックインカム　229

　　(1) ミルトン・フリードマン

　　(2) リバタリアン・ベーシックインカム——チャールズ・マリー

Ⅳ　代替戦略としてのベーシックインカム　235

　　(1) ベーシックインカムの可能性

　　(2) 社会主義的代替戦略としてのベーシックインカム——オスカー・ランゲ

　　(3) 権力の再分配(パワーシフト)

Ⅴ　アメリカでの財源シミュレーション　241

　　(1) アンディ・スターンの概算——月額1000ドル、財政規模2兆5000億ドル

　　(2) 付加価値税の問題および所得税・資産税

むすび　246

結　論 ……………………………………………………………………… 247

　文　献　251
　索　引　269

《第Ⅰ部》
資本蓄積と所得分配

第1章
戦後経済学の主要命題
―― 予備的考察 ――

はじめに

ジョン・K・ガルブレイスは、18世紀末から19世紀初頭の形成期における経済学の特徴について、次のように述べている。

「経済学にあっては、不幸や失敗は正常なこととされ、成功、少なくとも少数の恵まれた人に限られないような成功は、改めて説明を要するものとされた。永続的な成功は歴史に矛盾し、期待すべくもないことであった。状況が観念に与えた遺産はこうしたものだった」(Galbraith [1958] p. 30)。

資本主義経済の発展にともなう少数への富の集中と、大多数の労働者階級の賃金の生存水準への抑制を当然視した経済学のこのような古典的伝統に照らした場合、20世紀初頭から第二次世界大戦後に、アメリカの経済学が経済成長にともなう所得格差の平準化、雇用と生活の保障を展望し、政策課題とさえしたことは異例であったといえる。この意味で、戦後アメリカの経済学は、両大戦間期から第二次世界大戦後にかけて主要先進資本主義諸国に生じた所得と権力の大がかりな下への再分配と調整のプロセスを反映したものであったというべきであろう[1]。

主流派経済学の体系は、伝統的に生産要素の〈希少性〉を前提とし、冒頭のガルブレイスのいうように大多数の貧困を当然視して成り立つものであった。20世紀の経済学が複雑に感じられるのは、主流派経済学の基本的な考え方が、古典派以来の伝統的な均衡論的枠組みを保持したまま経済成長と実質賃金の持続的上昇を展望したことに部分的に起因すると考えられる。

　戦後の経済学が主張してきた3つの、定言的命題（imperatives）とも呼ぶべきものは次のようなものである。

〈第1命題〉　経済成長は、労働者に対する賃金報酬と資本家の利潤とが均等にバランスをとり拡大する均衡的な経路をたどる。貯蓄は投資され、経済規模に対するそれらの比率は安定的である。したがって短期的なショックや政策ミスを度外視すれば、経済危機や停滞は回避できる。

〈第2命題〉　経済成長は人口と資本蓄積および技術革新によってもたらされるが、長期的には技術革新が重要な成長のエンジンである。技術革新によってもたらされる生産性の拡大が実質賃金を押し上げ、これによって大多数の人々の生活水準の向上が可能となる。

〈第3命題〉　均衡的な成長と実質賃金上昇のもとで、経済不平等は是正される。

　第二次世界大戦後、70年あまりを経て、われわれはこの3つの命題の現

1）イギリスの歴史学者エリック・ホブズボームは次のように書いている。「簡単に言えば、戦後の西欧の政治家、官僚、さらには多くの企業家は、様々な理由から、自由放任と純粋の自由市場は問題外だと確信していた。完全雇用、共産主義の封じ込め、遅れて没落しつつある、あるいは荒廃した経済の近代化——このようないくつかの政策目標は絶対的な優先事項であり、政府が強力に介入することを正当化していた。経済的、政治的な自由主義を重視している政権でさえも、今ではかつては『社会主義的』として拒否されたようなやり方で経済を運営できたし、またそうせざるをえなかった。結局のところ、イギリスとアメリカはそのようにしてそれぞれの戦時経済を運営したのであった。未来は『混合経済』とともにあった。健全財政、安定通貨、安定価格という古い正統政策がいまだに重視された時もあったが、それさえもはや絶対的に必要な政策というわけではなかった。1933年以降、インフレーションと財政赤字という脅しのための案山子はもはや経済の田端から鳥を追い払うことにはならなかった。それでも収穫は増大したのである」(Hobsbawm [1994] p. 272-273)。

実の帰結について、それぞれ次のようにいうことができるであろう。

均衡成長をうたう第1命題については、要素シェアの比率は戦後長期にわたって安定を保ったが、1980年代以降、国民所得に占める利潤シェアが上昇し、賃金シェアが下落する傾向がみられる。この傾向が今後どの程度持続するか、あるいは、ある段階で安定するのかについては、現時点で明確なことを述べることはできない。しかし、80年代以降、賃金シェアが低下するもとで、経済成長率と企業の純投資と設備稼働率がともに傾向的に低下し、賃金抑制による消費低迷と相まって慢性的な経済停滞を招いている。

第2命題について、付加価値でみた経済成長力は長期的にみて弱体化しつつある。また、労働生産性は1970年代以前には実質賃金の上昇とほぼ歩調を合わせて増加したが、70年代以降、実質賃金の上昇に結びつかなくなった。むしろ「技術的失業」による雇用不安が拡大している。

経済的平等を期待した第3命題はどうであろうか。所得と資産の格差は1940年代に大きく平等化し、その後、その平準化された水準に保たれるが、70年代以降格差が拡大しはじめ、現在、最上位1%が現在所得の25%、資産の35%という戦前水準に回復している。

このように戦後の経済学が唱えた命題の3つが、すべて当初期待された軌道から逸脱し、事実上妥当性を失っているといえる。

本章では、まず戦後アメリカの資本蓄積の分析に先立つ予備的考察として、この3つの命題がどのような理論的根拠によって主張されてきたのかを学説史的に検討し、そのうえでそれらに対する批判的な仮説や実証研究をできるだけ列挙する。なお、本書では資本蓄積という用語を企業活動の総体という意味で用いることにする。

学説史の詳細に立ち入る理由は、なによりも主流派経済学の内容があまりに複雑なものとなり、その理論的な考え方が一般読者はおろか、専門家のあいだでも十分に理解され、共有されていないためである。また、生産性や成長の概念とその長期的な統計的変化を簡略に説明したものもそう多くない。そのため、理論の現実的な諸前提が変化しているにもかかわらず、その理論の現実的妥当性に対する検証が試みられることがないまま、テキストのなかでのみ、それらが語られるということになりがちである。主流派経済学に対

しては、様々な経済学的立場からの根本的な批判が長く存在してきた。しかし、そうしたこともほとんど一般には知られていないし、大学においても講義されることもほとんどない。こうした異端の経済学の主張にわれわれは目を向ける必要がある。

このようなことから、本章では煩雑さを顧みず、上記3つの基本命題に関する戦後経済学の基本概念とその批判のポイントを説明し、次章以下においてそれらの実証的および補足的考察を行う。

I　均衡成長と実質賃金の論理と実証──〈第1命題〉

(1) ポール・ダグラスと生産関数の理論

経済学は、古典派以来、資本蓄積の進行を語る際に、国民所得における利潤と賃金のシェアに強い関心を寄せてきた[2]。それら個々の結論はきわめて論争を喚起するものであった。アダム・スミスが利潤と賃金がそれぞれの自然率で均衡するものと捉え、ロバート・マルサスが実質賃金の持続的上昇の不可能性を説き、デイヴィッド・リカードウが利潤と賃金の対立的性格を強調したことはよく知られている。フランスのシスモンディは、1819年の著書『経済学新原理』において、所得格差とマクロ的不均衡との関連について、「資本と所得と消費の増大は、たいてい等しいテンポで誰が干渉する必要もなしに、ひとりでに進行する」と記述している（Sismondi [1819]）。

19世紀後半から20世紀初頭にかけてウィクスティードやウィクセルといった経済学者たちは限界効用学説と限界生産力理論を応用し、生産と分配の理論を構築することを目指した。ウィクセルは、「限界効用の概念が交換の理論の支配的原理となったのと同様、その兄たる限界生産力理論は生産の理論の分野でそのようなものとなる」と述べている。限界生産力理論とは、労

---

2) この研究分野においては、再分配前の当初所得の分配を「一時的分配」（primary distribution）ないし「機能的分配」（functional distribution）といい、生産要素である労働と資本が受け取る賃金と利潤の分割比率を要素シェア（factor shares）という。賃金シェア（wage share）、労働シェア（labor income share）とは、国民所得に占める労働所得の割合を指す。

働者が受け取る賃金は自ら生み出した付加価値に等しく、資本家は自らの資本の生産性に応じた報酬を利潤として受け取るというものである。この理論によれば、すべての所得は各々にふさわしい割合で分配され、資本家による労働者の搾取などはないということになる。ウィクセルは、産出量が労働および資本とそれぞれの限界生産性の積の合計となり、経済の規模に産出量の比率が低率で成長する「一次同次」の生産関数を描いている（Wicksell [1900] p. 98）。「一次同次」というのは構成要素の比率とそれらの変化率が一定であるという意味である。

　しかしウィクセルの時代までは、統計の不備によって、こうした関数のそれぞれの変数がどのようなものであるかは明らかでなかった。この問題に実証的な答えを与えたのは、1920年代から30年代にかけて活躍したシカゴ大学の経済学者ポール・ダグラスであった[3]。ダグラスの経済学における主要な貢献は、第1に、アメリカの実質賃金の長期的変化の研究、第2に、生産関数の理論と実証である。

　第1の点について、ダグラスは、第一次大戦後、アメリカの実質賃金は労働生産性の上昇に追いついてはいないものの、商品価格の急激な値下がりによって上昇し、労働者の生活水準は大幅に改善されたことを見出した。ダグラスは、1930年の著書 *Real Wages in the United States, 1890-1926* および1931年の論文 "The Movement of Money and Real Earnings in the United States, 1926-1928" でこの結論を長期のデータによって実証した。

　あまり知られていないが、ダグラスは複雑な人で、新古典派の枠組みで理論活動を行いながらも、他の多くの新古典派経済学者たちの市場礼賛ぶりに強い幻滅を抱いていた。と同時に、1920年代から哲学者ジョン・デューイらとともに第3政党運動に精力的に取り組み、30年代半ばまでアメリカ社

3）ダグラスは限界生産力理論に基づき生産関数の具体的形状を導き出したことにより、経済学において重要な位置を占める研究者である。ダグラスのシカゴ大学時代の学生であったポール・サミュエルソンは、ダグラスの死後、次のように述べている。「ノーベル経済学賞が他の物理学、化学、医学、平和、文学の各賞と同じように1901年に設けられていたなら、おそらくダグラスはその限界生産力および要素投入量に対する需要を測定するという計量経済学の先駆的試みによって第二次世界大戦以前にそれを受賞していたであろう」（Samuelson [1979]）。

会党のノーマン・トーマスを大統領候補として支持し、たたかった社会民主主義的活動家でもあった[4]。ダグラスにとって実質賃金が上昇するという事実は、経済理論の問題という以上に政治的な意味あいがあった。つまり、それは当時の労働者の貧困化と資本主義の崩壊を予見するオーソドックスなマルクス主義者たちの運動と一線を画した、今日でいう市場社会主義を目指す彼の政治運動の立場を裏づけるものであった。ダグラスが中心になってまとめ、ドイツ社会民主党のカール・カウツキーも寄稿している社会主義の宣伝冊子風に装丁された論文集に納められたダグラスの論文 "Lessons from the Last Decade" には次のような記述がある。

「マルクスは、純粋経済的な原因によって資本主義が不可避的に崩壊すると予言する誤りを犯した。産業予備軍、労働者の貧困の増大、破局の度を強める恐慌から不可避的に大変動がもたらされるというマルクス主義者たちの予言は、主として労働価値論と、可変資本（賃金）が労働人口ほど急速に増加しないという暗黙の想定に基づいている。しかし事実として、アメリカ製造業の労働者1人当たりの物的生産性は1919年以来40％増加し、労働者の実質賃金は1914年から少なくとも28％上昇している。（中略）雇用主間の労働者獲得競争のため、賃金労働者の実質的な生活水準は大幅に上昇した」(Douglas [1929] pp. 29-30)。

ダグラスは、所得分配の面で資本主義経済は必ずしも不安定とはいえず、ましてやマルクス主義者が主張するような、資本主義はその発展にともなって不可避的に貧困化を招き、自滅的な崩壊に至るという展望は成り立たない

---

4) 初期の政治的論文 "Lessons From the Last Decade" (1929) やその後の *The Coming of a New Party* (1932)、また *Controlling Depressions* (1935) などの第3政党の綱領的文献は、こうした1920年代から30年代半ばまでのダグラスの政治運動の所産である。ダグラスは、ソビエトの権威主義的社会主義を批判しつつも、社会主義は分配と効率の面で資本主義より優れたシステムであるが、それへの移行は、システムの崩壊をつうじて現在の資本主義的経済システムを一挙に別のものに置き換えることといった方法によって成し遂げられるのではなく、むしろ一連の実験的試みの積み重ねによって達成されうると主張した。

と考えた。この系論で、資本蓄積が過少消費を回避し、安定的な経路をもつということについてダグラスは次のようにコメントしている。「生産性増加がほぼ不可避的に実質賃金の上昇をもたらし、生産量の増大にともない全体としての大衆的消費力を形成するという本書で私が分析したプロセスによって［伝統的な左派の展望は］（本田）部分的に否定される。労働シェアが不変であっても、労働の相対的購買力は低下せず、最悪の場合でも産出量の相対的過剰が拡大することはないであろう。他の条件が同じであれば、労働シェアが増加し、状況はさらによいものとなるであろう」(Douglas [1930] p. 576)。

　ダグラスの第2の貢献は生産関数の理論に関するものである。生産関数とは、生産要素の投入量と生産の結果生み出される産出量との関係を表す関数である。彼は、労働と資本の量的関係に限界生産力理論を当てはめ、労働、資本ストックおよび産出量の全体が産業あるいはマクロ経済レベルでどのように変化するかを詳細な実証研究で明らかにし、生産関数の具体的形状を導き出した。1934年に発表された『賃金の理論』はダグラスが7年にわたって積み重ねた研究の集大成であり、彼の主著である。ダグラスは、同書の序文において、生産関数の研究の課題を次のように説明している。

　　「われわれは理論で仮定されている限界生産力逓減曲線が、単なる想像上の神話なのか、あるいは現実のものなのかを知らねばならないし、現実のものだとすればその形状を知る必要がある。われわれは生産諸要素の供給関数についてさらに知り、また、現実の所得分配過程が、発見されている帰納的傾向とどの程度合致するのかを知らねばならない。本書はまさにそれを行おうとするものである」(Douglas [1934] p. ii)。

　彼は、全米（1890-1922年）、マサチューセッツ州（1890-1926年）、オーストラリア・サウスウェルズ州（1901-1927年）における製造業の産出、資本投入、賃金の時系列データを集め、産出量、労働者数、固定資本総額の変化を分析し、長期の経済発展にともなう賃金と利潤のシェアが安定的に推移している事実を確認し、数学者チャールズ・コブとともにそれらを簡単な生

産関数の方程式にまとめ上げた。その方程式の特徴は、賃金と利潤が一定の比率で上昇し、ある経済が過剰生産や過少生産に悩まされることがない均衡的な発展の軌道を描くものであった[5]。この理論は「コブ＝ダグラス型生産関数」と呼ばれるもので、戦後の経済学に受け継がれ、今日でもマクロ経済モデルの中核となっている[6]。

資本主義経済は、その成長にともない賃金と利潤が等しい割合で成長する性格をもち、資本主義のもとで労働者の一般的な生活状態は確実に改善するという、このダグラスの理論は、限界生産力理論の応用であるとともに、当時のオーソドックスな共産主義者たちの経済理論と政治戦略に向けられた批判でもあった[7]。

新古典派経済学において、限界生産物が完全に分配されるということは、19世紀にマルクスやリカードウ派社会主義が告発した搾取や、過少消費や利潤率低下といった不均衡が存在しないことを意味する。生産の各要素の収益率がそれら要素の限界生産力に等しくなり、限界生産物はすべて各要素単位に支払われることによって分配される。しかし、多少なりとも高められた賃金や利潤は競争の過程で最大限切りつめられる。「カエサルのものはカエサルに、神のものは神に」（マタイによる福音書）——これがこの理論の精髄である。ところがこの経済学は、この〈希少性〉の原理を保持したまま、

---

5) この生産関数は一般に次の形をとる。
$$P = bL^k C^{1-k}$$
ここで P は生産物、L は賃金、C は資本である。L と C が一定の比率 b で増加する場合には、産出量もそれと同じ比率で増加する。その際、k（労働シェア）と $1-k$（利潤シェア）は固定的で、「資本産出比率」（国民所得に対する資本ストックの比率）も一定である（Douglas [1932] [1934]）。b と k を最小自乗法によってもとめると、アメリカ全体については、それぞれ 1.01、0.75 が得られ、したがって $1-k$ は 0.25 であった。

6) 戦後、新古典派理論のみならず、ケインジアンも多かれ少なかれダグラスの枠組みを受け入れた。新古典派は、市場それ自身の自律性によって、ケインジアンは財政政策的補正によって、マクロ経済を安定させうると主張してきたといってよい。ジョージ・スティグラーは、コブ＝ダグラス生産関数は経済学の文献でほとんど「独占的な地位を占めている」として、その理由を、各生産要素の収穫逓減を想定し、対数線形で扱い方が簡単であり、規模に関する収穫一定が便利な単純化であるためであるとしている（Strigler [1987]）。

国民すべてにとって豊かな社会が可能であるとみなすように変化した。ダグラスの生産関数の理論と実質賃金に関する実証研究はその明瞭な表現であった。このことは、19世紀末からの「第二次産業革命」の効果によって経済が急速に拡大し、各国において社会保障制度が広がりはじめた20世紀の半ばにかけて、経済学が一般国民の賃金と生活水準の向上を展望する理論となって立ち現れたことのひとつの表れである。ガルブレイスがいう「少数の恵まれた人に限られないような成功」を例外的と捉えた古典派経済学の悲観的な成長の見通しからすれば、経済学は20世紀の初めの数十年間で大きく様変わりしたといえる。ダグラスの新古典派理論と社会主義的な政治的実践という一見矛盾した外観のうちに、1920〜30年代の経済学の発展の社会的文脈を読みとることができる。

(2) 戦後経済学によるこの分野の研究

　その後の経済学者たちの研究は、おおむね賃金と利潤のシェアの長期的安定性を確認し、資本蓄積の円滑な進行の論理を解明しようとするものであった。ケインズは、「全体としての産出量の水準や景気循環の局面にかかわりなく、労働に帰属する国民所得のシェアが安定している（後略）。これは、イギリスおよび合衆国の双方について、全経済統計のなかで最も驚くべき、しかも最もよく確立された事実のひとつである」と記している（Keynes [1939]）。賃金シェアと利潤シェアの安定性は、ニコラス・カルドアが、「定

7）第二次世界大戦終了後までになされた正統派経済学によるマルクス派に対する批判はおよそ次の3つであった。①労働者が受け取る実質賃金はマルクスが描いたようには下落せず、むしろ維持ないし上昇している。②所得に占める賃金の割合（労働シェア）は、いわゆる剰余価値率の上昇にともなって減少するとされているが、実際には長期的な安定を示している。③資本蓄積と技術革新にともなって労働者1人当たりの資本量は増大し、いわゆる「資本の有機的構成」は高度化し、利潤率は低下するとされたが、理論的にその必然性は認められず、実際には資本節約的投資などによってそのような事実はみられない（Robinson [1947]）。この3つはいずれもダグラスの実質賃金と生産関数の理論に含まれている。これらの批判に対して、戦後のマルクス経済学の側は、①長期安定的な実質賃金の上昇と、②労働シェアの安定という問題については、多かれ少なかれ統計的事実として承認する一方、それらに別の解釈を与えようとし、③資本の有機的高度化と利潤率の傾向的低下については、まったくバラバラの諸説に分裂した。

型化（あるいは様式化）された事実」(stylized fact) と名づけたことによって広く知られるところとなった (Kardor [1957])[8]。シドニー・ワイントラウプはこのシェアが貨幣流通速度よりも安定しているため、価格形成の理解において貨幣数量説よりも重要であると述べた (Weintraub [1959])。

戦後の推計値について、例えばアラン・クルーガーは1948～98年までのあいだ、従業員報酬、付加給付、ストックオプションからの資本所得 (Capital gain) を含めた国民所得に対する賃金のシェアはほぼ75～80％の範囲で変動してきたと指摘している (Krueger [1999])。クルーガーは、賃金シェアは第二次大戦後から70年代初頭にかけて次第に上昇し、70年代に最も高くなり、その後、5％ポイント低下したという段階的な特徴をも指摘している。ジェイムス・ポターバは、従業員報酬と自営業者所得のすべてを合計したものの比率が1959～96年まで70％前後であったとみている。シェアの安定性を強調する点ではクルーガーと同じである (Poterba [2000])。

なぜこのような要素シェアの安定が長期的に維持されえたのであろうか。この問いに対して経済学者たちのあいだで合意された答えはない。ノーベル経済学者であるローレンス・クラインは1989年の論文において、「人々が新しい職業を求めて早期教育や職業訓練を行い転職するやいなや、賃金と物価に対する市場の調整が起こり、労働所得の産出量に対する割合は一定となる。経済構造のいくつかの重要な『経済的』部分は以前のままである。この意味で経済のビヘイビアは変化していない。ただ単に、これまでもそうであ

8）1939年のこのケインズの論文は彼の均衡論への傾斜を意味し、そこでケインズ自身が述べているように『一般理論』の内容を修正する重要な意味をもった。カルドアは、直接的には統計上の消費と投資が均衡し、国民所得に占める利潤と賃金の比率が長期的に安定していると主張したことによって、このケインズの認識を裏づけた。エブセイ・ドーマーは、経済全体の資本産出比率が一定の場合、貯蓄率の変化による過剰投資もしくはその逆を防ぐためには、経済成長率にそれを相殺する変化がなければならないという関係を定式化し、その所得の「必要成長率」に合致した水準からの貯蓄および投資の乖離が結果的にインフレーションもしくは失業をもたらすと説明した。ドーマーの描いた成長モデルは「ナイフエッジ」と呼ばれるもので、資本主義経済の不安定性と政府介入の必要性を示唆するものであった。ドーマーらの理論は、このように大恐慌の記憶がさめやらぬ時代における不均衡の再発に対する強い警戒感に彩られた (Domar [1957])。

ったように技術的過程が変化したにすぎない」と述べている（Klein [1989] pp. 38-40）。また、ロバート・ルーカスは、「平均的な国民教育水準が生産関数のヒックス中立的な変化をもたらす外部性として作用する」（Lucas [1988]）と記している。「ヒックス中立的」とは、生産に用いられる労働と資本の構成比率が一定であるような技術変化を指す。したがってクラインもルーカスも同じことを別のかたちで述べているにすぎないが、両者ともどのような「市場の調整」や「作用」が起こるのかについて明確な説明を与えてはいない。

経済学者たちが要素シェア——国民所得に占める賃金と利潤の割合——に注目する理由は、経済全体の発展がバランスのとれたものかどうかが、それによって示されると考えたからである。経済の自律的安定性という資本主義経済システムの根幹にかかわる評価と、要素シェアの安定の認識とは不可分に結びついている。実際には、要素シェアが変化したとしても、その効果を相殺する様々な要因が働き、シェアの変化がつねに何らかの不均衡をもたらすわけではないが、賃金のシェアが増大すると利潤シェアが圧縮される、ないしは消費需要が過剰となり物価が上昇することによって経済の供給面から資本蓄積にブレーキがかかる可能性が強まる。逆に、利潤シェアが上昇すれば、実質賃金は下がり、生産に対する消費需要の伸びが抑えられ、物価の下方圧力が生じる。つまり需要面から資本蓄積に支障をきたす。生産関数に表される要素シェアの安定は、そうした懸念を払拭し、経済成長が一般国民の生活水準を向上させることを保証する。また、経済成長の予測可能性を高める。これが戦後経済学の確信的な信条となった。

(3) 均衡論的把握に対する批判
① 「独占的停滞」

こうした均衡的な資本蓄積の把握に対しては、すでに1930年代から様々な批判があった。そのひとつは30年代の大恐慌の原因を経済の寡占的、独占的傾向に求める実証的研究から現れた。

ブルッキングス研究所のハロルド・モールトンらの研究グループは、1934〜35年にかけて精力的に大恐慌の実証分析に取り組んだ。彼らの議論は現

在の資本主義の停滞傾向を理解するうえで今日もなお重要性をもつ。一連の研究をつうじて彼らは、大恐慌の原因を次のように説明した（Leven et al. [1934]; North and Associates [1934]; Moulton [1935a] [1935b]）。

・大恐慌の開始に先立つ 1920 年代に、実質賃金の伸びは生産性の上昇率に比べて抑制され、所得分配の不平等化も進んだ。それらは最終需要を制限することによって投資を抑制した。その結果、資本蓄積はすでに 20 年代において抑制された状態にあった。20 年代のブームにおいて、アメリカの消費財生産能力は消費者の吸収力を慢性的に超え、生産部門全体として 20％の遊休能力が発生していた。
・賃金抑制と不平等の原因は独占と不完全競争の支配である。拡張期における投資と生産能力の成長率は、貯蓄量にではなく消費需要に対応する。1920 年代に所得を増やした階層はその貯蓄を停滞する生産部面への投資にではなく、株式市場に投入した。つまり過少消費と過剰貯蓄が投資の停滞とバブルをもたらした。過剰な貯蓄は証券市場に流入し、その結果、株価を 1925 ～ 29 年で 3 倍にまでせり上げた。

　モールトンらの研究は、アメリカの大恐慌の原因を 1920 年代の経済停滞とバブルの構造にもとめ、その両者を独占企業の価格政策と所得格差によって一挙に説明しようとする見事な分析であった。当時は、投資需要を消費需要からの派生的需要と捉え、過剰な投資が現実に行われ、制限された消費水準の壁にぶつかるという、単純な過少消費説が広く信じられていた。しかしこのような単純な理解は、現実に投資が抑制され、過剰な貯蓄が投資に向かわないという現実の停滞状況と合致したものではなかった。これに対してモールトンらの分析は、賃金と利潤の全体的な規定関係を、賃金を起点に位置づけ直すという点においては、過少消費説と共通の基盤をもつが、資本蓄積の停滞的傾向が、独占と不完全競争が支配する経済における投資抑制となって現れるという事実をつかみ出した。

　彼らの 1935 年の報告のなかに、ダグラスに対する批判がみられる。1922 ～ 29 年にかけての賃金報酬の伸びが生産総額の伸びを下回ったが消費財価

格の下落により実質賃金が維持されていたというダグラスの主張について、モールトンらは、そうしたプロセス自体が独占的産業の投資抑制による価格支持政策によって生産と投資が抑制された結果にほかならないとしている。「貯蓄と消費支出とのあいだの不調整が資本財の相対的膨張を生み、次いで消費財の過剰生産——それは結局商品市場を破壊する——をもたらしたのではなかった。逆に、われわれの分析が示すように、消費需要の膨張率の抑制が資本集積を阻止し、他方において過剰貯蓄が金融市場の破壊を生み出したのである」(Moulton [1935b] p. 184)。

ダグラスが、1920年代の利潤と賃金の比率の安定に資本蓄積の均衡的な特徴を見出したのに対し、モールトンらはまさにその同じプロセスのうちに消費と投資との相互的な抑制と停滞を認めている。ダグラスは資本蓄積のプロセスの結果に対して、実証的に——ダグラスは自らの方法を「帰納法的」と特徴づけているが——生産関数の形式で均衡論的な説明を与えたが、その対象それ自体が、なんらかの作用によってすでに萎縮し、大きく歪みをきたしているというようには考えない。正統派経済学においては、増加した貯蓄は投資拡大に向かうという想定がある。過剰な貯蓄や遊休生産設備が発生している可能性はダグラスにおいてもまったく無視されている[9]。しかし貯蓄性向の上昇が必ずしも投資を導くものではないことは投資と賃金の抑制による過少消費を考慮するモールトンらにとって明らかであった。彼らは、マルクスの表現を借りて、古典派経済学は「貨幣の資本への転化の失敗をみのがした」と表現している。

モールトンらはダグラスの批判に際して30年代の大恐慌の経済的破局のイメージを対比させたわけではない。モールトンらが明らかにした「独占的停滞」とも呼ぶべき経済的不平等と慢性的な投資抑制による経済の構造的歪み、偏倚は、破局以前の「安定期」にすでに進行している症状であり、いわば寡占的経済体制の「慢性的疾患」を均衡理論に対置させたということが重要である。

②カレツキ＝シュタインドル

ブルッキングス研究所のこの時代の研究は、その後、カレツキやシュタインドルを介して戦後のポストケインジアンやマルクス派の経済学に継承され

ることになる。1930年代から50年代、研究者たちは独占と有効需要の問題にこぞって注目し、30年代の不況の原因と考えられた独占的価格設定に対して理論的な研究の焦点を当てた。アドルフ・バーリとガーディナー・ミーンズ、エドワード・チェンバリン、ジョーン・ロビンソン、シロス・ラビーニといった多くの寡占経済の研究者がこの問題に取り組んだ。なかでもポーランドの経済学者、ミハウ・カレツキが1930年代に作り上げた理論は明快であった。それを要約すると次のとおりである。

・独占的な市場支配力をもつ企業は、費用に上積みする利潤（マークアップ）を設定できる。このマークアップ率は「独占度」(degree of monopoly)と呼ばれる。このプロセスは二重の意味をもつ。ミクロレベルでは、この価格システムによって小企業は大企業の犠牲となり、利潤は小企業から大企業へと流れる。マクロレベルでは、企業の価格設定が国民所得の賃金と利潤への分割の水準を決定する。
・大企業はマークアップ率を維持し、高い収益性を維持するために、設備稼

---

9) 実際、ダグラスが設備稼働率を無視したことについては当初からメンダースハウゼンらの批判があり、ダグラスもそれを後年認めている（Mendershausen [1938]; Douglas [1966]）。1938年に*Econometrica*誌上で当時オスローの経済学者であったホルスト・メンダーズハウゼンは、コブとダグラスの推計した生産関数は現実と合致せず、その証明は恣意的であるとし、次のような批判を加えた。すなわち、ダグラスは労働報酬を集計する際に、利用可能な労働と実際に用いられたものとを区別せず、資本額については稼働率を考慮していない。また、ダグラスが推計を行った1899～1922年までのあいだ、各係数が一定であったとすれば、その間、なんらの技術進歩も労働者の技術向上もなかったという非現実的な想定をしなければならないことになるであろう、というものであった（Mendershausen [1938]）。kの値の安定性および設備稼働率を含めた景気変動要因の除去については、早い段階から議論が集中し、メンダーズハウゼンの批判はその先駆けのひとつである。ロンドン大学の労働経済学者フェルプス＝ブラウンは、コブ＝ダグラス型生産関数が示す諸係数の安定は、偶然的な事実と考えるべきであるとし、さらに、異なった製品と技術で運営されている産業の時系列データによる投入要素の限界生産性を捉えることは困難であると指摘した。また、全般的な物価水準が変動する場合、産業ごとに製品とコストへの影響が異なるために、諸要素の生産性を産業ごとに比較することはさらに難しくなるなどの問題をあげている（Phelps＝Brown [1957]）。フェルプス＝ブラウンの議論は、いわゆる「資本論争」にかかわる問題を投げかけたものであり、生産関数論批判のひとつの典型といえる。

働率を引き下げ、産出量を調整し、可能なかぎり新規投資を抑制する。要素シェアの安定はマークアップ率の安定に帰着する。マークアップ率が上がれば、結果的に賃金シェアは低下し、利潤シェアは上昇する。

カレツキは、1879〜1937年のアメリカの製造業センサスの統計をもとに、独占度の上昇が賃金シェアを大きく引き下げたと論じている。「製造業付加価値に占める賃金シェアは、付加価値の産業構成を別にすれば、独占度および産出量1単位当たりの賃金費用に対する原材料価格の比率によって決定される。独占度が上昇するか、あるいは産出量1単位当たりの賃金費用に比して原材料価格が上昇すれば、付加価値に占める賃金のシェアは減少する」(Kalecki [1954] p. 226)。

ハンガリーの経済学者、ジョセフ・シュタインドルは、カレツキの理論をふまえ、不完全競争の領域の広がった19世紀末から20世紀前半のアメリカ経済に対する精緻な研究を行った。シュタインドルはこの時期のアメリカ経済の全体像を俯瞰して次のように記している。

「成熟した資本主義になると、多数の産業において大規模生産が唯一の可能な形態となり、さらに多くの場合に、強者の数がきわめて少数に減少したようなとき、売上利潤は下方に向かって非弾力的となる。したがって、新しい形態の累積過程が可能となる。すなわち、資本成長率のどのような減少も設備稼働率を低下させ、このことはさらに資本成長率を減少させる。このように一定の資本成長の下落があると、成長率のいっそうの減少をもたらすであろう。この累積過程にはさらに一定の限界に向かう傾向がある」(Steindl [1952] p. 137)。

「成熟した資本主義」とは寡占的、独占的な市場によって特徴づけられる現代資本主義を意味するが、寡占体制のもとで巨大企業は高い収益性を維持することができる。しかし、それが同時に設備稼働率と経済成長率の低下をもたらす。すなわち独占的停滞の構図が現れる。シュタインドルは、「私たちの分析のなかで決定的な役割を果たしているのは、生産能力の利用度が投

資量に影響を及ぼすという仮説である」と述べたが、彼らの分析においては、要素シェアの変化もさることながら、設備稼働率の変化や遊休資金の変化が大きな意味をもつ。こうした特徴をもつ理論が、1930年代の分析をつうじて形成されたことはけっして偶然ではない。実際にアメリカでは、この時期、顕著に賃金シェアが減少し、利潤シェアが急上昇し、さらに設備稼働率が低下した。しかしそれは経済危機の一時期に現れる現象ではなく、寡占経済が傾向として抱え込む特徴であると考えられた。その点でシュタインドルの議論はモールトンらブルッキングス研究所の主張と同じである[10]。

戦後アメリカにおいて、要素シェアの安定の背後で、純投資が長期的に低迷し、経済成長と生産性の上昇率も鈍化する傾向がみられる。投資低迷それ自体の主な原因は、1970年代までは企業収益性の低迷である。キャッシュフローの形態における莫大な留保利益が蓄積されたが、それを手にする企業は一部にすぎず、大多数の小企業にとって収益率の長期的低落は60年代半ばから始まり、それが国内の資本投資を制約しつづけてきた。その制約が、投資と国民所得の成長の鈍化となって現れた。こうした戦後を大きく捉えたときの資本蓄積のイメージは、新古典派よりもむしろカレツキやシュタインドルのものに近いものと考えてよいと思われる。現在の状況は、彼らが30年代の経験をもとにして主張した議論とうまく重なる。近年ふたたびカレツキやシュタインドルに対する関心が高まっていることは、このような理由がある。

③コブ＝ダグラス型の崩壊――トマ・ピケティによる実証的批判

ダグラスは1948年、アメリカ経済学会会長の任を辞してイリノイ州選出の民主党上院議員となり、リベラル派の重鎮として1967年まで議員活動を続けた（Douglas [1971]; Biles [2002]）。晩年にダグラスはマーティン・ブロンフェンブレナーらの協力を得てふたたび生産関数の実証的な研究を発表した。そこで『賃金の理論』で展開した自らの生産関数の実証的妥当性を改

---

10) シュタインドルはこうも書いている。「生産能力の利用度ないし過剰能力の度合いについて言及する場合、それは、通常、需要の状態の変化にともなって生じるような過剰能力を意味するのではなくて、むしろ（中略）長期的均衡に含まれている過剰能力を意味している」（Steindl [1952] p. 9）。

めて確認し、「事態を正しく予見したのはマルクスやレーニンではなくオーウェンやフェビアン派である」と述べている（Douglas [1976]）。1948 年、上院議員選挙の最中に過去の左翼的経歴を追及された際にダグラスは、社会主義的な政治哲学は彼にとってすでに過去のものであると表明した。また晩年の大部の自叙伝 *In the Fullness of Time*（1972）においても、30 年代までに彼が心血を注いだ社会主義的実践や政治的著作にはほとんど触れていない。その彼が、多年にわたる民主党議員としての活動の末に生産関数の研究に立ち戻り、社会民主主義に対する確信を改めて表明したことは、ダグラスのなかでシカゴ時代までの思想がその後も風化していなかったことを意味する。

たしかに、かつてダグラスが自らの理論によって予見した経済成長のパターン、とりわけ利潤と賃金の比例的関係は、驚くべきことに、1970 年代まで維持された。ところが皮肉なことに、ダグラスがそのように述べた頃からそのパターンは大きく揺らぐこととなった。フランスの経済学者トマ・ピケティは、この生産関数の議論に対して 2 つの点で実証的な批判を加えた。第 1 に、70 年代以降、主要先進国において、所得格差の拡大によって一般労働者の実質賃金が下落し、労働分配率が長期的に下落する傾向がみられる。第 2 に、資本産出比率（ピケティは「資本所得比率」と呼んでいる）は先進国、途上国を問わず第二次世界大戦後、傾向的に上昇している。つまり生産関数の諸係数はもはや安定性を失いつつあるというのである。ピケティは、ダグラスの理論について、「コブ＝ダグラス型生産関数は、一定期間の分析への接近としては有益であるが、利潤と賃金の変化を調和的に説明し、富と所得の分配の不平等の問題、資本所得比率の変化を考慮しない」と述べている（Piketty [2014] p. 218）。

ピケティは、1970 年代以降の経済の発展の経緯に即して、現代の資本主義は経済学が想定してきた以上に不安定な構造をもつことを統計的に示した。さらに彼は、労働所得と資本所得を区別したうえで、正統派経済学が、賃金、利子、利潤を「人間の努力と犠牲に対する報酬」とみなすことによって、実際に働いて得た所得と財産から得た所得を区別していないとの批判を付け加えている。ダグラスの理論は、要素シェアの安定のもとで経済格差が

起こる理由や、同一業務や同一産業内部においてさえ所得格差が拡大する事態にもまったく無関心である。

戦後、冷戦下において軍事的肥大化を遂げ、経済面においても分配の公正を失いつつあったアメリカの経済システムの延長線上に、社会民主主義の理想の実現を認めることは当時においてさえ正当化しえなかったであろう。ダグラスの経済観は、大きくいえば、クズネッツの「逆U字型仮説」(後述)と同様、アメリカ資本主義経済の発展が国民の経済生活水準を押し上げ、所得分配の不平等が是正された20世紀前半の歴史的特徴を反映したものといえるであろう。

II　新古典派成長理論と生産性の問題──〈第2命題〉

(1)「多要素生産性」(MFP)

第二次世界大戦後、冷戦下における政府主導の国家的なR&D(研究開発)プロジェクトが隆盛を極めた。主要産業部門では独占的企業支配が強化され、急速な技術進歩と所得と消費の水準の向上とが相まって高い成長率が生み出された。こうした時代に、経済学は、資本蓄積および人口成長、技術革新といった諸要因を総合的に分析し経済成長の全体像を把握しようとした。戦後、安定成長の条件がダグラスの想定よりも緩やかな「固定係数型」と呼ばれる生産関数モデルが考案され、また経済成長は、資本と労働の投入量に加えて、技術革新によって決定されるとされる理論が今日の新古典派経済成長理論の骨格となった。1950年代半ばから60年代にかけて、経済成長における技術革新の役割の重要性が、アブラモビッツ、クズネッツ、ケンドリック、デニソンといった人々によって強調された。

生産性は通常2つの指標で捉えられる。ひとつは、単位労働時間当たりの産出量であり、これを「労働生産性」(Labor Productivity)という。それに対して、労働と資本の量に対して、それらが生み出した付加価値を比較して生産性を捉えた指標は、「多要素生産性」(Multifactor Productivity; MFP)ないしは「全要素生産性」(Total Factor Productivity; TFP)と呼ばれる。

「多要素生産性」の概念を考案したのはマサチューセッツ工科大学のロバ

ート・ソローである。1950年代後半にソローは、経済成長の均衡条件をリジッドに解釈するドーマーらの経済成長のモデルに対抗して、「資本と労働の代替性」を基礎にした、資本主義のより柔軟な成長モデルを打ち立てた。資本と労働の代替性とは、資本家が手持ちの資金で資本と労働のどちらを追加的により多く用い、どちらを削減すべきかをつねに比較考慮し、用いるそれぞれの量を調整する結果、資本と労働のどちらもが同じ限界生産性となるような両要素の組み合わせとなることを意味する。実質賃金の上昇が労働節約的な機械設備の導入を促し、資本財の価格の上昇が労働力の雇用を促進するというように、資本と労働の相互的な代替を誘発し、双方の収益性が均等化するまでその代替が続く。いずれかの要素の成長率が変化すると、資本産出比率と賃金シェアも変化する。彼は、厳格な戒律に満ちたハロッド＝ドーマー・モデルの資本蓄積のイメージに反発して次のように述べている。

「彼らのモデルでは、生産の場面と資本と労働が互いに代替されるという可能性が何ら考慮されていないのであって、そうした可能性がまったく排除されてしまえば、ナイフエッジのような不安定均衡の考えが出てきたとしても、あえて怪しむには足りないのである。むしろ体系の一部にそういう硬直因があるのに、他の部面で物ごとが伸縮自在に動くと期待する方がおかしいであろう」（Solow [1956] pp. 65-66）。

ソローが考案したモデルは、ドーマーとは対照的に、資本蓄積の軌道における資本産出比率、労働シェア、貯蓄率といった変数の柔軟な変化を許容したものであった。利潤シェアが貯蓄の変化に柔軟に対応する動態的なものであり、貯蓄率と成長率は、ドーマーが示唆したほどリジッドには結びついていない。このモデルにおいては賃金シェアや資本産出比率といった変数は経済の変化に柔軟に対応するものと想定されるため、ドーマーのナイフエッジのような不安定性は発生しない。

「各要素の実質報酬率は労働の完全雇用を実現するように調整されるから、それらの労働量と資本量を生産関数のなかに入れて、その時点の産出

量を求めることができる。すると所与の貯蓄性向から、純産出量のうちどれだけが貯蓄され投資されるかがわかり、したがって今期の資本の純蓄積分がわかる。そこでそれを既存の資本ストックに加えれば、次の期に利用可能な資本量がわかることになり、このようにして過程のすべてが繰り返されていく」(Solow [1956] p. 68)。

ソローは経済成長、すなわち経済全体の産出量の拡大を、様々な生産要素の投入に帰属する部分と、それ以外の部分とに分割できるとし、その残差部分を「技術進歩」すなわち知識の増大によるものとし、経済成長率はこの技術進歩率に収束するという考え方を示した (Solow [1957])。残差部分は「ソロー残差」(Solow residual) と呼ばれた[11]。

たとえば、賃金シェアが70％、利潤シェアが30％であるとき、労働投入量が3％で成長し、資本が1％で成長すると、経済全体の産出量の拡大に、それぞれの加重平均に応じて、労働は2.1％、資本は0.3％貢献したことになる。経済全体が4％で成長しているとすると、それは投入量の増加に帰属させうる2.4％の成長と投入量の増加に帰属されない残差の1.6％とからなり、この投入量の増加に帰属されない部分はすべて「技術進歩」によると説明される[12]。

ソローのモデルは、「資本と労働の代替」に基づく点でダグラスの生産関数の理論をベースにしているが、ダグラスが産出量の増加に関連する変数を経済全体の限界生産性と理解し、その内容に深く立ち入らなかったのに対して、ソローはそれを「技術進歩」とし、その変化に分析の焦点を当て、実証的な研究を試みた。ソローにおいては、一方で「技術進歩」は時間とともに高まり、他方で資本の増加率は貯蓄率によって規定される。その貯蓄水準に対応する資本投資が体現する技術の生産性が成長率を規定するとされた。資

---

11) ソローのモデルは次のような生産関数で表された。
$$Y = A(t)f(K, L)$$
$A(t)$は技術変化のパラメータであり、全体の産出量 Y は、資本 K と労働 L の蓄積に技術変化の係数を乗じたものである。
12) Helpman [2004] がわかりやすい説明を行っている。

本の生産性は収穫逓減であるとされたため、資本集約度が上昇するにつれて成長率は低下し、最終的には成長率は技術進歩率に収束する。

　こうしたソローのモデルは、コブ＝ダグラス型の生産関数やドーマーら戦後ケインジアンの成長モデルに比べ、資本産出比率や貯蓄率の変動など諸変数の柔軟な変化を許容し、技術革新によって牽引されるダイナミックな経済の変化を捉えうる優位性があった。このような彼の理論は専門家のあいだで高く評価され、経済成長分析の枠組みとして広く用いられた[13]。

　ソローは、技術進歩を含んだ集計的な生産関数をつくり、このモデルを1909年から49年までのアメリカの国民総生産に当てはめ、資本と技術のそれぞれの相対的寄与率を求めた。その結果は驚くべきものであった。1時間当たりの総産出量はその間約2倍となったが、この増加の実に「8分の7（87.5％）が技術変化に帰し、残りの8分の1（12.5％）が資本使用の増加による」というのである。つまり、アメリカの経済成長の圧倒的な部分が「技術革新」によって起こっているということをソローは示そうとした（Solow [1957] p. 316）。

(2)〈収穫逓増〉からの批判

　1980年代半ば頃から、経済学者たちは、技術の収穫逓増的性格、産業立地の集積的効果、成長の経路依存的な特徴などに関する研究を足場に、ソローらによる経済成長の既存の理解に攻撃をしかけた。

　なかでも「収穫逓増」という概念が注目を集めた。1984年にシカゴ大学のロバート・ルーカスが「収穫逓増」の重要性を強調しはじめ、85年にポール・デビッドのタイプライターのキーボードの普及に関する有名な論文 "Clio and the Economics of QWERTY" が *American Economic Review* に発表された。ポール・ローマーの86年の論文 "Increasing Return and Long-

---

13）今日では想像しがたいかもしれないが、1950年代にはまだ、アメリカ経済の技術革新や成長率が第二次世界大戦以前よりも勢いが衰え、当時の社会主義ソビエトに技術的優位を奪われている可能性に対する懸念を多くの研究者が抱いていた。そうしたなかにあって、技術革新による成長と同時に収穫逓減を前提としたソローのモデルはこうした微妙な時代状況を反映したものであったといえる。

Run Growth" および 90 年の "Endogenous Technological Change" が発表されるや、経済成長理論を扱う経済学者あいだで収穫逓増の問題が活発に議論されはじめた[14]。

「収穫逓増」とは、たとえばある規格の製品が広範に利用されればされるほど、規模の経済による低価格化、製品規格の標準化と他製品規格の排除、フィードバックによる品質改善、「ネットワーク外部性」などにより、その後も他の規格の製品を押しのけてよりいっそう利用されるという累積的な関係を意味する[15]。

この理論の台頭の背景には、1980 年代のアンガス・マディソンによる世界的な歴史的データでみた各国の経済成長の長期的実績に対する研究などがあった。18 世紀のオランダ、19 世紀のイギリス、20 世紀のアメリカなどでは、1 人当たり所得の成長率は低減せず、むしろ上昇傾向が続いた。経済全体の収穫法則はソローまでの新古典派経済学が考えたような逓減的なものではなく、逓増的であるという見地から、技術進歩が外部性、すなわち経済全体にその積極的な累積的効果に及ぼすことが強調されはじめた。

収穫逓増は伝統的な経済理論の単一均衡と安定化の理論と原理的に激しく衝突する。その指摘は、ブライアン・アーサーにみられる。彼は、現代の経済が依然として収穫逓減に従う部分がある一方、収穫逓増の部面が拡大して

---

14) 経済成長理論の形成過程については Warsh [2006] を、その理論の概略については Helpman [2009] を参照されたい。
15) コンピュータ・サイエンスで有名なレイ・カーツワイルは、コンピュータ技術、ナノテクノロジー、ゲノム解析、人工知能など、技術進歩は指数関数的に速度を速め、「収穫加速」の法則に従うとさえ主張した。「生物の進化と同じように、テクノロジーもこれまで大いに加速してきた。たとえば 19 世紀のテクノロジーの進歩は、それまでの数百年の進歩をはるかに上回っていた。運河や巨大船舶が建設され、舗装道路が出現し、鉄道が拡大し、電信が発達し、写真、自転車、ミシン、タイプライター、電話、蓄音機、動画、自動車、そしてエジソンの電球といった発明がなされた。また 20 世紀の最初の 20 年間におけるテクノロジーの発展は、19 世紀全体のそれに匹敵するものだった」(Kurzweil [1999] p. 15)「コンピュテーションは、テクノロジーがその目的を遂行するための適切な環境対応能力を授ける。だからコンピュテーションのテクノロジーも進化的プロセスの一つであるし、やはりそれ自体の進歩を基礎にしている。こうして特定の目的を遂行する時間は、時とともに指数関数的に短くなる」(p. 33)。

いるとし、これまでの経済学の収穫逓減の想定は現実の理解をねじ曲げるものであり、収穫逓増により多くの均衡点が可能になるとして次のように述べている。

「知識ベースになっている経済の箇所は大部分が収穫逓増に服している。コンピュータ、医薬、ミサイル、航空機、自動車、ソフトウェア、遠距離通信設備、ファイバー光学などの製品ではデザインおよび製造は複雑化している。それらには研究開発および工作機械設備のために大規模な初期投資が必要になる。しかし、いったん販売が開始されると、生産の増大によって製品は相対的に安価になる」(Arthur [1994])。

ソローは、労働と資本という投入要素と技術との区分を重視するが、技術それ自体の進歩はモデルの外から与えられたものであった。つまり、経済の恒常的成長率は外生的変数である技術進歩率によって規定されるにとどまり、その意味で経済成長の駆動要因そのものが与件とされている。また、ソローにとって技術は秘匿し私的に利用しつづけることはできないものという意味で「非占有的」であり、いわば公共財のように社会的に生み出され、他者と普遍的に共有されるものとされた。したがってソローにおいては技術や知識の独占に対する警戒感は希薄であった。これに対してローマーは技術や知識には、単にすべての人が等しく享受するような非競合的で非排除的なものもあれば、それを所有する者のみが利用できる競合財、排除財であるものもあると考えた。技術と知識はある程度の期間占有され、そののちに共有される。企業の産出量は、企業の私的、個別的な技術への投資と社会的に共同で利用されうる知的ストックの両方に依存する生産関数をもつ。その意味で、企業は、R&D投資、新技術導入、組織改革を行う私的なインセンティブをもつ。その際、知識への投資も含め、企業の個々の投入物は収穫逓減に従うが、社会的には、技術の外部性によって規模に対する収穫逓増が起こる。これがローマーの論旨である (Romer [1986])[16]。

個々の企業の技術革新、知的資本への投資は個別的には収穫逓減に従う。しかし、経済全体では集積された知識は外部的な効果をもち、規模に対する

収穫逓増が起こり、成長率を引き上げる。ローマーの議論には、技術進歩がもたらす収穫逓増がそれまでの新古典派経済学が想定してきた以上に大きなインパクトをもっていることについての直感的な洞察が含まれている。また、技術進歩の私的な性格を明示し、企業の知的財産権保護への欲求やパテント独占の弊害の意味を説き明かすことができるというメリットが彼の理論にはある。ローマーらを中心とする新しい経済成長理論の発展を克明にフォローした *Knowledge and the Wealth of Nations* の著者デイヴィッド・ウォルシュは、ローマーの理論的な立場を次のように記している。

「希少性は経済学の根本的な原理であるが、重要な原理はそれだけではない。知識の経済学とは余剰に関するものである。この数百年間、少なくとも余剰は希少性に打ち勝ってきたのである」(Warsh [2006] p. 298)。

技術革新への投資は、それを行う企業の個別的な収益性を高めると同時に、社会全体の生産効率を高める。そして長期的には社会的収益性が私的収益性を上回る。これがローマーらの主張である。

(3) 「生産性のパラドックス」

ところが、こうしたローマーのソロー批判は、技術進歩と経済成長のパラドキシカルな関係を思わぬかたちで浮き彫りにした。ローマーらは、世界的な長期データをもとにして、主要諸国における所得の成長率の上昇傾向を示し、アメリカについては1800年以降、その成長率は技術革新とともに上昇を続けているとした (Romer [1990])。このような実証結果によって、ローマーは、技術進歩を外生的とするソローの収穫逓減モデルを批判し、産出量

---

16) ローマーは技術の進歩が人的資本への投資と既存の技術のストックとの両方に依存することを次の式によって示した。

$$dA/dt = G(H, A)$$

ここで H は人的投資、A は技術のストックである。技術革新は成長率を高め、投資とイノベーションを可能にする。技術は資本と労働にそれぞれ体現されるが、その生産性やスキルは、イノベーションや教育のレベルによって測ることができ、それによって各国の成長率のちがいを説明することができる。

はすぐれて知識のストックに依存し、そのストックは時とともに拡大する収穫逓増であると主張したのであった。しかし、そのようにローマーが主張した矢先に、アメリカの実質 GDP の伸び率は、ローマーに反して、長期的に低下しつつあるという統計結果が出はじめた。技術革新が、外部的な累積的効果をもつとすれば、なぜ生産性上昇率の鈍化ということが起こるのであろうか。この問題をめぐって、1990 年代後半以降、研究者のあいだで激しい議論がたたかわされたことはよく知られているとおりである。

　MFP には、直接的な技術変化以外にも、市場支配力、収穫逓増、技術的補完関係、過剰能力、未報告の労働強化や時間労働、資本や産出量の計測上の誤り、労働市場での買い手独占など技術変化以外のあらゆる要素が含まれており、つまりそれは性格の異なった要素を一括りにしたものにすぎない（Hall [1990]）。ダグラスにおいて生産関数の全体の変化は国や産業別の統計から経験的に見出されたにすぎなかったのと同様、ソローにおいても、彼の MFP は結果から事態を眺めたような、捉えどころのないものであった。同じことがローマーに対しても当てはまる。MFP の変化と現実の技術変化との対応関係がみられない、あるいは、変化の方向すら異なる場合があるという批判が巻き起こった[17]。

　重要なポイントは、技術革新による物理的な収穫逓増は、経済的な付加価値でみた収穫逓増とは概念的に異なり、前者が直ちに後者をもたらすものではないという単純な事実である。技術革新の累積によって物理的な生産能力が増加する一方で、市場競争による価格競争圧力が働く場合、供給面から、商品の付加価値が圧縮される。経済過程に過剰な供給能力が現れ、停滞傾向が生み出されると、寡占的な部門では投資の抑制、設備稼働率の引き下げが行われる。ローマーのように技術進歩の累積的効果を認めるとしても、それ

---

17) ジェイムス・ハートリーは、MFP の変化と現実の技術変化との対応関係を調べた研究を総括し、「ソロー残差と実際の技術変化とのあいだには、その方向性、規模といった点について何らかの一貫した関係性を見出すことはできない」と述べている（Hartley [2000]）。現在、商務省の経済分析局、労働省の労働統計局が公式に用いている統計は、こうしたソローの考案した MFP の概念に基づいているが、用いている人々もその批判や不備に無自覚であるわけではない。ただ様々な留保条件を認めつつ使用しているにすぎない。

がこうした需要の側面からの経済成長率の鈍化と付加価値の収縮を度外視してよいということにはならない。経済成長の尺度としての生産性には経済のこうした側面は現れない。MFPとはそのような概念であることを理解する必要がある。

　この点をよく説明していると思われるのは、ILO（国際労働機関）の次のレポートである。そこでは次のようにある。

　「生産性は〈価値〉（value）と〈数量〉（volume）との両面から把握することができる。たとえば、何らかの理由で、（投入コスト不変のもとで）最終製品の〈価値〉（価格）が上昇する場合、これは貨幣タームでの生産性の上昇である。しかし、生産性が〈数量〉のタームで増加したとしても、市場価格の下落によって、〈価値〉タームでは下落するということが考えうる（例えば、同じ数の労働者でより多くのコーヒー豆を収穫するといった場合などがそうである）。実際、コーヒー市場ではこうしたことが実際に起こってきた。したがって、高い物理的生産性が高い収入をではなく、逆に低い収入をもたらすということが起こりうる」（ILO［2005］p. 5）[18]。

　主流派経済学は、需要面の変化を一時的なものと想定し、それを無視する、ないし重視しない理論的傾向があり、生産性のこの面に関心を示さない。つまり供給が過剰になされた場合には、ただちに生産の縮小が始まり、もとの均衡水準に戻ると単純に想定する。ないしは、分析の前提としてそれらを捨象する。しかしそのような市場の調整機能は実際にはただちに働かない場合がしばしばである。市場が寡占的な構造をもつ場合には、企業は一方的な価格低下に対して〈数量〉を縮小して〈価値〉を維持し、収益性を確保しようとするが、物理的な収穫逓増があり、市場が競争的な場合には、逆に、〈数量〉の拡大によって収益性を維持しようとするため、〈価値〉の持続的な低下が起こる。

---

[18] ジョン・スミスがこの文献を参照している（Smith［2016］pp. 171-172）。

付加価値でみた生産性上昇率の鈍化のしわ寄せが労働者に対してなされた場合には、実質賃金の低下が起こる。実際に、実質賃金とMFPの各年の伸び率がマイナスの場合がみられる理由にはこうした企業行動があると考えられる。これは必ずしも労働の効率性が低下したというのではなく、労働効率性が改善された場合でさえ、市場の需要要因によって得られる付加価値の量が減少することがありうる。経済が慢性的に需要面から制約されている場合には、それが価格低下を招き、付加価値の縮小によって経済全体の成長率を長期的に抑制する。

このことから、アメリカの〈数量〉の面での物理的な生産性は技術革新の努力に応じて増大しているが、付加価値での生産性をみたときに、需要面から産出と価格が抑制され、結果として長期的な経済成長の低迷が生まれるということは、なんら不自然な現象ではないのである。

(4) 需要面からの成長抑制——マーティン・ワイツマン

戦後長きにわたって、生産性の向上は大多数の人々の実質報酬と生活水準の向上に結びつくと一般には考えられてきた。しかし、すでにみたように、技術革新による生産性の上昇が付加価値の面での生産性の低下をまねき、労働者の報酬が引き下げられる傾向が確認されるようになった。

長期的なアメリカの生産性上昇率の推移をみると、1950年代から60年代をピークに、その後下降し、90年代の後半から一時的に回復した後に、その後ふたたび低迷してきたことがわかる。その間、実質賃金の長期停滞が70年代初頭以降始まり、経済が投資と消費の両面で圧迫された。これらを総合的にみれば、物理的な生産性の拡大が、付加価値生産性の拡大に直結しなかったことはむしろ当然といえる（第2章参照）。

マサチューセッツ工科大学の経済学者マーティン・ワイツマンは、早くから収穫逓増の問題に関心を示していた研究者である。彼は収穫逓増が投資および消費を抑制することについて、次のような興味深い指摘を行った。

「個々の企業もしくは参入可能性のある企業は、他社の行動とは無関係に一方的な生産拡大によって市場を過剰供給の状態におくわけにはいかな

いことを理解している。したがって、全体として不完全雇用の経済がそのままバランスをとって拡大することになる。しかし収穫逓増のため、供給がそれ自身の需要をもたらすことを制約する。なぜなら、失業労働者は生産することを制止されているからである。既存の企業は需要が低迷しているので失業者を雇うことはないであろう。あるいは失業者が結束して操業を続け、供給を拡大したとすれば、セイ法則が作動しはじめる以前に、市場は崩壊し、値崩れが起こるであろう」（Weitzman [1982] p. 801）。

ここでは独占的競争が念頭に置かれているが、ワイツマンの場合は、物理的な収穫逓増を想定しているため、過剰に基づく停滞傾向は、シュタインドルらの想定にも増してよりシビアのものと捉えられるであろう。経済が固有の歪みをもっていることを、ワイツマンは「全体として不完全雇用の経済がそのままバランスをとって拡大する」と表現している。不完全な雇用と所得抑制が有効需要の不足を生み、それが投資停滞を慢性的に生み出す。独占が支配的な経済は全体として萎縮し、あるいは部分的に肥大化し、偏倚をきたしたものにほかならない。このワイツマンの議論にはモールトンらブルッキングス研究所が1930年代半ばに展開した独占的停滞論のエコーがきこえる。ソローやローマーの理論には、モールトンらがダグラスに対して加えたものと同じ批判が当てはまる。いわば議論が相似形の構図になっている。資本蓄積率は最終的には最終消費能力によって規定され、経済成長の現実の水準は独占の支配あるいは企業の分配政策による消費能力の制約と、それにともなって生じる投資停滞の結果にほかならない。

ソローらは、ダグラスと同様、セイ法則を前提し、有効需要の問題を方法的に度外視したことによって、こうした独占的な経済の基底にある歪みを看過している。技術革新と経済成長を無矛盾的にとらえるローマーもこの点では同じである。ワイツマンは先ほどの引用に続けて次のようにいう。

「個々の企業が一方的な産出量の拡大によって市場での過剰供給が発生することをおそれているときには、どの市場も同時にバランスのとれた拡大を促す圧力が不十分になるため、経済は低水準均衡の罠に陥る。こうし

た『外部性』を是正するためには、経済全体の調整と刺激がなによりも必要となる。抜け駆けを防止する力として働くはずの通常の『見えざる手』は、こうした有効需要の失敗には対処できない」（Weitzman [1982] p. 801）。

全体として有効需要の問題を抱え萎縮した経済を是正することはもはや市場それ自身によっては不可能であるというのが収穫逓増にかかわるワイツマンの結論である。（ワイツマンは経済停滞に対して独自の所得政策論を提唱したが、それについては第9章にゆずる。）

1980年代以降、技術進歩による物理的な収穫逓増は、より強い経済成長ではなく、企業間の破壊的競争と技術的失業を生み出した。全般的な賃金抑制と所得分配の不平等拡大による慢性的な需要制約によって技術革新と実質賃金成長との結びつきの経路が寸断された。新古典派経済学が技術進歩と経済成長の問題を所得分配や有効需要の問題と切り離し考察してきたことは、こうした経済の特徴を捉えるうえで決定的な弊害を及ぼしていると私は考える。

Ⅲ 所得格差の平準化——〈第3命題〉

(1) クズネッツ再考

アメリカにおける経済的不平等は、19世紀末から徐々に強まり、1920年代のブームの時期から30年代初頭にかけてピークに達した。しかしその後、アメリカの所得格差は劇的に是正された[19]。こうした平準化された所得分配の状況は60年代まで維持されたが、70年代以降、再び経済格差が強まりはじめた。つまり、経済格差の展開には30年代末から40年代前半に大きな断層があり、戦後の経済学においてアメリカが経済的平等化の典型的事例を提

---

19) 戦前から戦後にかけてのジニ係数については公式なものがない。プロトニックらの研究グループの推計によると、大恐慌のさなか、アメリカ家計所得のジニ係数は1931年に0.66という歴史的なピークに達する。その後、1931〜43年の12年間に0.43へと大幅に急減した（Plotnick, Smolensky, and Evenhause [2001]）。

供する国であるという通念はこの断層から現れたといえる。経済成長にともなって時とともに貧困が克服され、経済格差が正されることは当然とみなされた。資本主義に批判的な論者でさえ、この仮定を前提したうえで、そうした所得平等化から取り残されたマイノリティやプアホワイトなど周辺的な貧困を取り上げた。またこの通念は、冷戦下、東西の経済体制がせめぎ合うなか、独立を果たした途上国が社会主義を拒否し、資本主義の経済路線を選択するうえで計り知れない影響をもった。

この信念を裏づけたのがアメリカ経済の時系列データ研究のパイオニア、サイモン・クズネッツであった。クズネッツは、1955年の論文において、アメリカ、イギリス、ドイツの3ヵ国の所得分配の変化を調べ、資本主義的工業化の初期段階において経済的不平等は拡大するが、その後、一定の工業化の進展にともない、その是正が起こるという一般的なプロセスが存在する可能性を示唆した。30年代末から第二次世界大戦後にかけての経済的不平等の是正、所得と資産の平準化は、このクズネッツのいわゆる「逆U字型仮説」の最も重要な歴史的な根拠である。

クズネッツの見解には、その後の経済的不平等の拡大の事実からみれば過度な一般化が含まれていたことは否定できない。しかし当時クズネッツが入手可能なデータに基づいて下した推論はけっして不合理なものとはいえない。平等化の過程を過度に一般化したのは後の経済学者たちであった。クズネッツは、むしろ自説の仮説的性格を強調するにとどまったように思われる。実際に彼は、この仮説が「5％の事実と95％の推論と希望的見解によって成り立っている」と述べ、その命題の妥当性についてきわめて慎重な態度をとったのである（Kuznets [1955] p. 26) [20]。

クズネッツは、長期的にみた所得分配の大きな変化の要因について、次のように説明した。前半の不平等拡大プロセスについて、その要因として、第1に、農業から林業、漁業、鉱業、建設業、製造業などの勃興とそれを担う富裕層への所得と富の集中（工業化）、第2に、急速な工業化による企業間

---

20) これに関して、Kuznets [1989] の Robert William Fogel のあとがきを参照されたい。

の技術力と収益格差（技術革新）、第3に、農村から貧富の格差の激しい都市部への人口移動、およびヨーロッパからの大規模な移民流入（人口動態、都市化と移民流入）をあげた。

　後半の不平等是正の要因は、政策的には、所得税、財産税、相続税強化をつうじた課税強化と所得移転、およびインフレーションによる資産家の保有財産の減価といった政策措置である。経済的要因としては、第1に、上位所得層の産児制限と移民流入による低所得者層の増大、それによる相対的な人口比率を変化（人口動態）、第2に、高収益の新たな産業分野の拡大（工業化）、第3に、技術変化による属人的な技術に基づく高所得層の衰退（技術革新）である。総じて、これらすべてが世紀半ばの所得不平等の是正と結びついたと考えられている。要するに、クズネッツの議論は、政府の所得再分配など経済政策の強化を柱とし、産業基盤の変化、人口移動、技術的要因などを補足的に組み合わせることによって、所得格差の是正を説明しようとするものであることがわかる（Kuznets [1955] pp. 7-12）。

　ところがよくみると、クズネッツは一見矛盾したことを主張しているようにみえる。なぜならば、前半で所得格差の拡大の原因としてあげている人口増加、産業基盤の変化、技術変化などの要因を、後半では不平等是正の要因としてあげているからである。同様の要因があるときには不平等拡大の要因となり、別の時点では不平等是正の要因となるという説明である。しかしクズネッツが次のように付け加えていることから、彼の意図がよくわかる。

　（政府による政策的）「介入は、（中略）広範な所得不平等の長期的な効用に対する社会の見方（View of Society）を反映したものである。〔所得不平等化に対する〕他の相殺要因が全くない場合には、民主社会においては、この見方こそが重要な力として作用する。先進国においてさえ、経済成長の結果、所得不平等を成長の源泉として必要とする見方を再検討しようとする変化が現れているが、このことはこうした変化と結びつけて留意されるべきである。これらの変化の結果は法的および政治的決定による上位所得シェアに対する圧力を強めるものとなるであろう」（Kuznets [1955] p. 9）。

技術革新、工業化の進展、移民など人口動態の変化などが、ある時には不平等化を促進し、またある時にはその逆に作用するという理由は、その時代の歴史的な社会認識がそれら要因の作用する方向性を規定する、つまり、技術革新や教育の普及、人口動態や移民といった経済的諸要素以上に所得分配に関する社会的認識の変化が、所得格差の是正のうえで重要な役割を果たしているとクズネッツは考えた。

　1930年代に、アメリカでは史上最大規模の景気の収縮によって民間経済活動が縮小し、所得が激減した。それを背景に、ローズヴェルト政権は、労働、社会保障政策による法定最低賃金の設定、政府移転収支の増加、および、所得税率の強化によって上位所得を削減し、最低賃金の設定や労働需要の創出によって所得底辺層を引き上げた。さらに39年以降の軍事生産が本格化する段階において、この上位所得抑制の要因は、軍事生産へのシフトによる民間企業活動の抑制と、物価安定のための賃金管理、賃上げの許可制および役員報酬の制限に、そして下位所得引き上げの要因は、軍事生産のもとでの高雇用と最低賃金の引き上げにそれぞれ置き換わる。所得税の最高税率が90％を超えるほど累進性が強化されたことによって、上位所得の回復は抑制されつづけた[21]。他方、マイノリティや女性の労働市場への参入と最低賃金の引き上げが下位所得層の所得を大幅に引き上げた。こうして国民所得中の労働所得の比率は一時的に上昇した。

　こうした政治的あるいは政策的要因の変化にともなって、1930年代から40年代にかけて、産業基盤の変化、人口移動、技術的要因といったそれまでは所得不平等化をもたらしていた諸要因作用の基本方向が決定的に変化した。このことが、この時期の所得分配の不平等を是正する最も根本的な基礎となったのである。

　戦後、「1946年雇用法」をはじめとする一連の経済政策と所得再分配政策の体系が整備強化された。第二次大戦中に確立した所得税の最高税率は1964年のケネディ減税まで維持され、国民所得に占める政府移転支出の割

---

21) アメリカの所得税の限界税率（所得20万ドル以上）は、1917年の37〜63％から1925〜31年の20％へと急落したのち、ローズヴェルト政権下で段階的に上昇し、1939年の62〜75％となり、第二次大戦中である1944〜45年の91％へと上昇した。

合はこの時期から70年代初頭まで急速に拡大する。さらに、朝鮮戦争下（1950〜53年）における賃金物価凍結が、戦後の所得分配に大きな影響を与えた。50年代の労働組合運動の前進も所得平準化に大きく作用した。国際的には冷戦構造が強まるなか、このような経済復興、税制、社会保障制度の展開、労働組合組織の影響力拡大といった経済的、社会的諸要因が複合的に作用した結果、アメリカにおける所得分配の平準化された水準は60年代末まで維持された。いわゆる「ゆたかな社会」（Affluent Society）の時代である。

(2)「クズネッツ仮説」批判——ピケティとサエズ

　ピケティは、「クズネッツ曲線の実証的根拠は脆弱であり、先進諸国の所得不平等の是正は世界大戦とそれに伴う経済的政治的ショックによるものであった」（Piketty [2014] p. 15）と、クズネッツに対して厳しいが、ピケティや、その同僚のエマニュエル・サエズとクズネッツとは、不平等に関する社会的認識を重視し、技術的あるいは人的要因のそれぞれの時代における作用を歴史的・社会的文脈に位置づけるという所得不平等の基本的な見方において一致している。ピケティとサエズが次のように述べたとき、それはクズネッツの理解そのものである。

　　「不平等の展開のパターンは、高額給与の水準が設定される際に、不平等に関する社会的諸規範（social norms）という非市場的メカニズムが重要な役割を果たすことを示す間接的な証拠であると考えられる。大不況と戦争は不平等に関するこの社会的規範に決定的な影響を与えた」（Piketty and Saez [2001] p. 28-29）[22]。

　ピケティらの手法のユニークな点は、これまで格差拡大の指標とされてきたジニ係数ではなく、高額所得者の納税記録をもとに最上位所得層への所得

---

22) ピケティは『21世紀の資本』第9章でこの問題を再説している（Piketty [2014] pp. 332-325）。

の集中の実態を明らかにし、それによって格差拡大を主導した所得分位がどの範囲の層であるかを高い精度で突き止めたことにある。ピケティは、上位10％、その次の中位40％、さらに下位50％を区分して、それぞれの所得および資産に占めるシェアをみるやり方と、さらにその上位10％を最上位1％とそれ以外の9％、さらには最上位0.1％、0.01％といった区分で捉え、ジニ係数からはみることのできない、格差を主導する所得階層を特定した。データのカオスに足を取られるのではなく、対象の輪郭を描き出そうとする地道な試みによって、ピケティは、20世紀全体をみれば所得と資産の分配の不平等はむしろ拡大し、U字型をたどっていることを実証的に明らかにし、「クズネッツ仮説」を見事に反証した（Piketty and Saez [2001]; Piketty [2014]）。

アメリカやイギリスでは、高額所得層に対する累進税率の引き下げによって、上位集中型の新たな所得と資産の格差が生まれた。この数十年間で所得と資産の多くを集中したのは最上位1％であり、アメリカでそれらは現在、所得のおよそ20％、資産の30％を占め、このことが所得拡大の主因、病巣となっている。歴史的にみれば、20世紀半ば以降の平準化された所得分配がむしろ例外であり、現在の所得分配は第一次世界大戦以前の状態への回帰を示すものである。

(3) 所得分配に対する主流派経済学の説明

「社会的規範」や「社会的認識」の規定的な役割を考慮しないことによって、主流派経済学は所得分配の歴史的変化をきわめて狭い視点から考察することにとらわれているとピケティらは批判する。

ハーバード大学のクラウディア・ゴーディンとバンダーヴィルト大学（当時）のロバート・マーゴは、クズネッツが対象とした1930年代から40年代の所得格差の是正プロセスを「大圧縮」（Great Compression）と呼び、それを労働市場の需給要因の変化に即して分析した。彼らは、30年代から労働供給面において高学歴人口が増加する一方、需要面では非熟練労働に対する需要が増加したため、熟練労働と非熟練労働の賃金格差の是正が起こり、40年代までに賃金の学歴間格差が大きく縮小されたとし、この時期の格差

是正の経済的条件を労働市場の需給面から説明しようとした（Goldin and Margo [1992]）。

こうした彼らの研究は、新古典派の市場分析の枠組みに馴染みやすいシンプルなものであったことから、広く注目された。しかしそれは、労働市場要因の実際の変化と所得分配との変化とが時期的に整合しないという批判をまねいた。ピケティとサエズは、上位所得の集中における劇的な変化が40年代前半のきわめて短期のあいだに起こっていることに着目し、所得の上位集中の低下が労働需給要因ではなく、戦時経済における最低賃金の上昇と上位賃金の抑制とによってもたらされたと主張し、分配の問題を労働の需要要因に還元しようとするゴーディンらの議論を批判した[23]。

同じ主流派経済学の説明は、1970年代以降の所得格差の拡大過程にもふたたび用いられた。先ほどのゴーディンと同じくハーバード大学のカッツは、技術革新による労働需要の変化と教育によるスキルの供給とのミスマッチによって所得格差を説明しようと試みた。技術の急速な進歩によって高いスキルの労働者が必要とされるが、教育がそれに追いつかず、教育のプレミアムによる格差が拡大するというのである。ピケティによれば、この説明は、中間的な所得層に対しては当てはまるが、これだけでは最上位と下位層の変化を説明できないし、とくに最上位集中型のアメリカ的特殊性を説明することはできない[24]。

---

[23]「1927年から1960年までの最上位所得のシェアの低下の大部分は第二次大戦中の4年間に起こっている。下落幅は大規模であり、とりわけ最上位層の賃金においてそれが顕著である。（中略）このデータは、所得不平等の是正をウィリアムソンとリンダートのように技術変化に求める説明とも、あるいはゴーディンとマーゴやゴーディンとカッツのように高学歴労働者の相対的供給の変化による説明とも直接には相容れない。戦時期の賃金〔格差〕の圧縮は戦時経済による賃金統制によって説明される」(Piketty and Saez [2001] pp. 27-28)。

[24] 商務省の経済学者ポール・リスカベージは、「異なる学歴・職歴水準の労働需給の変化を独自に把握することは、相対賃金の格差を理解するうえで重要な貢献をなすものである」としつつも、それは所得格差の拡大を十分に説明するものではないとし、この説明が、第1に、同一学歴・職歴グループ内の賃金格差が1960年代末から70年代初頭にかけてすでに拡大しはじめていたこと、第2に、異なる学歴・職歴グループ間の相対賃金格差は70年代においては縮小し、拡大が始まったのは80年代においてであった事実を説明できない難点があると指摘している（Ryscavage [1999]）。

所得格差の拡大は単一の要因によって説明することは不可能である。上位所得層をみると、第二次世界大戦中に90％を超える限界税率によって高額所得が抑制されてから、その税率は徐々に引き下げられ、それとともに重役報酬の引き上げが進んだ。所得の上位集中はこうした政策的要因によるものであり、それを可能にした社会的要因にもとめざるをえないとピケティは述べている。同様に、低所得層の変化についても、ピケティは最低賃金制度が大きな要因として作用するとしている。最低賃金の政策的抑制は低所得者層の賃金の伸びを抑え、不平等拡大の要因となった。このようにピケティの所得分配に関する理論は、上位所得、中位所得、低所得のそれぞれの階層を異なる要因によって説明するという複合的なものであり、その枠組みをなす社会的諸要因の変化を重視したものである。ピケティとサエズの議論は、所得分配の変化を制度的諸要因の存在に外面的に還元した単なる同義反復的説明ではない。彼らは、所得格差に関連する一連の諸制度をも含む経済的諸要因が作用する歴史的・社会的条件の変化を明示しようとしているのであり、したがって、そこには単なる問題の置き換えではない普遍的な意義がある。

　議論をつうじて浮き彫りになったのは、大恐慌、第二次世界大戦およびその後の冷戦のもとで、平準化され、その後1960年代までは維持された所得分配の状態は、戦後の高い賃金水準と比較的平等な分配を支えた歴史的条件が急速に衰微するにつれ、所得分配に関する社会的認識とともに変貌し、70年代初頭の賃金・物価政策、80年代の新自由主義的な経済政策によって段階的に崩れはじめ、分配の不平等が鎌首をもたげるように強まったということである。

むすび

　クズネッツにせよ、ソローにせよ、ダグラスにせよ、本章で検討した経済学者たちは、現実の経済に実証的に挑み、経済成長のパターン、実質賃金の動きの解明に心血を注いだ人々であった。世紀転換期から20世紀前半は、アメリカ労働者階級の状態がめざましく改善された時代であり、彼らの描く経済的展望が現在からみていかに妥当性を欠くものであったとしても、当時入手しうる限りのデータを解析し、各々の結論に達したことは必ずしも非科

学的な態度であったとはいえない。

　しかし、戦後経済学が明示的、あるいは暗黙裏に掲げたアメリカ経済の主要命題は、戦後、いずれかの時点——大まかには1960年代の後半から70年代にかけて——で崩れ、現実性を失った。投資と賃金と経済成長（生産性）の3つの好循環は断たれ、そのしわ寄せが一般の労働者、国民に押しつけられ、経済格差が拡大している。次章では戦後のそのプロセスを統計的にフォローし、理論的な説明を試みたい。

第2章
アメリカにおける資本蓄積と所得分配
―― 1945 〜 2015 年 ――

はじめに

　前章のように、戦後の経済学は、技術革新に基づく経済成長と、その成果の均等な分配を期待し、また目標ともした。本章では、そうした経済学的観念が潰えていく具体的な経緯を、戦後の経済成長と所得分配に即して分析する。第1に、戦後の労働生産性と実質報酬の変化を調べ、経済成長率、投資、設備稼働率、企業資産構成の長期的変化から、投資と賃金の相互的な停滞的特徴を示す。第2に、賃金シェアと実質賃金の低下要因、およびその実質賃金の停滞がマクロ的な消費能力を制限する経路を検討する。

I　経済成長と所得分配

(1) 生産性と労働報酬のギャップ

　今日のアメリカ経済の成長と分配の特徴を把握する手がかりとして図2-1をみてみよう。これはアメリカの「経済政策研究所」（Economic Policy Institute）の研究者ジョシュ・ビヴェンズとローレンス・ミシェルが作成したものである。ここには、労働生産性の上昇率と、労働報酬の増加率とが1948年を起点に指数で示されており、労働生産性の上昇率と典型的な労働者の報酬水準とが長期的に乖離していることがわかりやすく示されている。

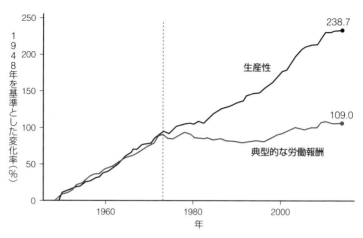

図 2-1 アメリカの生産性と労働報酬の推移（1948〜2014年）

（注）労働報酬は、民間セクターの非管理職・生産労働者の時間当たり平均報酬増加率。生産性は、財とサービスの産出から減価償却を差し引いたものの増加率。

（出所）Bivens and Mishel [2015]。

　労働生産性とは、通常、経済全体の付加価値である総所得を労働コストで割ったものである。したがって国民所得の賃金シェアないし単位労働コストが小さくなれば、同じ規模の付加価値でも労働生産性は上昇する。その意味では、労働報酬と生産性の乖離は、賃金シェアの縮小を別のかたちで表現したものにすぎない。しかし図2-1には少し工夫があって、そこでの「労働報酬」とは従業員報酬の単純な平均ではなく、生産労働者および非管理職労働者の時間当たりの報酬の中央値であり、役員報酬や資本所得が含まれていないので、「典型的」つまり一般的な労働者の受け取る報酬水準を表している。したがって、この図は、ただ単に賃金シェアの低下をいい換えたものではなく、経済成長と一般国民の生活水準との乖離をより実態的に表している。

　この図によると、アメリカの生産性と労働報酬は1973年までほぼパラレルに上昇した。つまり、生産性の伸びが一般の労働者の生活状態の改善に結びついていたのである。ところが、1973年を境に、それ以降も堅調に増加する労働生産性に対して、時間当たり報酬はほぼ伸びがとまった状態がつづいている。1973〜2014年までに労働生産性は72.2％、年率1.3％の上昇率

であったのに対して、労働報酬は 9.2 %、年率わずか 0.22％の上昇率にとどまった（しかも、その労働報酬のごくわずかな上昇のほとんどは 1995～2002 年にかけての IT ブームの時期に集中的に起こったものである）。

この 1970 年代初頭以降の生産性と労働報酬とのギャップは、くさび形になっているので、「生産性と報酬のくさび (wedge)」とビヴェンズとミシェルは呼んでいる。ビヴェンズとミシェルは、「こうした報酬と生産性の乖離は大多数の労働者が生産性上昇からそれ相当の恩恵を得ていないことを意味するが、それは経済により高い報酬を与える力がないためではない」とし、「一般労働者の賃金と報酬はわが国の労働生産性の上昇率をはるかに下回っている。これは、生産性上昇を大多数の労働者の生活水準の改善に結びつける主要なメカニズムになんらかの故障があることを示している」と指摘している（Bivens and Mishel [2015]）。

賃金はその限界生産性に応じて決まり、賃金が生産性を下回れば、競争的な企業がそれをより高い賃金で雇用し、賃金が生産性を上回れば、企業はその雇用を削減し、賃金は引き下げられる。こうして生産性と賃金は長い目でみれば等しくなる。これが正統派経済学の限界生産力理論に基づく説明であった。1970 年代までの賃金の動きはたしかに限界生産性の議論の正しさを証明するもののようにみえた。しかし、70 年代以降の現実はそれ以前と異なった動きを示している[1]。生産性を報酬改善に変換するメカニズムはなんらかの理由で機能しなくなった。

(2) 経済成長率の長期的低下と賃金シェア

生産性と報酬の関係をみるために、ここでは、その両者がどのような相関をもって変化したかをみてみたい。まず経済成長率の変化を実質 GDP の伸び率でみてみよう。図 2-2 は、1945～2015 年までの実質 GDP の成長率をグラフにしたものである。特徴的なことは、戦後、実質 GDP の成長率が循環的変動を繰り返しつつも、傾向的に成長率が逓減しているということである。つまりアメリカ経済の付加価値でみた成長力は確実に弱化している。

図 2-3 の賃金シェアの変化と重ね合わせてみると、短期的には、賃金シェアが増加した際には必ずといってよいほど実質 GDP の増加率は低下してい

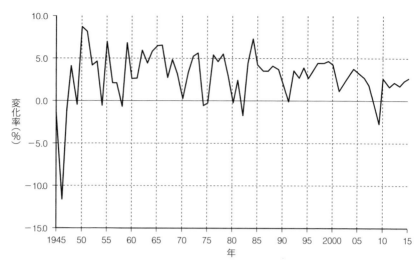

図 2-2　アメリカの実質 GDP 成長率（1945〜2015 年）

(出所) National Income and Products Accounts, Table 1.1.1 より作成。

る。ここでの賃金は従業員報酬に社会保障給付を加えたものである。1941〜45 年、1965〜70 年、1984〜92 年、1997〜2000 年、2006〜2008 年に

---

1) ビヴェンズとミシェルは 2001 年と 2002 年にこの賃金と生産性のギャップを指摘した（Bivens [2001]; Mishel et al. [2002]）。2006 年夏に当時連邦準備制度議長であったベン・バーナンキはこの問題を懸念する発言を行った（*New York Times*, August 28）。しかし 2003 年から 2005 年まで大統領経済諮問委員会の議長を務めたハーバード大学のグレゴリー・マンキューは、2006 年 8 月 29 日の自身のブログで、このギャップは計測上の不備によるものであり、「コブ＝ダグラス型生産関数と新古典派経済学の分配理論とは経済の実態を近似的にうまく表現している」と主張し、問題の存在そのものを否定した（http://gregmankiw.blogspot.jp/2006/08/how-are-wages-and-productivity-related.html?m=0）。2007 年の『大統領経済諮問委員会報告』はマンキューの立場を継承してか、このギャップを否定したうえで、いっそうの生産性の増加が経済問題の解決策であることを強調した。しかし、その後のリーマンショックを経て、地方連銀などがギャップの存在を認める分析を出しはじめ、2014 年のオバマ政権のもとでの『大統領経済報告』は、次のように指摘した。「第二次世界大戦後の数十年間には、生産性上昇は、全所得階層の家族に対する報酬の増加にほぼ自動的にかたちを変えた。しかし、1970 年代以降、不平等が容赦なく拡大しはじめ、生産性成長は典型的な家族の報酬の報酬と次第に切り離されるようになった」（Council of Economic Advisors [2014]）。しかしここでは、報酬水準引き上げの具体策はなく、生産性の改善のいくつかの提案がなされるのみであった。

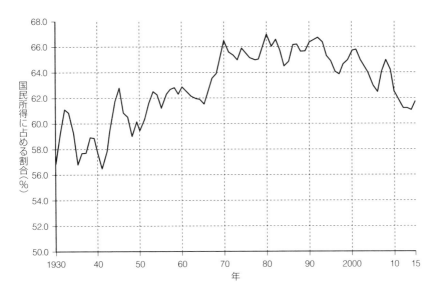

図2-3 アメリカの賃金シェア（1930〜2015年）

（出所）National Income and Products Accounts, Table 1.1.1. より作成。

それぞれ賃金シェアが上昇した際に実質GDP成長率は減少した。

　賃金シェアが上昇すると労働生産性が低下するため、賃金シェアの拡大が経済成長率を押し下げていると思われるかもしれないが、そうではない。賃金シェアと実質GDP成長率の短期的な逆相関関係は、経済が短期的に収縮する際に、賃金のほうが利潤よりも相対的に非弾力であるため、経済の変化に追いつきにくいことから生じる現象である。長期において、賃金の成長と経済成長とは正の相関を示し、ほぼ歩調をそろえて進んだ。ところが先ほどみたとおり1970年以降、成長率では低下しつつも経済の規模は拡大したが、賃金はほぼ上昇が止まった状態となった。賃金シェアの上昇もしくは高位安定が利潤を圧迫し、実質GDPを押し下げるのであれば、70年代初頭までの高い経済成長率は説明不可能であり、さらには、賃金シェアが80年代以降下降を続けていることからすれば、実質GDP成長率は利潤主導で長期的な回復過程をみせてよかったはずである。しかし現実には、賃金シェアのその後の低下にもかかわらず、実質GDP成長率は傾向的に低下しつづけた。いい換えれば利潤シェアは増加したが、それが相応に投資され生産性を

表 2-1　多要素生産性（MFP）の国際比較（1961 〜 2014 年）

単位（%）

	1961〜73	1974〜85	1986〜90	1991〜95	1996〜2000	2001〜05	2006〜10	2011〜14
アメリカ	1.9	0.7	1.0	1.2	1.9	0.9	0.2	0.6
日本	6.2	1.5	2.7	-0.3	0.4	0.9	0.5	0.5
イギリス	2.1	1.0	1.2	1.4	1.6	1.6	-0.3	0.8
ドイツ[(1)]	2.4	1.0	1.4	0.9	0.5	0.3	0.4	0.6
フランス	3.4	1.0	1.7	0.7	1.3	0.4	-0.1	0.2
イタリア	3.7	1.0	1.7	1.1	0.9	-0.3	-0.7	-0.5
オランダ	2.5	0.8	1.2	1.5	1.8	0.7	-0.1	0.2
スウェーデン	1.4	0.1	0.4	1.0	2.3	1.7	0.3	0.0
フィンランド	2.6	1.4	1.9	1.7	3.0	1.3	-0.2	-0.5

注(1) 1990 年までは西ドイツのみの推計値。
（出所）European Commision, *Statistical Annex of European Economy*（2016）より作成。

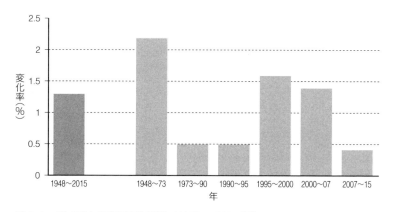

図 2-4　アメリカの多要素生産性（1948 〜 2015 年）

（注）民間部門の全要素生産性。
（出所）Bureau of Labor Statistics, Office of Productivity and Technology Homepage より作成。

上げることはなく、経済成長率の回復には結びつかなかったのである。なお、賃金シェアと利潤シェアの詳細については本章末尾〈補注１〉を参照されたい。

なお、実質賃金と生産性がともに低迷するという事態は 1970 年代以降、先進諸国に共通している。表 2-1 は、多要素生産性（MFP）を指標にして各国を比較したものである。第１章でも述べたように、通常、１単位の産出量を得るために必要とされる労働コスト（単位労働コスト）によって表され

る「労働生産性」に対して、労働以外の要素投入をも考慮して、それらが経済にどれほどの付加価値を加えたかをみたものが「全要素生産性」あるいは「多要素生産性」である。これによると先進諸国の生産性は、90年代に若干の回復をみたのち、2000年以降低下が続いている。アメリカの生産性の相対的な位置をみると、1960年代から90年代まで諸外国と比較してさほど高い位置を占めてはいない。アメリカの多要素生産性は、1990年代後半に一時的に相対的な上昇を示したのち、他の国と同じように低落傾向をたどっている（図2-4）。

Ⅱ 労働報酬はどのようにして抑制されたか

(1) 労働から資本への一方的代替——技術革新の破壊的影響

　1970年代以降の賃金抑制はどのような理由によって起こったのであろうか。この節では、こうした経済成長と報酬水準の長期停滞を企業の投資や賃金支払いなどの生産活動と政府の賃金抑制政策の両面からみてみたい。

　企業の賃金抑制の要因については、様々な見解が存在するので、それらを整理するところから始めよう。

　この要因について、まず、技術革新と生産要素の相対価格の変化を重視する見方がある。シカゴ大学のロウカス・カラバボウニスとブレント・ニーマンは、1980年代初頭に始まる賃金シェアの低下は主要諸国（59ヵ国中42ヵ国）、主要産業で共通してみられる現象であるとし、賃金シェア低下の原因は、産業構造の変化というよりも、個々の産業内部で資本生産性が労働生産性を上回り、「情報技術やコンピュータ技術を中心とする資本財の相対価格が約25％下落したためである」と分析している。彼らは、「観察された賃金シェアのおよそ半分が資本財の相対価格の低下によって説明がつく」と主張した（Karabarbounis and Nieman [2013]）。

　機械の値段が下がると、雇用主は労働者を減らして機械に置き換えようとする。同様に賃金が限界生産性以上に引き上げられると雇用主は雇用を削減し、賃金と比べ相対的に安くなった機械の導入に切り替え、失業が増える。つまり安い機械と高い賃金は失業を生み出す。これが経済学の説明である。

では労働はどの程度機械に置き換わるのか。これを理論的に示したものが、労働と資本の限界代替率である。資本による労働の代替弾力率（σ）とは、資本を1単位増やした場合、産出量を維持するためには、労働をどれだけ削減する必要があるかという技術的組み合わせを反映した投資額の割合であり、σが1より大きい場合には、資本が労働に置き換わる傾向があることを表す[2]。カラバボウニスらは、このσを1.25とした。

カラバボウニスらの推計はアメリカに限定した数字を示していないが、σが1より大きいという結論はアメリカにも妥当する。彼らの分析は経済学のオーソドックスな生産関数の説明と整合的であるが、そうであればなおのこと、実質賃金が長期的に低下するもとで、なぜさらに雇用が削減されるほどの資本財の価格下落が生じているのかという問題についての説明が必要である。

オクスフォード大学のアンソニー・アトキンソンも、資本偏重型の技術革新が起こり、長期の代替弾力性が高くなっているとしているが、アトキンソンは、さらにそれを超えて、「『賃金／収益率比率』（wage/rate of return ratio）がある点を超え臨界値（critical value）に達すると、ロボットが人間

2）代替弾力性はσ（シグマ）で表す。これは分母を労働（L）の増加率とし、分子を資本（K）の増加率として次のように示すことができる。

$$\sigma = -\frac{dK}{dL}$$

　資本の増加分以上に労働を削減できれば、利潤シェアは増加し、労働シェアは減少する。その場合は$\sigma > 1$である。資本を増やしたのと同じだけ労働が削減された場合には、利潤シェア、労働シェアは一定である。この場合、$\sigma = 1$である。資本の増加分以上に労働が増えた場合には、利潤シェアは減少し、労働シェアは増加する。この場合は$\sigma < 1$である。

　しかしまた、aを利潤シェアとすると、それは国民所得に対する資本所得の割合となるが、それはシェアは、資本と労働のそれぞれの要素費用c、wによっても影響されるので、資本と労働の相対的数量に変化がない場合においても、要素費用の変化によって要素シェアが変化する場合がある。

$$a = \frac{資本所得}{国民所得} = \frac{cK}{wL+cK}$$

　したがって、今日のように、賃金シェアが低下している場合には、その変化が要素の数量の組み合わせの変化によって起こっているのか、あるいは要素価格の変化によって起こっているのかが問題となる。

労働に取って代わりはじめる。さらに経済成長が進むと、1人当たりの資本は増加するが、『賃金／収益率比率』は一定のままということが起こる。利潤シェアは代替弾力性σとは無関係に上昇する」と述べている（Atokinson [2015] p. 97）。σと「無関係に」上昇するというアトキンソンの主旨は難解であるが、彼はσは一般的に長期のほうが短期よりも高いとみており、σではとても説明できないほど、機械化の圧力が働いていると考えている。

　カラバボウニスらの見解と異なるものとして、国際競争圧力を重視する見方がある。オクスフォード大学のアンドルー・グリンは、グローバリゼーションによる国際競争の激化が、1960年代後半から70年代にかけて企業の収益性を圧迫したといういわゆる「利潤圧縮説」を主張してきたが、80年代以後の展開については、同じ国際競争圧力が、労働規制の緩和や熟練労働偏重型の技術革新の大きなうねりと相まって、戦後培った労働側の交渉力を堀り崩し、賃金シェアを押し下げたとみている。彼は、競争圧力が資本に対するものから、労働に対するものへと変化したのではなく、同じ力が両者に働きつつも、労働への力が資本への力を上回った結果であると分析している（Glyn [2009] pp. 116-117）。

　同じように国際競争圧力を強調する立場から、エジンバラ大学のマイケル・エルズビーは次のような説明を行っている。すなわち、彼らはカラバボウニスらの意見に対し、技術革新による資本財価格の低下が賃金の低下をまねいているのではなく、むしろ、輸入競争が激しい産業分野において、賃金を引き下げる競争圧力が強く働いており、国際競争に直面した企業が報酬の切り下げを率先して行っていることが、報酬全体の引き下げを生んでいるという見解を示した。「過去四半世紀、アメリカ全体の雇用は3.9％削減されたが、そのうち国際競争圧力にさらされた企業による雇用減少の幅は3.3％ポイントであった」とエルズビーらはいう（Elsby et al. [2013]）。

　国際的な市場競争の激化のなかで、情報関連設備をはじめ資本財の低廉化が進行し、国際競争にさらされやすい産業において、とりわけ賃金シェアの低下が進んでいるというのはたしかにエルズビーらのいうとおりであろう。しかし貿易収支面で優位にあり、国際競争圧力をかけている側のドイツや日本においても賃金シェアの低下はみられ、それら諸国においても技術革新と

製品の低廉化競争が賃金抑制効果をもって働いていることからすれば、資本財価格の低下が国内要因によるか国際競争によるかという点に本質的な問題があるとはいえない。むしろ資本財価格の低下と実質賃金の低下がグローバルな競争の経路を通じて同時に起こっていることが重要である。

ドイツの経済学者エクハルト・ハインも賃金シェアが低下し、利潤シェアが上昇するという変化は欧米で共通してみられると指摘しているが、彼は、企業の金融的肥大化と不完全競争セクターにおけるマークアップ率の上昇が進んでおり、そうした事態と労働者の組織力の低下とが相まって、経済全体での賃金シェアの低下と経済格差の拡大が起こっていると述べている。つまり大企業が金融資産保有にはしり、賃金抑制によって収益性を引き上げようとした結果が賃金シェアの低下であるという（Hein [2012]）[3]。アメリカ企業は労働報酬引き下げによる収益性の回復をめざした。その結果、企業のキャッシュフローは増加し、利潤シェアは大幅に上昇した。その意味で、企業の長期的なマクロ経済の停滞に対する対応は個別的には成功であった。しかし経済全体としては生産性の回復にはたどり着かなかった。利潤シェアの増加と経済成長率の低落というパラドキシカルな状況に逢着しているのは欧米も日本も同じであり、アメリカはその最先端を走っている。

このような状況下では、賃金が労働の限界生産性以下に下がれば雇用は増えるという新古典派の想定はもはや成り立たない。経済学の想定に反して、限界生産性以下に賃金が下がっても、賃金ないし雇用は回復しない。むしろ賃金が下がったがゆえに機械の相対価格は低下し、ますます機械への置き換えが進む。

アメリカで起こっている長期的な投資停滞の特徴は、要素価格の変化に応じて資本と労働の代替が進むという経済学の説明以上に、技術革新と実質賃

---

3) ハインは、各国の抱える経済的不均衡の調整の形態のちがいによって、ヨーロッパ諸国を①債務主導型（ギリシャ、アイルランド、スペイン）、②輸出主導型（オーストリア、ベルギー、フィンランド、ドイツ、オランダ）、③内需主導型（フランス、イタリア、ポルトガル）の3つに分類している。そのうえでハインは、ヨーロッパ中央銀行（ECB）が、加盟各国に対する最後の貸し手の役割を果たすだけでなく、各国の財政問題にも責任を負い、各国通貨による債券の発行を可能にすべきいう政策を提言している。

金の低下ないし低賃金領域への生産部面の移動が進行し、国際的な競争の結果、資本財価格がいっそう低下している状況の一側面であるという説明が妥当する。資本財価格が技術革新と国際競争のもとで低下を続けることで、実質賃金が低下しても、労働の資本への置き換えが一方的に進む[4]。賃金を引き下げても失業あるいは雇用の劣化は収まらない。労働報酬の抑制と労働の機械への置き換えがスパイラルに進むという事態は、一面において技術革新と生産性の急激な増加を表すが、同じそのことが、大多数の国民は教育や医療、一部には基本的なニーズさえ満たすことできないというパラドキシカルな事態を生む。また、アメリカで、日本で、世界中でスマホをもったワーキングプアがあふれかえるというシニカルな事態の基礎にはこうした資本蓄積の構造がある。こうした状況では、『大統領経済報告』がさかんに強調する生産性のよりいっそうの増大によって経済の活性化を図る政策は不可能であるどころか、むしろそれがよりいっそう雇用と賃金への下方圧力を生み出し、事態を悪化させる可能性がある。

(2) 政策的賃金抑制

アメリカの賃金は政策的にも抑制されてきた。それが顕著に表れたのは1970年代初頭からであった。その第1段階は、71年8月のニクソン政権による新経済政策で、当初90日間の賃金・物価・利潤水準の凍結をその柱とするインフレ対策を含むものであり、物価抑制策は、その後、緩和されながらも74年4月まで続いた。

この時代のインフレ対策、とりわけ所得政策が強くもとめられた背景を、ニクソン政権期に経済諮問委員を務めた経済学者ハーバート・スタインは次のように書いている。「この当時、所得政策の考え方は、とりわけ多くの産業界の指導者に魅力的なものに映った。彼らは労働組合から、1966年のインフレ時にはじまった方式による大幅賃上げ圧力を受けていた。しかし、景気後退下では賃上げを価格に転嫁する企業の力は弱まっていた。そこで産業

---

4) 機械への代替の状況は次のような文献に描かれている。Frey and Osborne [2013]; Brynjolfsson and McAfee [2014]; 新井 [2010]

界の指導者は、自分たちだけでは組合の要求を押さえ込むことはできないとして、政府の支援に期待をかけた」(Stein [1984])。

当時、物価上昇率が5％から6％へと上昇し、失業率も完全雇用水準とみなされていた4％を上回り、6％台となると、政府は失業とインフレに対して有効に対処しているという姿勢を示す必要に迫られた。当初、インフレ抑制の効果がみられはしたが、長く続かず、73年第4四半期から75年第1四半期まで不況に陥る。家計中位所得、平均所得の73年のピークは、いずれも78年まで回復しなかった。

第2段階は、1980～83年の所得抑制である。すでにレーガン政権発足以前に景気は下降局面を迎えていた。同政権が採った本格的な通貨供給量の削減を柱とする強い引き締め政策による全般的なインフレ抑制政策は、賃金に対する強い下方圧力をもたらした。このいわゆる「レーガン・リセッション」は82年第4四半期で一応終結するが、家計中位所得、平均所得はともに83年まで低下を続け、72年の水準にまで後退したのであった。その後の成長率の回復過程で中位所得と平均所得との乖離はよりいっそう拡大した。

ジェームス・トービンは、1981年に、レーガン政権の通貨供給量削減によるインフレ抑制政策に対して、物価・賃金抑制は通貨供給量の削減のみでは不可能であり、インフレを抑制しえたとしても「労働市場への持続的な抑制と設備過剰の傾向」が生まれると警告した。トービンが危惧したとおり、その後インフレは収束に向かったが、賃金抑制の負担は、あらゆる所得階層に均等に分散するのではなく、交渉力の弱い低所得層に偏重し、家計債務比率も拡大した。トービンは、レーガノミクスが、成長と物価安定のもとで構造的な過剰能力の蓄積や所得格差といった不安定要因を増幅させたその後の経緯を見事に予見していたといえる（Tobin [1987] p. 370）。

その後、第3段階、第4段階と区別することは可能であるが、要するに、1980年代までに賃金に対する政策的抑制基調は確立し、その後は特別な賃金・物価統制政策こそなかったものの、ピケティがいうように、所得税率の引き下げ、最低賃金の据え置きなど政策的に格差拡大に対処しないまま経済的不平等は拡大し、そのなかで実質賃金は据え置かれた。アメリカにおける緊縮政策（Austerity Policy）はレーガン大統領の登場以前、すでにニクソ

ンの時代の 71 年に始まっていたのである。

Ⅲ　資本蓄積の長期的変化

(1) 投資と設備稼働率

　以上のような賃金シェアの低下、実質報酬の低迷は近年の研究の主題として盛んに取り上げられている。しかし、基底となる資本蓄積（企業行動）の特徴については、あまり論じられることはない。アメリカの資本蓄積を長期的にみたときに、最も特徴的であると思われる変化は、戦後の黄金時代から現在までの長期にわたる投資の低滞と設備稼働率の抑制である。

　民間投資の長期的推移には、賃金シェアやジニ係数など所得分配に関する多くの指標と同じように、1960 年代あるいは 70 年代に転換点があるが、企業の純投資と設備稼働率は戦後のピークから 60〜70 年代に際だった山場がなく、長期傾向的に低下しているという特徴があり、その変化は経済成長率の低下傾向とほぼパラレルである。

　図 2-5 は、アメリカの企業投資の構成をみたものである。民間投資のうち粗投資は戦後 GDP の約 10％程度から 1982 年までに 14％までに増加し、その後 80 年代に落ち込む。90 年代の IT ブームの時期に一時的に回復するものの、それ以降、ふたたび伸び悩んでいる。純投資とは粗投資から減価償却分を差し引いたものであるが、それは 60 年代半ばと 80 年前後、および IT ブーム期に GDP 比 5％程度のピークがあり、80 年代以降長期的に低迷をつづけ、現在は 2.5％の水準にまで落ち込んでいる[5]。

　こうした投資水準の低下傾向は、企業の投資資金の不足のためであろうか。そうではない。企業には、投資を補ってあまりあるキャッシュフローが蓄積されている。図 2-6 は、その企業のキャッシュフローの構成と固定投

5）ちなみに、純投資の比率とは、かつて W・W・ロストウが次のように述べたものである。「国民所得（もしくは国民純生産）に対する純投資の比率がたとえば 5％から 10％以上に上昇し（想定している離陸期の状態のもとでは資本産出比率は低いから）、ありうべき人口の圧力をはっきりと凌駕して国民 1 人当たり実質産出高の明確な上昇をもたらす、というような事実が離陸期にとって十分条件ではないにしても必要条件である」(Rostow [1960] p. 37)。

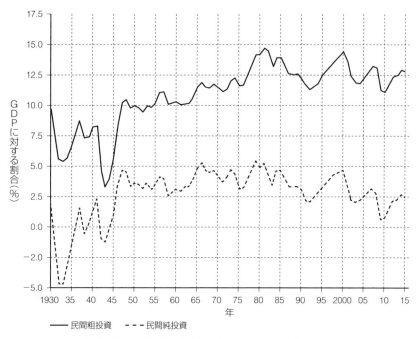

図 2-5　アメリカ民間部門の粗投資と純投資（1930〜2015 年）
（出所）National Income and Products Acounts, Table 5.2.5. Gross and Net Domestic Investment by Major Type より作成。

資・設備（装置）投資の変化をみたものである。キャッシュフローとは、企業の未配当利潤と減価償却引当金である。この図によると、企業は1970年代から急速に手持ちのキャッシュフローをGDP比10％から15％程度にまで拡大させたが、固定投資の比率は低下している。図2-7とあわせると、企業のキャッシュフローは金融資産、不動産の形態で保有されていることがわかる。設備投資はそれに比べて比重を落としつつある。

設備稼働率はどうであろうか。図2-8は1955年から現在までの製造業、鉱業、公益事業を含む全産業の設備稼働率をみたものである。アメリカにおける設備稼働率は、70年代から80年代にかけて低下し、その後、利潤シェアの回復と歩調を合わせて若干の回復を示したが、その後も低落に歯止めがかからなかった。表には示されていないが、50年代半ばまでは民需の回復と朝鮮戦争の影響で設備稼働率はほぼ90％以上を保ってきた。現在までそ

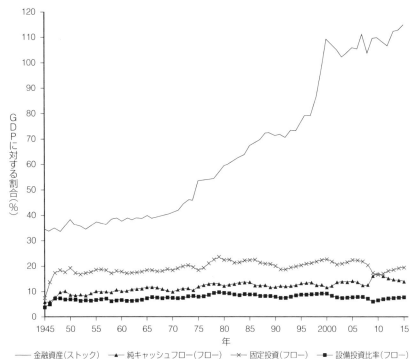

図2-6　アメリカ企業の金融資産と設備投資（1945～2015年）
（出所）Federal Reserve Board, Financial Accounts of the United States, B.103 Balance Sheet of Nonfinancial Corporate Business および National Income and Products Accounts, Table 1.1.1. より作成。

の水準から75％程度まで下落を続けてきたということになる。先ほどの経済成長率のグラフと重ねてみると、設備稼働率と実質GDPの変化率はほぼパラレルに動いていることがわかる。企業の産出量の抑制と投資抑制とは経済成長率と収益性低下への個々の企業としては合理的な対応である。しかし経済全体としては設備稼働率の調整による産出量抑制、およびそれに時間的に遅れて現れた投資の抑制とが相まって経済成長率の低下を招来したとみることができる。

　経済成長と企業投資は投資家の期待を媒介とした相互的な関係にある。高い成長率には高い設備稼働率が対応し、低い成長率には低い稼働率がともなう。企業はまずは低成長への移行に対して設備稼働率を引き下げることによ

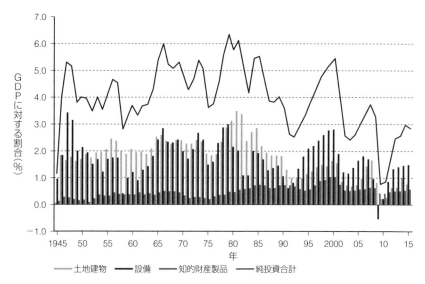

図 2-7 アメリカの純投資の構成要素（1945〜2015年）

（出所）National Income and Products Accounts, Table 5.2.5. より作成。

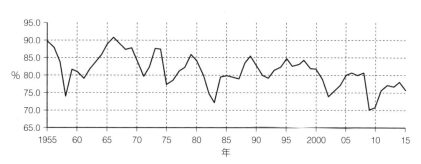

図 2-8 アメリカの設備稼働率（1955〜2015年）

（注）製造業、工業、公益事業を含む全産業の設備稼働率。1972年以前の値については連銀が再推計していないので、非公式な古い値を代用している。
（出所）Federal Reserve Board, Industrial Production and Capacity Utilization - G.17, FederalReserve Bank of St. Louis Homepage より作成。

って対応しようと努めた。しかしその後、企業は投資そのものの抑制を行うようになった。先ほどの図 2-5 の民間粗投資と純投資の動きをみると、粗投資は 1980 年代初頭のレーガン時代に投資減税と加速度減価償却が政策的に行われた時代に最大の山がある。純投資もその頃高い水準に達しているが、それ以前のピークであった 66 年の水準を回復したにすぎない。粗投資、純

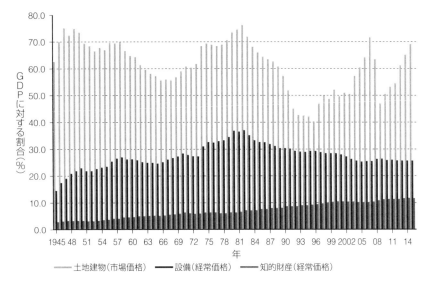

図 2-9　アメリカ非金融法人の非金融資産（1945～2015年）
（出所）Federal Reserve Board, Financial Accounts of the United States, B.103 Balance Sheet of Nonfinancial Corporate Business より作成。

投資ともに90年代のITブームで再び急回復するが、80年代の水準に戻ることはなかった。今後なんらかの反転がなければ、さすがに減価償却部分を補うだけのゼロ成長とはならないであろうが、きわめて低いレベルの投資水準が続くことが予想される。

　まとめていうと、設備稼働率は成長率の低下に即応し、すでに1980年代から長期的な下降を開始した（第1段階）。投資の水準はそれに遅れ、経済成長率の低下を後追いした（第2段階）。80年代以降は、そうした対応に加え、賃金そのものに対する引き下げ圧力が強まったということができる（第3段階）。

(2) 金融的肥大化のもとでの投資停滞

　フローの投資抑制の結果はストックの変化に現れる。図2-9は、非金融法人の資本ストックを示したものであるが、企業部門の設備ストックの長期低落傾向は顕著である。GDPに対する設備ストックの比率は、20世紀全体が裾野の広い逆U字型の山型を描き、1980年前後の30％をピークに現在25％

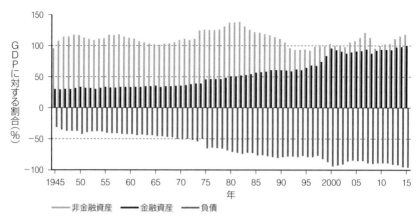

図 2-10　アメリカ非金融法人企業のバランスシート（1945〜2015 年）
（出所）Federal Reserve Board, Financial Accounts of the United States, B.103 Balance Sheet of Nonfinancial Corporate Business より作成。

程度まで低下している。土地建物のストックの比率は 90 年頃までおよそ 60〜70％を維持したが、90 年代前半とリーマンショックの直後に大きく落ち込み、その後ふたたび 70％の水準に戻りつつある。

　先ほどの、設備稼働率の長期低落傾向とあわせて、アメリカの非金融法人部門が実物投資の面で不活発となったことが以上のような結果となって表れた。しかし、このことは繰り返していうが、資金調達力が弱まったがゆえに起こっている現象ではなく、むしろ逆で、アメリカ企業が潤沢な資金を手にしているにもかかわらず起こっている現象である。アメリカ企業は調達した莫大な資金を投資よりは、むしろ金融資産や不動産（土地建物）の購入に充てている（図 2-10）。彼らの金融資産は、1970 年代初頭と比較して、その約 3 倍に膨れあがり、いまでは GDP の規模に匹敵するほどとなっている。さらに、負債による資金調達も同じように活発で、GDP と同規模の資金をエクイティやローンで調達している。要するに、投資停滞は企業部門あるいは経済全体の貯蓄不足によって起こっているわけではないということである[6]。

　イギリスの経済学者ジョー・ミチェルは、資本ストックの伸び悩みを尻目に、金融資産が半世紀の長きにわたってほぼ右肩上がりに上昇している状況

について、このことは投資可能な資金が投資に回らず、金融資産の購入や対外投資に利用されていることを意味すると指摘している。企業のバランスシートにみる資本ストックの低迷と金融資産の肥大化は欧米企業に共通してみられる傾向であり、ミチェルは、このことがすでにみた設備稼働率の長期低落傾向とあわせてシュタインドルの予見の適切さを証明していると述べている（Michell［2014］）。戦後長期の賃金シェアと成長率の変化に関する1985年の論文でのシュタインドルは次のように説明している（Steindl［1985］）。

- 戦後の成長局面において、利潤シェアは労働力不足というボトルネックのために上昇を阻まれた。マークアップ率（利潤マージン）の増加傾向は賃金上昇によって抑えられ、その賃金上昇が消費需要をかさ上げし景気を支えた。
- 低成長局面においてはむしろ寡占の効果が強く作用し、利潤率を維持するために設備稼働率が調整される。つまり企業は設備稼働率を低く抑えることによって利潤率の下落を阻止しようとする。設備稼働率に対するこの圧力は損益分岐点が下がりはじめるとさらに増す。現代の寡占産業は成長率が低下するにつれ、恒常的な過剰能力を抱えることになる。過剰能力は投資を冷え込ませるため、その結果はよりいっそう深刻なものとなる。

6）クズネッツは、*Capital in the American Economy*（1961）において、生保、ペンションファンド、社会保障基金など金融機関の多面的で重層的な発展によって遊休資金が効果的に集められ、より高い水準の貯蓄投資バランスが可能となり、長期的に投資水準は高まるであろうという見通しを示した。同書が発売された当時は、第二次世界大戦後の高い民間消費と政府購入が生み出したインフレ圧力を相殺するために高い貯蓄と投資の水準が必要とされた時期であった。その後、企業のキャッシュフローがこれほど増大し、それらが投資に向かわなかったことをクズネッツが予見する術はなかった。クズネッツにおいて、貯蓄が投資に大まかにせよ結びつくという単純な仮説（もうひとつの「クズネッツ仮説」）があったことは否定できない。なお、この面でクズネッツは、彼の同僚のレイモンド・ゴールドスミスの金融制度論に大きく依拠している。ゴールドスミスについては、川口［1966］がこれを批判している。金融市場における機関投資家の比重の高まりは、1980年代以降においてむしろ破壊的な投機的行動の慢性化に結びついたが、これもまたゴールドスミスやクズネッツらの予想を超えたものであった。

低成長期に利潤マージンを維持するために寡占企業は投資を抑制し、設備稼働率を引き下げざるをえないが、そのことがいっそうの成長の鈍化と利潤率の低迷をもたらすという悪循環をもたらす。このようなシュタインドルの理解は、今日のアメリカの経済成長率の長期低迷を資本蓄積のあり方から説明したものといえる[7]。

アメリカ企業は経済成長率の低迷に投資抑制をもって対処し、さらに戦後形成された賃金と雇用条件の水準を引き下げようとした。それは企業収益を回復させたが、その収益は金融資産への投資や、いっそうの技術集約的な投資に偏重して用いられた。国際競争の激化のもとでの技術革新とそれによる生産性の上昇は、一般労働者の報酬の低迷と労働の劣化をもたらすものとなった。

(3) 資本蓄積の現代的領域

こうした投資停滞とならんで、逆に肥大化する部門があることを同時にみておかねばならない。ウィリアム・ボーモルのいう「コスト病」(「ボーモル病」ともいう) の分野、すなわち教育・医療・サービス部門などがそれであり、金融・保険セクターもそうである。こうした分野の変化は、シュタインドルやミチェルのような投資停滞論によってはつかみにくい現象であり、第3章でボーモルを検討することによってこの面を補足したい。

同様に、1970年代以降、製造業やハイテクセクターにおける技術革新によって、単位当たり生産費用が逓減し、物理的な収穫逓増が起こる分野において「破壊的競争」が進展した。こうした分野もまた現代の肥大化する経済領域である。こうした領域は、消費構造の変化、企業の市場からの退出コストの上昇、景気後退に際しての公的救済・支援などによって、慢性的な過剰生産能力が維持されつつ複雑に膨張している。これらの問題については第4章でジェイムス・クロティ、ロバート・ブレナーをみる際に詳しく述べたい。

---

7) 近年のシュタインドルの再評価については、Hein [2013; 2014]; Hein, Detzer and Dodig eds. [2015]; Shapiro [2012]; Mott and Shapiro eds. [2005]; Michell [2014] などの文献がある。

Ⅳ　現代的な供給過剰

(1) 需要面からの成長制約

　賃金シェアの低下は、総需要を抑制することによって経済成長を制約すると考えられる。しかしその経路は複雑であり、そのシェアの低下と総需要の制約を機械的に結びつけることはできない。

　マルクスら、19世紀の社会主義者たちが想定した搾取、つまり、労働者の労働時間が自らの賃金部分の付加価値を生むための必要労働時間の長さを超えて延長されるということは今日でもあり、生産性の上昇と不可分にますますそうなりつつある。しかし、そのことは資本家あるいは雇用主がその社会的必要労働時間を超えて継続される労働時間の比率に相当する利潤を得ることをただちに意味するものではない。なぜならば、資本家間の競争の過程において付加価値の一部は、商品価格の値下げや、非価格競争のコストとして消失してしまい、資本家の手許に残る利潤は自ずと限られたものとなるからである。ローザ・ルクセンブルグやシュタインドルが、「剰余価値の未実現」の問題として重視したものがこれであり（Luxenburg [2015] pp. 343-346; Steindl [1952] p. 239）、新古典派の利潤ゼロの考え方はこれを極端に推し進めたものである（Clark [1899] pp. 79, 110-111）。超過利潤は競争の過程において切り縮められ、価格低下へと吸収される。第1章においてみたワイズマンが指摘した、収穫逓増のもとでの価格の低下という現象はこれである。競争による利潤の圧縮は、資本家の蓄積意欲を抑制し、企業の賃金引き下げ圧力を強めることによって経済全体としての有効需要の不足の原因となる。剰余価値の未実現部分は過剰な製品や過剰な生産能力となって表れ、ローザ・ルクセンブルグはそれがよりいっそう激しい資本家間の競争促進剤となることを強調したのである。

　では、今日、搾取といえるようなものはないのであろうか。搾取は厳然と存在しているが、マルクスとはちがった意味においてそうであり、それは資本家が利潤圧縮によって市場で失う付加価値を生産点で取り返そうとすることによって、ますます様々な形態で行われていると考えられる。労働現場で

の長時間、過密労働、付加給付の切り下げ、より低賃金の立地への生産拠点の移動などはその端的な例である。有効需要の不足に対して、寡占的な分野においては、投資が手控えられ、設備稼働率が引き下げられるが、こうした寡占的な生産抑制が雇用状況をますます悪化させる。労働者間の競争もますます激しいものとなり、一般の労働者は、就労条件の切り下げを強いられ、少しでもまともな職を得るためにさえ、莫大な教育・職業訓練投資を迫られる。しかし、この同じプロセスの裏面において、競争の結果、利潤が商品価格に転化されないことによって商品の実質的な価格は低下し、それが生活に必要な賃金財である場合には労働者の実質賃金は上昇する。多種多様な製品開発には実質的な生活水準の向上に資するものも少なくない。こうした複雑な過程の総体が、総需要を抑制するが、それがマクロ的な危機に結びつくかどうかは、企業部門が蓄積した過剰な資本の処理形態、国内外の新しい投資分野の開発、資本価値の破壊と市場の価格調整の進行、信用の拡張その他の条件に依存する。

(2) 経済的不平等のマクロ的帰結——総需要の抑制

　今日の需要面からの成長制約には２つの経路がある。ひとつは、実質賃金の抑制あるいは賃金シェアの低下にともなう経済格差が、総需要を抑制する経路である。

　経済格差は、低所得層の消費や人的資本投資を抑えるが、とくに現在のアメリカで進行している上位集中型の格差の強まりは、富裕層に比べて消費性向の高い大多数の国民の消費を抑制し、総需要を削減することによって、経済成長を阻害することが最近の文献で指摘されている（cf. Cingano [2014]）。エラ・ダブラノリスら IMF の研究者たちはアメリカの所得格差と成長率の関連について次のこと明らかにしている。

　　「上位20％の所得シェアが１％増加した場合、その後５年間の GDP 成長率は0.08％ポイント低くなる。このことは上位への恩恵はトリクルダウンしないことを意味する。逆に、下位20％の所得シェアが同じく１％増加した場合には、成長率は0.38％ポイント上昇する。この所得シェアと成

長率の正の相関関係は、第2、3五分位（中所得層）にもみられる」（Dabla-Norris et al. [2015] p. 7）。

　彼らはこのように述べ、「所得集中の増大は、総需要を抑制し、成長を阻害する。なぜなら富裕層は中低所得層に比べて所得のわずかな部分しか支出しないためである」と結論づけている（p. 8）。家計所得の最大の部分を占める中間層の所得に対する圧迫が賃金シェアの低下をもたらしているが、すでにみたように平均的な家計の所得の増加のペースは生産性上昇率よりも遅い。大部分の経済的成果が企業役員報酬などのかたちで所得上位層に向かえば、必然的に消費需要の面から経済成長は抑えられる（p. 13）。

　アンダーソンによれば、アメリカの貧困世帯を対象としたEITC（勤労所得税額控除）対象者と最上位1％との所得乗数（所得1単位の消費への波及効果を示す指数）は、前者が1.21、後者が0.39であった（Anderson [2014]）。このように、所得階層間で消費性向が異なるため、所得分配の不平等は経済成長のブレーキの役割を果たしている。家計消費構造の変化については〈補注2〉を参照されたい。

⑶「性能の供給過剰」——C・クリステンセン

　需要面での制約の2つの目の経路は、ハーバード・ビジネス・スクールの経営学者クレイトン・クリステンセンがいう「性能の供給過剰」である。

　技術革新は、市場が必要とする以上の、あるいは市場が吸収しうる以上のペースで製品の性能を高めることができる。クリステンセンは、歴史的にみて、このような「性能の供給過剰」が発生すると、「破壊的イノベーションが出現し、確立した市場を侵食する可能性が出てくる」という興味深い指摘を行った（Christensen [1997] p. 183）。クリステンセンはこの破壊的イノベーションをコンピュータの5.25インチドライブに対する3.5インチドライブ、フィルム写真に対するデジタル写真、店頭販売の小売りに対するオンラインショッピング、有人航空機に対する無人航空機、心臓バイパス手術に対する血管形成術などの事例をあげて説明している[8]。市場は、性能の面で供給過剰が起こると飽和状態となりうる。「性能の供給過剰」は、競争の評価

軸を変化させ、製品が選択される基準は市場の必要がいまだに満たされていない特性へと移る。

　重要なことは、技術革新が競争基盤を絶えず変化させる時代には、市場の見通しに対する不確実性が増し、投資が大きなリスクを抱えることになるということである。市場の技術に対する評価基準は数年単位で変化し、製品のライフサイクルは短縮化され、企業はある時点で市場支配力において優位に立っても、つねに「破壊的イノベーション」によって駆逐されるおそれがある。したがって市場優位にあるあいだに、投資を回収しなければならないという必要性からも「破壊的競争」に突き進まざるをえない。また既存の領域への追加投資と新規領域への投資の両方に対して慎重となる。これが本章においてすでにみた粗投資の長期低迷の理由の一部を説明している。技術革新のうねりのなかで、投資の相対的比重は伸び悩み、純投資は既存設備の陳腐化と遊休から激しく落ち込む。クリステンセンの理論は投資の長期的変化の一側面をうまく描いているといえる。

　競争の結果は、より高度な生産設備の導入（プロセス・イノベーション）と新製品の開発（プロダクト・イノベーション）を促進するが、それが雇用を拡大し、実質賃金を高めるように作用する場合もあれば、雇用を減らし、賃金を引き下げるように作用する場合もある。ケースバイケースである。競争は単に労働者を生産過程から駆逐するだけでなく、新たな資本設備に対する需要をもたらし、その資本設備の生産のための労働需要を生み出す。機械化による新たな資本財の発明と生産は、古くなった資本財を淘汰する一方で、新たな資本財の市場とそこでの労働需要を生み出す。かつてベーム・バ

8）クリステンセンの説明はこうである。デスクトップが主流であった時代にディスクドライブメーカーは、5.25インチドライブの容量の拡大と低廉化を競い、その容量はデスクトップ市場が求める水準の約300％上回るほどとなっていた。そこへ3.5インチドライブが現れた。通常、性能に差がなければ価格競争が意味をもつが、このケースでは、3.5インチのほうが1メガあたり20％も高コストであったにもかかわらず、デスクトップメーカーは3.5インチを選択した。なぜなら、1986〜88年までのデスクトップパソコン市場では、ドライブの大きさが他の特徴より意味をもつようになりはじめたからである。小さいドライブを採用したほうが、マシンの設置面積を縮小できる。「性能の過剰供給によって、競争の基盤が変化したためである」とクリステンセンは述べている（p. 187）。

ヴェルクはこうしたプロセスを「迂回生産の利益」と呼んだ。プロダクト・イノベーションは、それによって生み出されたものが人間の本来のニーズに応えたものであるかどうかとは無関係に、その結果生み出された様々な製品が市場で売れるかぎり、その生産と流通で雇用を生む。

しかし強い競争圧力は、「破壊的イノベーション」を強く促すが、そこでの価格競争によって付加価値は失われやすく、実質賃金を抑制する圧力もまた強い。このことがイノベーションによる成長率の浮揚を短期的あるいは間歇的なものにする理由である。技術が本来もつ人々の消費生活を豊かにし、労働の苦痛を軽減するという働きが、市場競争のもとにおいては付加価値と実質賃金を切り縮める傾向を帯びて現れる。マルクスのいう「技術の資本主義的充用」が、相変わらず現代においても生産性の上昇を抑え、実質賃金を長期的に抑制している。19世紀後半から20世紀の技術革新は、生活のほとんどあらゆる分野の必要を満たす製品供給を実現したことはロバート・ゴードンが指摘するところであり、事実であろう。そのうえで、今日企業がさらに新たな必要を開拓し、それに対応する製品を開発することは容易ではない。この停滞する市場の問題は、そのゴードンを検討する第3章であらためて検討したい。

むすび

本章では、所得分配、生産性、投資の構造などの面から長期のアメリカにおける資本蓄積と経済成長のパターンを検討し、戦後経済学のヴィジョンの帰結をみてきた。企業の生産的投資の規模は利潤シェアの拡大や国内貯蓄と海外からの資本流入の拡大によって可能となる投資能力に対応するよりも、むしろ国内需要に対応して抑制的に調整され、生産的領域から排除された資金は金融資本市場、企業買収市場で運用され、一部は投機的に用いられている。こうした企業行動によってアメリカの経済成長の長期停滞と間歇的なバブル（信用膨張）の土壌が形成されている。こうした状況はモールトンらブルッキングス研究所が描いた1920年代の情景と相似的ともいえる。しかし、1930年代の危機を生み出した20年代末の国際経済の状況と現在とは国際協調による危機対応という面でも、国内経済政策および社会保障制度によ

る経済安定化のメカニズムといった面でも大きく異なる。

　現在の問題は、第1に、成長率、投資、賃金など様々な面で萎縮した経済環境のもとで、潜在的な生産能力の可能性は不胎化され、報酬の引き下げと労働条件の悪化、経済的不平等の拡大がいっそう進むということであろう。1970年代初頭以降、実質賃金が抑制されはじめ、80年代に新自由主義的な経済政策が開始されてからは、企業部門および富裕層に対しては〈緩和〉、労働者、一般国民に対しては〈緊縮〉という政策上の二重化が進展し、上位集中型の経済格差が拡大している。教育・医療・住居の分野の高負担は平均的な国民の生活状態を圧迫している。消費需要が全般的に抑制され、その面からの経済制約が強まりつつある。生産性の恩恵が公平に分配される経路が寸断されている以上、『大統領経済報告』のいう生産性を高める政策によってアメリカ国民の生活を浮揚させることは夢物語である

　第2に、企業部門は、設備に対する投資を抑制する半面、内部資金、流入する海外資本、家計部門の金融資産など、入手可能な資金を高付加価値のサービス・金融・不動産・医療・ハイテク・エネルギー分野、さらにはポートフォリオ、プライベートエクイティなど投機的分野に用いている。それらの領域ではバブルが起こりやすく、それらを震源地として経済が間歇的にバーストする環境が醸成されている。さらにその経済的破壊的影響は原因者ではなく、一般国民にしわ寄せされる。

　第3に、投資停滞による実体経済の成長鈍化と金融危機に対処するために財政と金融政策が動員され、結果、財政赤字と過剰な流動性供給が膨れあがり、それがさらに政策面からのバブルの土台となる。

〈補注1〉　賃金シェアと利潤シェア

　賃金と利潤へ国民所得の分配は、「機能的分配」(functional distribution) あるいは「要素シェア」(factor share) と呼ばれる。労働所得の国民所得に占める比率を労働シェア (labor share) あるいは賃金シェア (wage share) といい、企業あるいは雇用主の受け取る所得の国民所得に対する比率を利潤シェア (profit share) あるいは資本シェア (capital share) という。賃金シェアと利潤シェアの実際の変化を戦後か

ら現在までの長期のデータでみてみよう。はじめに、分配の全体構造を把握するために、賃金と利潤の統計的な定義について述べておきたい。主に用いるデータは、アメリカ経済分析局（Bureau of Economic Analysis）の国民所得統計（National Income of Products Accounts）である。同局はこのデータ系列を1929年にまで遡って推計している。ここでは戦後の経済変化に関心を集中するため、1945年から最新の2015年までのデータを考察対象とする。

国民所得に対する賃金のシェアを算出するに際して次のような3つの定義を用いる。

賃金シェアⅠ＝賃金給与／国民所得
賃金シェアⅡ＝（賃金給与＋社会保障など非賃金報酬）／国民所得
賃金シェアⅢ＝（賃金給与＋社会保障など非賃金報酬＋個人事業主所得の3分の2）／国民所得

「賃金シェアⅠ」は「賃金・給与」（wages and salaries）の国民所得に対する比率で、基本給部分の大まかな変化がわかる。

「賃金シェアⅡ」は「賃金・給与」に企業年金・医療保険および公的年金の雇用主拠出分からなる付加給付を加えたもの——これを「従業員報酬」（compensation）と呼ぶ[9]——の国民所得に対する比率である。一般に「賃金シェア」という場合、この定義が用いられることが多い。ⅠとⅡを比較することで、戦後、社会保障関連の付加給付が賃金シェアの維持に

9）通常、「労働所得」とはこの「従業員報酬」を指す。しかし、こうした単純な定義は、「そもそも労働者とはどの範囲をさすのか」「企業の役員報酬はどう扱われるか」、あるいは「ストックオプションからの資本所得は勤労所得に含まれるか」といった問題をただちに生む。金融資産や不動産の所有は労働者のあいだにも広がっており、それらは所有に基づく所得であり、利潤であるが、その一部は労働所得の一形態とみなしうる。本書の賃金シェアには資本所得や賃貸料は含まれていない。また公共部門などは賃金シェアと対比される利潤シェアにあたる付加価値部分が存在しない。そのため賃金シェアを計測する際に、公共部門を除外し民間部門のみで計測する研究もある。本書の賃金シェアは公共部門の労働所得を含んでいる。

どの程度大きな役割を果たしたかを捉えることができる。

「賃金シェアⅢ」は、「従業員報酬」に「自営業所得」の3分の2を加えたものの国民所得に対する比率である。これは、従来の研究で、「自営業」のかなりの部分が実体的に資本家的というよりも労働者的であるという判断からしばしばこのように処理されてきたその方法に従ったものである[10]。

利潤シェアは、2つの定義で示される。企業の「税引き前利潤」に「自営業所得」の3分の1を加えたもの（法人利潤）の国民所得に対する比率を「利潤シェアⅠ」とし、企業の「純キャッシュフロー」——すなわち「未配当利潤」と「固定資本減価償却引当」の合計から「在庫調整額」を差し引いたもの——のGDPに対する比率を「利潤シェアⅡ」とする。Ⅱを示した理由は、戦後、配当に対してキャッシュフローの割合が著しく増加したためであり、そのかなりの部分が事実上利潤とみなしうるためである。なお国内総生産（GDP）から減価償却費を差し引いたものが国民所得（NI）なので、減価償却を考慮する場合はGDPを用いている。

利潤シェアⅠ＝法人利潤／国民所得
利潤シェアⅡ＝（法人利潤＋減価償却引当金）／GDP

図2-11は1945年から現在までの賃金シェアの推移を捉えたものである。賃金シェアは、第二次世界大戦後、高い水準で推移する。この時期の賃金シェアⅠの高位安定、賃金シェアⅡの上昇の背景には、農業従事者の離農と産業への流入、公共部門における公務労働者の増加がある[11]。その後の賃金シェアⅠの傾向的な低落は目覚ましく、現在までに1930年代を

---

[10]「自営業所得」は、労働と資産の両方からの所得という性格をもつ。国民所得統計で、自営業者の所得はいわゆる「混合所得」とされる。なぜなら自営業者は自らの勤労で所得を生み出すが、同時に彼らが得る所得の一部は店舗や土地など資産が生み出したものでもあるから、それは勤労所得であり、資本所得でもあるとみなされる。自営業所得の一部を労働所得に組み入れて計算した場合、賃金シェアはかなり高くなる。これらの所得をどちらの要素シェアに組み入れるかについては研究者によって異なる。

第2章　アメリカにおける資本蓄積と所得分配——1945～2015年　67

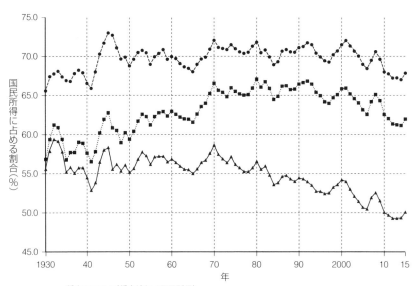

図2-11　アメリカの賃金シェア（1930～2015年）
（出所）National Income and Products Accounts, Table 1.1.1 より作成。

10％ポイント近く下回る水準まで低落している。賃金シェアⅡは1980年代いっぱいまで安定的に推移するが、それは1960年代まで賃金シェアⅠの減少分をおぎなってあまりある社会保障給付の拡大があったためである。賃金シェアⅢが高い水準でもちこたえているのは、自営業のうち非法人企業の賃金が増加したためであり、その傾向は2000年代に入ってから強まりつつある。

　3つのシェアとも1965年から70年までの「賃金爆発」（wage explo-

11）農業労働人口のピークは1910年センサスの1177万人である。その後第二次大戦後まで漸減したのち、70年代の300万人代まで急減し、その後、横ばいを続ける。それに対して、製造業は10年の800万人から70年代半ばの2000万人へと増加し、その後、横ばいを続ける。また、第二次大戦前における移民流入のピークは1900～10年であり、その数は約880万人で当時の人口の10.4％に相当した。その後、1911～20年に570万人、1921～30年に410万人、1931～40年に53万人と減少する（*Datapedia of the United State, 1790-2000*, Series D 167-181, and C）。

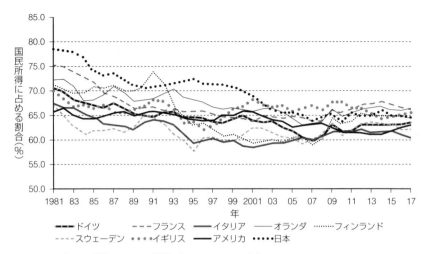

図 2-12　各国の賃金シェアの推移（1981 〜 2017 年）
（出所）European Commision, *Statistical Annex of European Economy*（2016）より作成。

sion）の時代に一時的に急拡大する。この時期、インフレに対する労働組合の賃金引き上げ要求は、経済全体の成長率に陰りが出てきたことと相まって、企業収益を押さえ込み、利潤シェアを抑制した。賃金シェアは、その後の 2000 年の IT バブルの崩壊、2008 年のリーマンショックの影響を受けて激しく落ち込み、賃金シェア II も III も現在 1960 年代前半の水準にそれぞれ落ち込んでいる。

なお、図 2-12 は欧米および日本の賃金シェアの推移を比較している。これによると 2000 年代に入ってからの賃金シェアの傾向は 9 ヵ国まちまちであり、すべての国が下落基調とは必ずしもいえない。しかしアメリカについては、低下が続いていることが明確に表れている[12]。

図 2-13 は利潤シェアの推移である。利潤シェア I は全体として過去半世紀、国民所得の 10% 近傍で推移し、現在それを若干上回る程度であるのに対し、利潤シェア II では、戦後 20% 程度で推移し、現在、25 〜 30% の高水準に達している。利潤シェア I では、戦後の利潤シェアは緩やかな U 字型であるが、利潤シェア II は、戦後一貫して 15% 近くで安定し、この 20 年ほどのあいだ、右肩上がりである。両方とも、賃金爆発の時期で

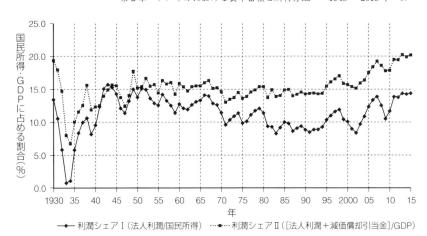

図 2-13　アメリカの利潤シェア（1930 ～ 2015 年）
（出所）National Income and Products Accounts, Table 1.1.1 より作成。

ある 1960 年代後半、79 年からのマネタリズム金融政策の時期、80 年代後半のクレジットクランチの時期、さらに IT バブル崩壊とリーマンショッ

---

12) 図 2-12 は、欧州委員会のデータに基づくものであるが、日本の 1980 年代の賃金シェアが著しく高く表れていることには注意が必要である。このように日本の値が高くなっているのは、表 2-1 にあるように、1974 ～ 85 年の GDP デフレーターを低く、1 人当たり実質賃金を高く見積もりすぎた結果と思われる。ILO の分析にも同じような問題があり、ヨーロッパのこの関連の資料をみる際には注意が必要である。日本の賃金シェアは、戦後 1960 年代から 80 年までの時期、低位で安定していた。戦後日本の賃金シェアがアメリカなどに比べ相対的に低いのは、設備投資比率が欧米諸国に比べかなり高い水準にあるためであり、日本に比べて欧米諸国の賃金シェアがあまり変動しないのは、欧米では景気の好不況に応じ比較的容易に雇用者の増減が可能であるからだと説明されてきた（経済企画庁［1987］128-131 頁）。低成長への移行後、賃金シェアの上昇がみられた。吉川洋氏は、1970 年代初頭における賃金シェアの急上昇は高度成長の終焉に対応していると分析し、「70 年代初頭における分配率の動きは、予想されない形で経済成長率が急落したこと、資本に比べ労働インプットの調整が遅いこと、実質賃金上昇率の急激な鈍化に抵抗がなされたことなどによって説明されるべきである」とし、稼働率の調整費用が労働サービスの調整費用よりも小さいがゆえに労働が産出量に比して過大となると述べている（吉川［1994］137 頁）。2000 年代に入って以降、日本の賃金シェアの低下は加速しつつある。なお図 2-12 には内部留保など法人部門のキャッシュフローは含まれていない。内部留保といわれる資本余剰金の割合が日本ではとくに大きいため、これを加味すれば日本の賃金シェアの下落幅は統計で表されている以上に大きなものとなる。

表 2-2 実質賃金変化率の国際比較（1961〜2014年）

単位（％）

	1961〜73	1974〜85	1986〜90	1991〜95	1996〜2000	2001〜05	2006〜10	2011〜14
アメリカ	2.7	0.4	1.2	1.2	3.0	1.0	0.7	0.6
日本	7.6	1.8	2.9	0.8	0.0	-0.5	-0.1	0.4
イギリス	3.2	1.8	2.7	0.5	3.1	2.7	0.3	-1.3
ドイツ(1)	5.5	1.1	1.6	2.4	0.2	-0.4	0.2	1.0
フランス	5.2	1.8	1.0	1.1	1.1	1.2	1.3	1.0
イタリア	6.2	1.8	2.3	-0.3	0.2	0.8	0.9	-1.0
オランダ	6.1	0.0	1.1	0.8	1.3	1.0	1.0	0.4
スウェーデン	3.5	0.7	2.2	-0.1	3.2	2.2	1.5	1.7
フィンランド	5.1	2.5	4.0	0.7	1.4	1.6	1.1	-0.2

注(1) 1990年までは西ドイツのみの推計値。
（出所）European Commision, *Statistical Annex of European Economy*（2016）より作成。

クに先立つ時期にそれぞれ一時的な低下を経験している。

　利潤シェアIIの傾向的拡大を支えているのは、企業の減価償却引当金である。未配当利潤は循環的変動に応じて激しく増減し安定しないのに対して、減価償却引当金の比率の上昇傾向は一貫している。この減価償却引当金の部分は利潤扱いされていないので国民所得には含まれないが、この部分の増加が企業の資産と収益に大きな影響を及ぼす。

〈補注2〉 実質賃金と家計消費構造の変化

　アメリカの実質賃金の動向を国際比較でみてみよう。実質賃金には、直接的な賃金報酬以外に社会保障や医療保険の企業拠出分が含まれる。表2-2は、EUの統計からアメリカ、日本を含むいくつかの国を抽出し、実質賃金、失業率を比較したものである。これによると、アメリカの実質賃金の上昇率は、黄金時代において他の諸国と比べて低く、その後1980年代まで、抑制された状態が続き、その後、他の諸国とともにその水準がさらに低下したことがわかる。2000年以降、欧米、日本を問わず、賃金抑制の緊縮政策が強く推し進められていることがうかがえる。

　こうしたなかで、過去数十年間において家計支出の構造は徐々に変化を遂げた。家計支出に占める食料品、衣料品への支出の割合が減少する一方で、医療、保険、住居などへの支出が大幅に増加している（表2-3）。

表 2-3　アメリカの家計支出の構成（1990 ～ 2015 年）

単位：左欄は経常価格（ドル）、右欄は構成比（％）

支出項目	1990		2000		2010		2015	
平均所得（課税前）	31889		44649		62481		69629	
平均支出	28369		38045		48109		55978	
食品（外食を含む）	4296	15.1	5158	13.6	6129	12.7	7023	12.5
住居（家具購入を含む）	8690	30.6	12319	32.4	16557	34.4	18409	32.9
衣料・サービス	1617	5.7	1856	4.9	1700	3.5	1818	3.2
交通（自動車購入を含む）	5122	18.1	7417	19.5	7677	16.0	9503	17.0
医療・医療保険	1480	5.2	2066	5.4	3157	6.6	4342	7.8
娯楽	1422	5.0	1863	4.9	2504	5.2	2842	5.1
教育							1315	2.3
寄付					1633	3.4	1819	3.2
保険（社会保障・企業年金その他）	2592	9.1	3365	8.8	5373	11.2	6349	11.3

（出所）Bureau of Labor Statistics, Consumer Expenditures Surveys より作成。

　実質賃金とは名目賃金を消費者物価指数（CPI）で調整したものである。それによって賃金の名目額で実質的にどの程度のものが購入できるかがわかる。しかし、CPIは生活に関連する物価水準の変化を完全に調整できるわけではない。とくにこれら増加する項目は、消費者物価指数によって十分に調整されていないおそれがある。

　図 2-14 は、各国の消費者物価指数を 1960 年代から現在までを段階的に区分して示したものである。これによるとアメリカは、日本を除いてほぼヨーロッパの主要国と同様の CPI の変化を経験していることになる。しかしアメリカでは、医療保険制度の不備から保険費の支払いが年々急増し、教育費の負担も急増している。このように家計の消費構造が大きく変化するような場合には、この指標で名目賃金をデフレートすると、実質賃金が過大に大きく見積もられることになる。アメリカの家計が諸外国と比較にならないほど高額かつ年々増加する医療保険、教育費、住居費その他の支出項目にさいなまれていることが、こうした統計には反映されない。

　このようになる理由のひとつは、労働統計局（BLS）の CPI が、医療費については医療製品や医療サービスの価格の変化をもとに推計されているためである。このため、推計が実際の家計の保険料支払いの状況と乖離し、また家計が実際に支出する医療保険の支出をみのがす。例えば非正規

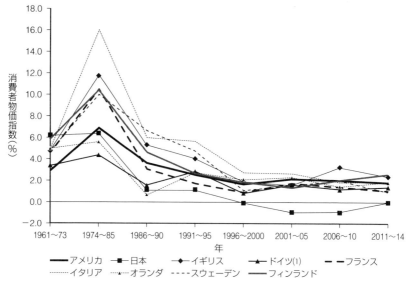

図 2-14　各国の消費者物価指数（1961 ～ 2015 年）

注(1)　1990 年までは西ドイツのみの推計値。
（出所）European Commision, *Statistical Annex of European Economy*（2016）より作成。

化などで被雇用者が従業員保険プランの対象からはずれた場合、これまでは雇用主との折半拠出でたとえば月額 300 ドルであった拠出額は、同水準の保険プランを個人で購入すると月額 1200 ドルとなるといったケースが無視される。労働市場の流動化にともない、非正規化が進展しているにもかかわらず、CPI のこの点でのウェイトの置き方は修正されないままである。

アメリカが医療に費やす支出は諸外国を大きく上回る。2013 年のアメリカの 1 人当たり医療支出の金額は 9086 ドルであり、これは OECD 平均3661 ドルの約 2.5 倍である。医療支出の GDP 比は、1980 年にアメリカはすでに OECD 諸国のなかでも高く、8 ％を超える水準であったが、当時はデンマークやドイツも同じ程度の水準であり、他の諸国も 5 ～ 6 ％台であった。ところがそれ以降、アメリカのみが突出しはじめ、2013 年に他の OECD 諸国が 9 ～ 11％前後の水準にとどまっているのに対し、アメリカは 17.1 ％となっている（The Commonwealth Fund [2015]）。

教育費はどうであろうか。アメリカの学歴別の平均給与には大きな開きがある。平均給与4万1000ドルに対して、高校未終了者は2万3000ドル、4年生大学卒業者は5万5000ドル、大学院修士および博士号取得者は6万5000ドルである（2012年）。したがってより上位の教育に対する需要はいきおい強まる。しかし、アメリカは世界で最も教育費が高く、その上昇率はすさまじい。ある報告によると、1982年から2012年まで消費者物価指数はわずか15％であったのに対し、大学学費はその間に5倍に膨らんだ[13]。また、Eurostatによって2011年の各国の民間教育支出（教材、通学、給食、学寮、雇用主の授業料負担分を含む）の比率を比べてみると、EU28カ国平均はGDP比0.74％で、ドイツ0.69％、フランス0.65％といった水準であったのに対し、アメリカは実にそれらの3倍を超える2.24％であった[14]。

このようにみると、アメリカの家計は、他の先進諸外国に比べて、医療費でGDPの約10％、教育費で約1.5％多い支出を余儀なくされていることがわかる。賃金シェアのおよそ5分の1が国際比較でみて割高なこうした費目に消えるのである。この2つにさらに住居費や交通手段の維持費、チャイルドケアへの支出などを勘案すると、アメリカの一般家計の逼迫状況は他の先進国の比ではないであろう。

こうした実質的な大口の支出項目の肥大化を裏面で支えているのが、家計負債の拡大である。実質賃金の減少がただちに消費支出の削減に直結するわけではない。アメリカの消費支出をみると、実質賃金の低下にもかかわらず、消費支出の水準は比較的安定している。これは、ひとつには、家計負債が低下する実質賃金の低下による購買力の縮小の一部を代替してい

---

[13] 1986年に1万ドルであった平均的な学費は、平均物価どおりに上昇していれば2015年には2万1500ドルであったはずであるが、実際には5万9800ドルとインフレ率の2.5倍で膨張した。大学の運営経費は新規設備、事務経費増のために膨れあがり、1993年から2007年までに355％増加した。その間、大学入学者数は15％増加したが、大学職員は40％、教員の給与は39％増加している。同時に、連邦および州財政の悪化を理由に大学への公的補助は削減され、これら負担が学生と父母に重くのしかかっている（Odland [2012]）。

[14] イギリスはヨーロッパの大国では1.57％と唯一1％を超える国であり、日本も1.56％とイギリスと並んでいる（Eurostat Homepage）。

るからである。アメリカの家計負債は、1980年代の初頭から2008年のリーマンショックの時期までにGDP比で40％から100％まで急増した。負債残高が毎年GDPの3％幅近くで増加しつづけ、家計負債の平均金額は2015年に9万ドルの大台を超えた。負債のない家計を除くとその金額は13万ドルにのぼる。項目別の平均額をみると、不動産ローン16万8600ドル、クレジットカード1万6800ドル、自動車ローン2万7100ドル、学資ローン4万8100ドルといった水準である。

第3章
資本蓄積の現代的領域
——T・ピケティ、R・ゴードン、W・ボーモル——

はじめに

　この十数年間、多くの経済学者が現在の停滞的な経済状況の根元を探るために膨大な統計を集め、経済成長、技術革新、労働、人口、教育など様々な諸要素間の相関関係に分析のメスを加えてきた。そのなかにはアメリカの経済成長の諸条件の長期的変化を理解するうえで貴重な研究がある。とくに1970年代以降の資本主義諸国における経済成長を減速に導いた歴史的転換点の構造や失業のメカニズムの解明を試みた興味深い研究が近年みられる。

　本章では、前章までの議論を補完するため、トマ・ピケティ、ロバート・ゴードン、ウィリアム・ボーモルといった人たちの研究の検討をとおして、アメリカ経済の成長パターンの変化の意味を考えてみたい。こうした議論がどのような特徴をもっており、そこから読みとれるアメリカ経済の現代的特徴とはどのようなものかという問題を考察する。

I　経済成長の歴史的構図——トマ・ピケティ

(1) 「資本主義の基本法則」

　研究者たちが取り組んでいる問題のひとつは、一言でいえば20世紀の経済成長をいかに歴史的、相対的に位置づけるか、ということである。

まず、パリ経済大学のトマ・ピケティによる一連の研究を取り上げよう。ピケティは、世界の研究機関や研究者のネットワークを駆使して途上国を含む世界各国のマクロ経済統計を蒐集し、200年以上にわたる長期の綿密な国際比較分析を行い、その研究成果を2000年代に徐々に発表しはじめた。2014年に『21世紀の資本』が刊行されるや、一般のメディアでも盛んに取り上げられ異例の注目を浴びた。所得分配と生産関数に関するピケティの議論については第1章で考察したとおりであるが、彼の研究はいずれもダグラスやクズネッツといった、戦前以来の経済学の巨人たちによる大命題に挑んだものであった。さらにここではもうひとつのポイント、ピケティが、この経済格差が拡大することによって経済全体に占める資産ストックの割合が肥大化している実態を明らかにしたことについて考察を加えてみたい。ピケティは、『21世紀の資本』でおよそ次のような内容を述べている。

・第一次世界大戦以前の欧米や日本には、資産（実物と金融のストック）が国民所得（フロー）の6〜7倍あり、それが第二次世界大戦の後に2〜3倍にまで減少したが、現在それは成長率が低下したため戦前の水準に戻りつつある。
・資産は今後平均4％で運用され、他方で経済成長率は1％程度となるであろう。したがって将来的には、資産からの所得が労働所得を大幅に上回り、資産保有者がきわめて有利な格差社会となる。
・資本主義に対するコントロールを再構築し、「社会的国家」を再建するためには、所得と資産に対する強い累進課税が必要である。

こうした認識から得られる資本主義の今後の見通しは、マルクス主義的な崩壊理論ほど破局的ではないが、新古典派の均衡モデルとも大きくちがうとピケティはいう。ピケティは、新古典派の描く低位安定的な均衡成長のビジョンを否定し、より悲観的な将来像を提示している。ピケティのそれは、金融資産を含めたストック増大型の低成長モデルであり、資産を世襲する人々がきわめて優位に立つ「世襲型資本主義」の到来という、社会生活全般を覆う沈鬱な長期停滞のイメージを与える。半面、彼は、そうした経済構造を社

会的な規制、とりわけ富裕者層に対する資産課税の強化によって是正し、彼のいう「社会的国家」を再建することができるとも考えている。ピケティは、現在の先進国に共通する肥大化する資産に着目し、それに対する課税を大規模な所得再分配の財源として位置づけている。格差拡大の結果が、同時に経済問題解決のための糸口でもあると考えているのである。

戦後成長の様式化されたパターンが衰微ないしは失われつつあることを所得分配の側面から明らかにするピケティの議論は、戦後の経済成長のパターンを斉一的、均整的に捉えてきた主流派経済学のビジョンと鋭く対立する。ここでは、ピケティが「資本主義の基本法則」と呼んでいるものについてみてみよう。なお、ここでピケティが「資本」という場合、それには法人企業の資本や資金のみでなく、民間のストックとしての資産すべてを含んでいることに注意していただきたい。「資本所得」などといった場合も同様であり、事実上、資本からの収益と資産所得を合わせたものを意味する。

・第1法則：a（利潤シェア）＝ r（資本利益率）× β（資本所得比率）
・第2法則：β ＝ s（貯蓄率）/g（経済成長率）

ピケティは、第1法則によって r が十分に低下しなければ、今日の β の上昇は a つまり国民所得に占める資本所得の比率を押し上げ、賃金シェアを引き下げることを明らかにし、第2法則によって19世紀のような高い資本所得比率に舞い戻ろうとする傾向が生み出されるとした。それらはともに資産家優位の構造をもたらすと彼は主張する。

こうした2つの法則を前提に、ピケティは不平等をもたらす根本的な要因を、資本収益率が経済成長率を上回る事実、すなわち r ＞ g にあると捉えた。資本収益率が経済成長率より高ければ、資産保有者は、資産からの所得を投資に回すだけで経済成長率を上回る所得を手にすることができると考えられる[1]。

21世紀の資本主義は、19世紀までの資産保有者優位の「世襲型資本主義」への回帰である。19世紀以前はいずれの先進国でも資本収益率は4.5〜5.0％と高く、逆に経済成長率は0.1〜0.2％と低かった。20世紀に資本収

益率は大幅に減少し、経済成長率は上昇し、結果、両者は接近した。しかし、21世紀には成長率が低下することによって両者は再び乖離し、資本収益率は4.5〜5.0％、経済成長率は1.0〜1.5％ほどになるとピケティは予想する。こうなると、資産保有者がますます多くの富を手にすることが容易となる。成長率が高く、賃金が年率5％程度で上昇する経済であれば、若い世代が自分で富を蓄積することは容易であるが、成長率が1〜2％程度であればそうはいかない。「競争が能力主義をもたらすというのは幻想であり、競争の結果、世襲型資本主義が形成されるのである」（Piketty［2014］pp. 423-424）。

すでに世界的な規模で、超資産家が増大しつつあり、さらに産油国などのソブリンファンド（政府出資の投資機構）が高い収益力を武器に台頭しつつある。しかし、なんといってもその頂点に君臨するものは世界経済の真の支配者である欧米の巨大資本やプライベートエクイティファンドなどである。こうしたグローバルな経済の変容は、資本主義の基本的な運動法則による資産格差拡大の帰結にほかならない。これがピケティの理論である。

(2) 資本収益性と資本所得比率

こうしたピケティの議論は、経済格差の問題をはるかに超えて、様々に論じられてきた長期停滞論に歴史的な視点を持ち込むことによって、資本主義の長期展望についての議論をにわかに活性化させたといえる。所得と資産保有の不平等の強まり、世襲型資本主義の到来、能力主義の形骸化といったピケティの大胆な予想は、多くの人々の日常的な感情にマッチしているだけでなく、大方のシンクタンクの将来見通しともまったく異なる斬新な将来像と

---

1) わかりやすくいうとこうなるであろう。たとえば、15兆ドルの所得規模の経済で、資本所得6兆ドル、労働所得9兆ドルからのみなるとしよう。その経済が年率1％で成長すると、翌年の国民所得の増加は0.15兆ドルである。その過程で資産所得6兆ドルのうち1.5兆ドルが貯蓄され（貯蓄率25％）、それが5％の資本収益率で運用されると、資産からの所得増加は0.075兆ドルとなる。そのとき資産所得の成長率は1.25％となる。それに対して労働所得9兆円が生み出す追加所得は残りの0.075兆ドルとなるから、労働所得の成長率は9兆ドルに対する0.075兆ドルなので0.83％となる。こうして資産所得は成長率より高く、労働所得は成長率より低い割合で増加する。

して強く惹きつけるものがある。

　ピケティの資本主義の法則については、『21世紀の資本』の刊行直後から議論が巻き起こった。とりわけ r ＞ g について、r が 4 ～ 5 ％、g が 1 ％程度という見通しについては異論が集中した。マサチューセッツ工科大学のアセモグルとロビンソンは、「ピケティは賃金と経済成長率を上げる技術と制度の内生的進化の可能性を否定している」とし、さらに、資本と労働の代替弾性値（前章参照）は 1 より小さいとして、β の上昇傾向について疑義を呈した（Acemoglu and Robinson [2015]）。

　r ＞ g については、アセモグルらの見通しを現時点で完全に否定することはできないが、技術革新が経済成長率を押し上げる力はすでに第 2 章でみたように弱まっている。投資の停滞と市場の飽和状態を打開するイノベーションがなければならないが、そのような可能性を強調する現実的材料は必ずしもあるようには思えない。この点は次にみるロバート・ゴードンの理論が参考になるであろう。

　r の水準に対する予想については、ピケティのいうような 4 ％程度の水準で推移するかどうかについては慎重な検討が必要であろう。19 世紀までの先進諸国の資本収益率は植民地支配による超過利潤の国内への流入による面があるため、経済成長のエンジンが弱まっている現在、r の水準が 19 世紀、20 世紀と同じような水準で推移する可能性についてはピケティも十分には説明していないように思える。しかも、19 世紀までの r は主に先進国の資産収益率を念頭に置いているが、21 世紀のそれは、途上国をも含めた世界全体の投資に対するものである。一般に g に対して楽観的な見通しをもつ者は、r に対しても楽観的にみるであろうし、逆は逆である。ピケティの場合は、経済成長率については悲観的で、資本収益率については楽観的な見方である。程度の差はあれ、資産保有者優位の経済システムであることはそのとおりであろうが、資本収益率の高止まりの程度と、その源泉が明示される必要がある。

　β すなわち資本所得比率について、アセモグルとロビンソンはいささか古い研究に依拠していたようであり、新しい推計では代替弾性値は 1 を上回るとされている。ただし、これについても留保すべき点がある。ピケティは β

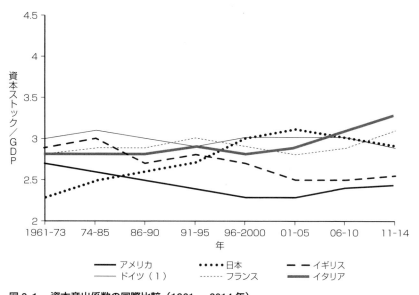

図 3-1　資本産出係数の国際比較（1961 〜 2014 年）
（出所）European Commision, *Statistical Annex of European Economy*（2016）より作成。

の上昇傾向を予想するが、ピケティの資本には資産全般が含まれることはみたとおりである。しかし資本を通常の資本産出比率の意味において資本ストックで捉えるとどうであろうか。図 3-1 は、欧州委員会のデータで過去半世紀の資本産出係数の推移をみたものであるが、これからは資本産出係数の上昇は傾向として明確でなく、むしろ安定しているようにみえる。つまりここには前章でみたように投資停滞の結果、資本ストックが伸びていないこと、資本財価格の急速な低下が起こっていることが表れている。ピケティの β の上昇は、過剰な資金が不動産や金融資産に回っているために、金融、非金融を含む資産の額が膨張したことによって生まれているのではないだろうか。金融的に肥大化した不動産や金融資産のストック価格が低下した場合、ピケティの β が上昇を続けることは難しい。したがって、この β の予想についてのピケティの見解も、慎重な検討が必要と思われる。

　しかし、その程度は別にして、$r > g$ の構図はおそらく現実的なものとして今後の資本主義を規定することは十分に考えられるので、ピケティのいう資産保有者優位の経済は傾向として認められてよいであろう。

II　20世紀の技術革新と経済成長の「大波動」——ロバート・ゴードン

(1) 第二次産業革命の「グレート・インベンションズ」とその衰退

　ピケティは、近年の先進諸国の統計的趨勢から彼自身の成長パターンの変化の見通しを示したが、低成長への回帰の産業的基盤についてはほとんど言及していない。それに対して、ノースウェスタン大学の経済学者ロバート・J・ゴードンは、経済成長の実体的基礎の変化について、きわめて説得的な議論を展開している。

　ゴードンは、フィリップス曲線や生産性の研究で有名なケインジアンである。1990年代末頃のいわゆる「ニューエコノミー論」の風潮に抗い、アメリカ経済が生産性上昇率低下の長期的段階に入っていることなどを論じたことによって知られている。ゴードンは、今日の生産性上昇率の低位は歴史的にみた場合にはむしろノーマルな状態であり、説明を必要とするのはむしろ「第一次世界大戦から1970年代初頭までの華々しい半世紀を支えた高い生産性の上昇率」の方であり、それこそが歴史的に例外であったという（Gordon [2000b]）。20世紀が例外的であるとみなす点で、ピケティと似ている。ゴードンは、20世紀前半の高い生産性の波を「大波動」（The Big Wave）と呼び、次のように説明する（図3-2参照）。

- 18世紀以来の技術革新の勃興期は三つの段階——「第一次産業革命」（1750～1830年）、「第二次産業革命」（1870～1970年）、「第三次産業革命」（1970～現在）——に分かれる。アメリカの19世紀末以来の長期的な経済成長の主要な部分は「第二次産業革命」によって達成されたものであった。
- 長期的な経済成長を生み出した「第二次産業革命」の一群の「偉大な発明」——「グレート・インベンションズ」（The Great Inventions）——には次のようなものが含まれる。電力、電灯、家庭電化製品。内燃機関、自動車、高速道路、地下鉄、飛行機。上下水道、暖房。石油化学製品、素材、製薬など石油化学製品。通信、写真、映像、ラジオ、蓄音機など音声

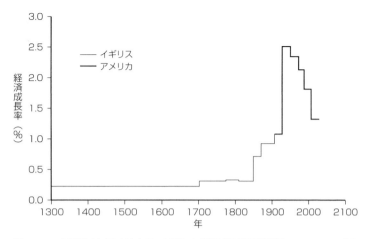

図 3-2　イギリスとアメリカの1人当たり経済成長率の推移(1300〜2100年)
(出所) Gordon [2012] より改変。

機器。
- 「グレート・インベンションズ」は一度きりの過程であり、1972年以降の生産性上昇率の低下は、この波及効果が枯渇し収穫逓減が起こったことによるものである。
- 1970年以降現れたコンピュータやインターネット、モバイルなど第三次産業革命が生産性の改善に寄与した割合は少なく、今後の生産性と経済成長は限られる。今後の1人当たり労働生産性の成長率の見通しは1.3％、1人当たりGDPは0.9％である。所得格差の拡大によって、所得分配の下位99％の1人当たり実質所得は0.4％、実質可処分所得は0.2％の伸びとなる。

経済史家たちは、1750年以前の世界の経済の成長率はほとんどゼロか、あってもせいぜいごくわずかなプラスであったと考えている[2]。この状況を根本的に変えたのは、250年前にイギリスで始まり、その後アメリカによって主導された産業革命である。そうした新たな技術革新がアメリカの人々の生活に実際的な効果をもちはじめたのは、「第二次産業革命」の開始からであったとゴードンはいう。「第二次産業革命」以前の一般的な庶民の家庭生

活をゴードンは次のように描いている（Gordon [2012]）[3]。

　電灯はなく、夜は暗い。家中がロウソクや石油ランプの煙と煤で充満していた。オーブンは発明されたばかりで、料理はもっぱら暖炉でなされた。冷暖房はなく、炉辺こそ温かいが、その他の部屋には暖房がなく、暖をとるためには暖めた煉瓦をベッドに持ち込まねばならなかった。水汲みは女性の仕事であり、ノースカロライナでは主婦が年間148マイル歩いて35トンの水を運んだという記録がある。トイレは屋外にあり、網戸がないため、ハエが家畜や人間の糞尿と食卓を自由に行き来していた。

　家を一歩出れば、牛馬が主要な輸送手段であったため、牛馬の糞尿が街頭にあふれ、その処理に莫大な労働力が必要とされた。馬は1日平均10〜20キログラムの馬糞、4キログラムの尿を排泄する。都市では1平方マイルあたり5〜10トンの馬糞を人間の手で運び出す必要があった。当時、河川は自己浄化作用をもっていると考えられていたので、あらゆるゴミや排水が河川に投げ込まれた。

　こうした生活を一変させたものが、「第二次産業革命」であった。電灯と内燃機関がともに1879年に発明され、それらがその後の副次的なイノベーションの「大波動」をもたらした。家電、高速道路、地下鉄、スーパーマーケット、エレベータ、自動車、トラック、航空機などが1929年までに続々

2）ジェフリー・ウィリアムソンは、「1820年以前のイギリスの成長はほとんど印象に残らないようなもの」であったと述べ、その理由を、長期の戦争支出による民間資本のクラウディングアウト、港湾封鎖、通商制限等に求めている（Williamson [1991]）。またウィリアム・バーンスタインは、19世紀以前の経済成長の低水準を「技術の喪失」によって説明している。「たとえば非常に重要なセメント製法にいたっては、1300年も後に再発見された。／前近代の世界において最も悲惨だったのは、大量の知識が失われ、何千年もそのままになってしまったということだ。（中略）結果、発明はしばしば失われ、人々の技術や経済の水準は進歩と後退を繰り返していたのである」（Bernstein [2006]）。

3）「第二次産業革命」が19世紀末のアメリカ人の生活を劇的に変えたことをゴードンはオットー・L・ベットマンの著書（Bettman [1974]）によって気づかされたと書いている（Gordon [2004] p. 31-33）。

と現れ、テレビ、エアコン、インターステイトフリーウェイが戦後にそのあとを追った。このようにして、電子レンジを除いて、今日的なイノベーションは20世紀の前半までにほぼ出そろい、生活のあらゆる部面を刷新した。「1890年から1930年までのアメリカの都市における発明のなかでも、上水道の普及ほど女性の解放に寄与した出来事はない」とゴードンは書いている。医療技術と衛生状態の改善によって、1870年には45歳であったアメリカ人の平均寿命は近年79歳となったが、その伸びの3分の2は20世紀前半に集中的に起こったものである。

このような現在までの250年間の経済成長は歴史的にみれば一度きりの例外的なものであり、今後、そのような成長は訪れないとゴードンは強調する。1970年以降の生産性増加率の減少は、「第2次産業革命」のイノベーションの効果が発揮され尽くした結果であると、ゴードンは説明している。

では、現在進行中の「第三次産業革命」はどうであろうか。「第三次産業革命」は、ゴードンによれば1970年代に始まり1990年代末に頂点に達するが、その効果は大きくはなかった。2000年以降の技術革新はおもにエンターテインメントと通信にかかわるものであり、それが生産性や生活水準の改善に寄与するところは、かつての電気、自動車、上下水道その他の技術革新ほどではない。コンピュータ導入の効果は、1972〜96年までの生産性上昇率の減少をある程度相殺したといえるが、生産性へのインパクトは短命で、「第二次産業革命」が81年（1891〜1972年）の長きにわたったものであるのに対して、「第三次産業革命」が生産性を大きく押し上げたのは、1996〜2004年までのわずか8年にすぎない（Gordon [2000a] [2004] [2014]）。

⑵　「テクノロジー失業」の理論——ブリニョルフソンとマカフィー

ゴードンは、今後の技術革新に対する6つの制約として、①「人口の配当」（demographic dividends）の終焉（労働人口の伸び悩み、1人当たり労働時間の減少）、②グローバリゼーションとインターネットの相互作用による要素費用の均等化、③経済格差の拡大、④高等教育費用の高騰、初等教育の貧困等教育問題、人種問題、⑤環境規制（排出税、ガソリン価格の上昇、消費圧迫）、⑥家計と政府の債務、消費の制約といった要因をあげ、今後の

経済停滞を予想する。

　1990年代前半、2000年以降、あるいは2008年の金融不況以降といったこの間の景気回復局面が、いずれも「雇用なき回復」（ジョブレス・リカバリー）であるか、雇用は増えても低賃金と劣悪な条件の雇用ばかりであるという事情は、こうしたゴードンがいう経済停滞と関連している。

　しかし、経済停滞が雇用の低迷をもたらすメカニズムについては、経済学者のあいだに大きな意見のちがいがみられる。端的にいうならば、失業や雇用の劣化が技術革新の不足によって生じているとする見方と、技術革新ゆえに生じているとする見方という、まったく正反対の見解が対立しているのである。

　ジョージ・メイソン大学のタイラー・コーエンは『大停滞』（2011年）で、アメリカの経済成長の鈍化や家計所得の中央値の低下の原因を、技術革新の停滞にもとめている。

　「好ましい変化を大々的に実現するためには、新たな優れたテクノロジーが欠かせない。とりわけ、政府を通じて変化を遂げようと思えば、多くの収入と雇用を生み出せる画期的な新技術が必要だ。国民は斬新的な進歩しか実現していないことに、いらだちを強めている。国民がオバマ大統領に、さらには野党の共和党に対しても不満を感じているのは不思議でない」(Cohen [2011] p. 66)。

　コーエンは経済停滞が技術革新の不足によって起きていると考えている。コーエンの主張は停滞論としては一見ゴードンとよく似ているが、ゴードンの場合には、技術革新がすでに一巡し、社会的に飽和状態に陥っているというイメージで語られるのに対し、コーエンの場合には、技術革新が新たに続けば、経済はふたたびもとの成長の軌道に復帰できると考える点で異なっている。

　マサチューセッツ工科大学スローンスクールのエリック・ブリニョルフソンとアンドリュー・マカフィーは、こうしたコーエンの見解に対して真っ向から異を唱えている。彼らは、今日の技術革新は雇用を生み出すというより

も雇用を破壊し、とくに中間的なスキルの労働需要を喪失させるという。

「ラッダイト運動の支持者たちが1811年に自動織機を打ち壊して回って以来、労働者は機械に仕事を奪われるという恐怖心を抱きつづけてきた。たとえ古い仕事は失われても新しい仕事が生まれるから心配はいらないと経済学者はいいつづけ、200年ほどはたしかに彼らは正しかった。自動化によって何百万もの職が消滅したにもかかわらず、20世紀の終わりまでは、10年ペースでみてアメリカで就労が減るということはなかった。だがこの経験的事実は憂鬱な秘密を覆い隠している。誰もが技術の進歩の恩恵に与れるという法則は、経済学のどこにもない。いや、大半の人が恩恵に与れるという法則すら存在しないのである」（Brynjolfson and McAfee [2014] p. 36）。

機械、すなわち技術革新はもはやこれまでのように雇用と経済的恩恵をすべての人々にもたらすということがなくなった。機械導入による技術的失業、かれらのいう「テクノロジー失業」の時代が訪れたのである[4]。「賃金が無制限に調整可能であれば、技術の進歩とともにどんどん低くなる賃金を受け入れさえすれば、負け組でも雇用だけは確保できるかもしれない。だが調整にも限りがある。ラッダイト運動が機械を目の敵にして壊しはじめてほどなく、経済学者のデイヴィッド・リカードウは、はじめは技術の進歩が国民全員を潤すと考えていたのだが、そのモデルは『テクノロジー失業』の可能性を示していた。均衡賃金が、労働者にとってある時点で最低生存水準を下回ってしまうのである。そのような低い賃金での就労は受け入れられな

4）ブリニョルフソンとマカフィーは、彼らの見解を裏づけるものとして、「モラベックのパラドックス」を援用している。ハンス・モラベックは人工知能の研究者で、「高度な推論のためには簡単な計算で足りるが、低レベルの感覚運動にはより複雑で膨大な計算処理が必要である」と主張した。彼らはここから中間的スキルの労働は機械化しやすく、単純労働は機械化しにくいという含意を引き出し、技術革新によって賃金の抑制と中間的スキル労働の消滅（「中流の崩壊」の原因）が生じるロジックを示している。帳簿の記帳、銀行の窓口係、工場の半熟練工などの仕事は自動化しやすいが、庭師や美容師や介護ヘルパーはそうではない。視覚や繊細な運動機能、移動運動は自動化がはるかに難しい（Brynjolfson and McAfee [2014] p. 50）。

い。したがって労働者は失業し、機械が代わりをやるようになる」(p. 37)。

　たしかにリカードウの『経済学原理』の第3版には、彼が技術的失業の問題に頭を悩ませた痕跡がにじみ出ている。その最後に付け加えた「機械について」という章で、リカードウは、「機械を人間労働に代用することが、労働階級の利益にとってしばしばきわめて有害である、と確信している」、「労働需要は、資本の増加とともに増加しつづけるが、資本の増加に比例して増加するのではない。その増加率は必ず逓減的であろう」と述べ、経済全体が成長する場合にさえ、労働需要が減退し、労働者が不利益を被る可能性を認めている（Ricardo [1821]）。技術革新は、一方で、新しい技術のための雇用を生み、また新しい製品領域を開拓することによって、そこで雇用を生み出すが、他方で、既存の生産過程において労働需要を減少させ、失業を生み出す。この技術革新による雇用の創出と喪失が人口成長とバランスし、つねに完全雇用が達成されるとはかぎらない。新たに開発された機械製造や製品分野で労働需要が拡大し、雇用喪失が相殺されなければ、失業は高まる。

　ゴードンが説明した20世紀前半の技術革新は、20世紀までは機械化による労働節約を相殺してあまりある新たな産業や製品の労働需要を様々な部面でなんとか作り出した。ところが、生産のための高度な機械化（「プロセス・イノベーション」）と新たな製品開発（「プロダクト・イノベーション」）による新たな労働需要の創出が一段落した途端、多くの労働力が行き場を失い、雇用の劣化が起こった。ブリニョルフソンとマカフィーがいうように、労働力の過剰は技術革新のゆえに顕在化してきたということができる。いまや技術革新は、雇用創出よりも失業に結びつく性格を強めつつある。賃金引き下げ競争が起こり、少なくなる雇用をめぐって大勢の人々が争う椅子取りゲームが起こる[5]。

5）ブリニョルフソンとマカフィーは、機械化による労働者の生産現場からの消滅とその帰結を次のような架空の挿話で表している。「フォードのCEOのヘンリー・フォード二世と全米自動車労働組合（UAW）の会長ウォルター・ルーサーが一緒に近代的な自動車工場を見学していた。フォードが冗談交じりにルーサーに言った。『ウォルター、ここにいるロボットたちからどうやって組合費を徴収するつもりかい？』するとルーサーは間髪を入れずに切り返した。『ヘンリー、ここにいるロボットたちにどうやって車を買わせるつもりかい？』」(pp. 48-49)

コーエンのいうイノベーションが解決策であるという捉え方にまったく根拠がないわけではない。しかし、それはあくまで現在の、すでに高度な製品で満たされている現代人の生活に、さらに新たな、より快適さをもたらす製品、または「緊要でない製品」（ガルブレイス）やムダな製品さえをも大量に開発し、その製品を限界まで引き下げられた賃金と労働条件で労働者が生産し、購入しようとする既存の路線を今後も延長しようというものにすぎない。しかし、それ自体は際限のない同じ制約の壁につねにぶち当たることを意味する。イノベーションが解決策であるというならば、なぜイノベーションが最も進んでいるアメリカや日本で、労働者が過酷な長時間労働にあえいでいるのか、そのことをコーエンの理論は説明していない。アメリカや日本といったイノベーションの頂点の国々で起こる「テクノロジー失業」こそが、まさに現代経済が抱える問題の端的な表現であり、イノベーションのよりいっそうの追求というコーエンの解決法は、それ自体が問題の原因を強めるという意味で、悪循環にはまり込むか、それはせいぜい問題を一時的に緩和する類の域を出ないのである。

　では、技術革新が失業を生むと理解するブリニョルフソンとマカフィーは、「テクノロジー失業」にどのように対処すべきであると考えているのであろうか。彼らは、イノベーションだけでは就労から離脱する層の問題は解決しないという。彼らの長期的な解決策は、一方で技術の進展を推し進めつつも、他方で、それがともなう弊害（失業）に対処することである。そのポイントは失業を受け容れ、賃金労働以外にも様々な自主的な活動を促進するとともに、社会保障と雇用とを切り離すことである。生活保障が就労を前提に組み立てられている場合には労働市場は流動性を失う。社会保障給与税の支払い義務を逃れるために企業は雇用を抑制しようとする。

　雇用と切り離された社会保障のひとつとして、彼らは、「負の所得税」（The Negative Income Tax）と呼ばれる、一定額の所得水準を下回る貧困層に対して無条件で給付を行う制度の導入を提唱している。具体的には、現在のEITC（勤労所得税額控除）の給付対象を拡大することによって労働と所得保障を分離した貧困対策の拡張という方法を考えているようである。また、その財源として彼らは「ピグー税」（環境汚染など外部不経済を生み出

す企業に対する課税）や、ヨーロッパ型のVAT（付加価値税）の導入を検討すべきであるとしている（Brynjolfson and McAfee [2014] pp. 230-247）。

　技術革新によって労働がますます節約され、就労から離脱する層が出ても、働くことは個人やコミュニティにとってはかけがえのない意味があり、労働がデジタル化されることによって個人が多様な労働へ再吸収されることは可能であると彼らは考えている。それでもなお「テクノロジー失業」を前提とすれば、雇用から離脱した層に対する生活の保障が必然的に問題とならざるをえないことを彼らの議論は示している。

Ⅲ　資本蓄積の現代的領域──ウィリアム・ボーモルの「コスト病」

⑴「成長部門」と「停滞部門」の不均等成長モデル

　ウィリアム・ボーモルは、長らくプリンストン大学で教え、現在はニューヨーク大学に在籍する有名な経済学者である。彼が提唱しはじめた「コスト病」（あるいは「ボーモル病」）という議論があり、それは次のようなものである。

・1980年代初頭以来、アメリカの消費者物価の上昇率は110％、中位所得の上昇率は150％であったのに対し、大学学費は440％、医療費は250％とはるかに高かった[6]。2010年の平均的なアメリカ国民の購買力は、約1世紀前の7倍である。つまり1900年前後と比べて、平均的なアメリカの家庭は当時の7倍もの生活品を手に入れることができるようになった。それにもかかわらず教育や医療といった分野ではコストが高止まりしている。
・コスト病が発生するのは、「生産性上昇部門」と「生産性停滞部門」とのあいだに生産性の格差が存在するためである。自動車生産など製造業部門は機械化によって絶えず生産性が上昇するが、医療、教育、芸術といった部門は機械化が困難で、労働集約的であるため、生産性の上昇がほとん

6）製品価格指数の計算方法は次のとおりである。製品Aの実質費用（20XX年）＝製品Aの名目費用（20XX年）/消費者物価指数（20XX年）。

ど、あるいはまったくみられない。そのためこの部門は相対的に高コストとなり、したがって家計のそれらへの支出の割合は増加する。その構造を理解せず、コスト削減をいたずらに行うとむしろ弊害を生む。

ボーモルは、経済を、労働節約的でコスト削減的な「生産性上昇部門」（progressive sector）と労働集約的でコストが高い「生産性停滞部門」（stagnant sector）とに分けて捉え、両者の部門間生産性格差によって、後者にコスト病が発症すると考えている（図3-3）。

産業革命以来の生産性の上昇によって国民の生活水準は向上し、貧困はかなり根絶された。20世紀初頭と比べて現在の平均的なアメリカ国民は、7倍もの食料、医療、住宅、その他生活品を手に入れることができるようになった。また、パン1ポンドを購入するために必要な労働時間は、1919年に13分であったものが、97年にはわずか4分となった。卵1個のそれは同じ期間に80分から5分になった。

しかし、「コスト上昇部門のグループの製品は、生産過程が容易には機械化できず、一般的に手作業が多く、労働を削減しにくい」（Baumol [2012] p. 19）。そうした部門には、サービスの供給者と需要者が対面式のやりとりを行う「対人サービス」が多い。医療、教育、保険、芸術・文化、司法、福祉、郵便、衛生、修理、飲食店等などがそうである[7]。

自動車保険などは典型であり、医療、修理、リーガルサービス等停滞部門のいくつかを合わせた性格をもつがゆえに高コストとならざるをえない。自動車のボディの製造は技術革新によって何倍にも高まるが、ボディの修理はすべて個別的で機械化ができず、相変わらず手間暇がかかる。一人の医師が

7）アメリカの医療費の高騰は、高齢化、製薬品および医療機器の価格の上昇、医療過誤に対する訴訟費用、医師間の競争の不在や医療報酬の高騰といった要因が原因であるといわれるが、ボーモルは、他の国も多かれ少なかれ、国民所得に占める医療支出の割合を増大させていると、コスト病の普遍性を強調している。たしかに彼のいうとおり、医療経済学の第1法則は、「1人当たりの医療支出は国民所得とともに上昇する」というものであり、かなりの国際的な普遍性が認められるといえる（Baumol [2012] pp. 95～97）。アメリカの医療費の高騰の個別的な要因については第7章で触れたい。

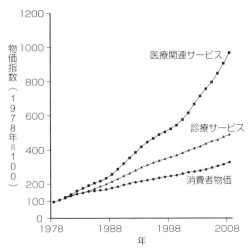

図 3-3　アメリカの消費者物価と医療関連物価の比較
(出所) Baumol [2012] p. 7 より改変。

一定の時間に昔と比べ何倍もの数の患者を診察できるということもない。育児や教育もそうである。対人サービス、あるいは個別的な仕様や熟練を必要とするような労働の生産性は、製造業製品を作る労働のそれとは本質的に異なると、ボーモルは主張する。

またボーモルは、コスト病が軍事紛争や環境破壊といった人類が直面する危機の主要な源泉でもあるとも付け加えている（pp. 69-76）。自動小銃や地雷などの小型兵器の場合、需要が弾力的である（価格が下がると需要が高まりやすい）ため、それらの価格が下がると、高価な武器や兵士を雇うことよりも、それらへの需要のシフトが起こりやすい。「途上国で、AK ライフルはニワトリより安い」（p. 69）といわれる。「生産性上昇部門」で生産される兵器、とくに小型兵器のコストが劇的に削減されることによって、安価な兵器が世界にあふれ、政治的不安定性が強まる。

また、高コスト部門を抱えることができない途上国が、やおら環境破壊的あるいは大量生産型の低コスト部門への傾斜を強めることも部門間生産性格差の問題と関連している。こうして大量生産によって自然環境からの収奪、抽出、破壊が進み、人間の生存条件そのものが危険にさらされる。「コスト病によるサービス価格の上昇と製造業製品の価格の下落は、消費支出の方向

をサービスから環境破壊的な製造業製品に振り向けるインセンティブとなる」(p. 72)。

こうしたボーモルの議論は、サービス経済部門が、ゴードンが描いた在来製造業の停滞に取って代わって肥大化し、国民支出に占める比重を高め、人々の消費行動を支配するという、現代経済の構造的特徴と変化の理由をうまく説明しているといえる。競争的市場の結果として、在来部門の収益性の停滞を尻目に、ボーモル病の分野の比重が高まり、それが資本の新しい運動領域を拡張しているのである。

(2) コスト病と「生産性のパラドックス」

先ほどのゴードンの議論とボーモルの議論を対比すると、実体経済での生産性の上昇と経済停滞という構図の内実が浮かび上がる。しかしこの問題をみるうえで、込み入った議論になるが、留意すべき点が2つある。

ひとつは、生産性の捉え方である。ゴードンが付加価値、つまり価格タームでみた生産性を基準にして在来製造業やサービス部門をも含め「第二次産業革命」の全体を停滞的と捉えたのに対して、ボーモルは、付加価値ではなく、在来製造業部門における物質的な生産能力が累積的に増大する様を捉えて、ゴードンとは逆に在来製造業部門を「生産性上昇部門」と呼び、コスト病の「停滞的サービス」とを対比させている。つまり、在来製造業など、生産性の改善が比較的容易な部門においては、製品の単位当たりコストと価格が安くなる。それに対して、教育、医療、舞台芸術、各種対人サービスなど、労働生産性上昇率の低い分野は、相対的にコストと価格が高止まりする傾向をもつ。ボーモルの議論が物理的な生産性を尺度にしたものであることに注意しなければならない。ゴードンは付加価値でみた生産性で、ボーモルは物理的な生産性でというように、2人が違った言語でしゃべっていることをふまえなければ、ゴードンが停滞的と捉えているところを、ボーモルが「先進部門」と呼んでいることの意味が理解できない。

2つ目には、ボーモルは在来製造業製品のコストをみているかぎりは、そのように物理的な生産性を基準に考えているが、賃金をみる際には価格タームを尺度にして語り出すのである。ボーモルは、賃金については伝統的な新

古典派の限界生産力理論で考えようとしている。そのためボーモルの議論はわかりにくい。生産性上昇部門と停滞部門の賃金について、ボーモルは次のような説明を与えている。

「コスト病の原因は、逆説的ではあるが生産性の増加そのものであり、いわば生産性増加の不均等なあり方である。ゴミ収集のコストが増加するのは清掃業労働者の生産効率が低下したためではなく、その他の産業で、たとえば１台のコンピュータがこれまでよりますます少ない労働で生産されるようになり、彼らの賃金が上昇するためである。清掃業務の生産性はほとんど上がらないとしても、それに従事する労働者をその業務に留めておくためには彼らの賃金を引き上げる必要がある。そうでなければ彼らは他の産業に移動してしまうであろう。経済の一定のセクターの生産性の増大およびそれにともなうそのセクターの賃金上昇が、清掃業務その他の対人サービスのコストを引き上げるのである」(p. 44)。

伝統的に経済学は、要素報酬はその限界生産性によって決定され、賃金は労働者の限界労働生産性によって決定されると考えることについてはすでに説明したとおりである。しかし、実際には、教育、医療、舞台芸術、各種対人サービスなど、労働生産性上昇率の低い分野のなかに賃金が相対的に高い職種があるというパラドキシカルな現象が起こっている。そこでボーモルは、限界生産力理論に従って、コンピュータを生産する労働者の賃金が引き上がると説明したために、対比させるサービス業の労働者の例として、労働コストがむしろ低い清掃業労働者を持ち出さなければならなくなったのであろう。しかし本来ここは、コストが高止まりする部門の典型である医師や大学の教員を例にあげて説明すべきであった。そうすれば、医師や大学教員をその職に留めておくために彼らの賃金を引き上げるという議論は成り立たないことは明らかであったはずである。

物理的な生産性増大部門の賃金が上昇するのであれば、ロバート・ゴードンがいうような1970年代初頭までを主導した産業部門――ボーモルの生産性増大部門にほぼ該当する――は現在でもわずかなりとも生産性を高めてい

るのであるから、問題となるような停滞傾向を示す理由もなかったはずである。このことから正しくは、生産性上昇部門では、慢性的かつ潜在的な過剰供給能力が形成され、それらがこの部門の収益性、賃金、投資のいずれをも抑制したとみるべきなのである。

コンピュータ製造に携わる労働者の賃金は、前項でみた「テクノロジー失業」の圧力で下落し、それが製品価格の低下をつうじて相対的に他の分野の実質賃金を引き上げたと理解すべきである。コンピュータの価格が下がれば、コスト病の分野の名目価格は変化しなくても、その実質価格は上昇する。医療費は平均物価上昇率を上回って増加するが、逆に、コンピュータの価格の上昇率は平均物価の上昇率を下回る。生産性が高いがゆえに収益性が低いという原理的なパラドックスが、成長部門が停滞し、停滞部門が成長するというパラドキシカルな関係となって現れているのである。

ボーモルは、コスト病への支出もまた所得を生み出すのであるから、社会全体としては、生み出したものを消費できないということはないと述べているが、同時に、コスト病の結果が恐るべきものであることにも触れている。ボーモルは、現在の傾向が今後も続くのであれば、今世紀末には、医療と教育支出だけでアメリカのGDPの半分を超える事態となるため、これに対してドラスティックな対策が採られる必要があるという。

「コスト病が経済全体の動きに影響を与えつづけるとすれば、家庭には過剰な商品が蔓延し、政府が上手く政策的に対処しなければゴミ収集など市民に悪影響をもたらす公共サービスの低下を招来しかねない」「社会的選択を誤れば、物的な商品は過剰であるが、生活の質を高めるために必要なものは不足する、とくに貧しい人々にとっては入手できないという事態を招きかねない」(p. 55)。「しかし生産性の増大のみによってわれわれの経済問題のすべてが解決可能というわけではない。スキルをもたない労働者は、全体的な生産性の増大や医療、教育のコスト上昇に見合う賃上げを期待することはできないであろうし、失業者においては、いわんやをやである。国家はその手助けなしにはそれらサービスにアクセスできない人々にそれらを供給し、平等化をはからねばならない」(p. 44)。

過剰なものが蔓延し、必要なものが不足する。現代経済の矛盾した性格をボーモルは巧みに表現している。また、コスト病の原因をよく理解しないまま、医療報酬の抑制や施術の制限等の方法で、コスト上昇に対処しようとすると、サービスの劣化や熟練労働の喪失を招くおそれがあるという重要な論点をも指摘する（pp. 64-65）。

Ⅳ 「社会的共同領域」と新たな社会保障制度の必要性

⑴ コスト病と政府および社会保障制度の役割

　生産性上昇率の低下とコスト病、あるいはゴードンとボーモルの各々の主張は、2つ相まってトマ・ピケティの悲観的な将来予想を裏づけているように思われる。

　現在アメリカで支出の60％を占める4大福祉項目は、今後、経済成長率をはるかに上回るペースで伸びていくものと予想されている。そしてその最大費目はボーモルのいうとおり医療費であろう。そこで、これからますます政府債務は膨れあがり、人々は政府の債務不履行とインフレのリスクに怯え、社会保障支出の削減、労働条件のいっそうの切り下げという緊縮政策が大手を振ってまかりとおる日がくるであろうという悲劇的なシナリオが現れる。たとえばウィリアム・バーンスタインは、「もっともありそうなのは、軽度の世代間紛争、社会保障制度とメディケアの苦痛に満ちた改革、そしてヨーロッパ顔負けの高い税率といった『苦痛のメニュー』から何品かの組み合わせに最後はたどりつくのではないだろうか」と書いている（Bernstein [2006] p. 375）。タイラー・コーエンは、「今日のアメリカは、第二の革新主義時代や第二のニューディール時代が訪れる環境にない。政府の役割を大幅に拡大しようにも、そのための財源を生み出せる新たなテクノロジーが存在しないからだ」（Cohen [2011] p. 65）といい、イノベーションを高めるか、さもなければ温情主義的な政府の役割はあてにすべきでないという意見である。

　さらにいえば、コーエンは、20世紀初めの革新主義の時代やニューディール時代の「大きな政府」それ自体が、大企業や消費社会の形成と裏腹の関

係にあり、後者の衰退は必然的に政府の役割の衰退をもたらすと指摘している。

「アメリカの歴史をつうじて、大きな政府と大きな企業は、長く一緒に歩んできたのである。この片方を善、片方を悪と呼ぶのは（その人の思想的な立場によって、どちらが善で、どちらが悪かは変わるだろう）自由だが、そういう考え方は、両者が共通の起源をもっていて、いわば同盟関係にあるという事実を見落としている」（p. 65）。

しかし、既存の社会保障制度ですら、コスト病の蔓延をかなりの程度抑えてきたのであり、したがってコスト病の観点からすれば、政府の役割を手放しそれを解体すれば、その弊害は極端に深刻なものとならざるをえないであろう。

ボーモルがコスト病を認めた医療、教育、文化等の分野は、本来、私的資本に全面的にゆだねてはならない分野である。それらの分野は基本的に社会保障が包摂すべきであり、社会保障制度はコスト病の症状を抑え、社会的にコストを分散する機能をもつ。それらの分野のサービスの高コストが価格にストレートに反映した場合、経済的弱者のそれらサービスへのアクセスは制限される。すでにアメリカの医療や教育の現場では、大企業やプライベート・エクイティ・ファンドが大がかりに参入することによって、低所得者向けの医療や地域教育が破壊され、高額のコストを支払うことができる需要者を対象に業務の再編を行うといったことが現実に起こっている。残念ながら、アメリカでも日本でも、財政はむしろこうしたコスト病の領域を押し広げ、そこへの資本の参入を誘導するために利用され、その結果、財政赤字が増大するという構図が生まれつつある。すなわちそれは、資本蓄積の現代的領域の拡大と社会保障制度弱体化の悪循環というべきものである。

また、需要の個人差がさほど大きくない一般的な食料品や衣料品と比べて、医療や教育は、企業側が無制限に高額の延命治療、予防治療、英才教育、高度職業訓練等のオプションを与えつづけるかぎり、必要性に乏しい需要が生み出されやすく、そのために社会的な資源が浪費されかねない。

ヨーロッパや日本では公的な医療保険制度があり、大陸ヨーロッパでは高等教育までがほぼ無償であり、住宅についても借家に対する家賃補助がある国もある。その面でコスト病はかなりの程度抑えられている。それらとは対照的に、第2部において詳述するように、1935年社会保障法起源のアメリカの制度は、高コスト体質の部門の肥大化から国民を守る機能の点で明らかに劣っている。アメリカの医療産業は民間保険制度が軸となっているが、そのことによってコストが他の先進諸国にもまして突出しており、教育についても同様である。

総じて、現在の先進資本主義諸国の20世紀前半までにできあがった広い意味での社会保障制度は、その形成の歴史からすれば、その時代までにできあがった生産性の高い産業——ゴードンの「偉大なイノベーション」の分野、ボーモルにおいては「成長分野」——にほとんどの国民が雇用され、そこで家族の生活を支えるに十分な賃金を得ることを前提に、それを補完するものとして設計されたものであった。

ところが、戦後長期の経済成長を主導したそれらの産業分野は、1970年代以降、「テクノロジー失業」によって雇用吸収力を弱めた。多くの国民がコスト病の「停滞部門」に従事するようになり、「停滞部門」の低賃金雇用や不安定雇用の従事者が医療、年金、教育、文化などのコストを支払えず、社会保障制度そのものの骨組みが弱まるという事態が生まれている。既存の社会保障制度はその意味で雇用劣化とコスト病の時代にマッチしていない[8]。コスト病を抱えた経済システムは、その意味で、新たな21世紀型の社会保障制度を必要とし、それなしには安定しない。

(2) 代替的経済戦略の可能性

では、こうした資本蓄積の現代的な領域の拡大とそれに付随する市場の失

---

8) 経済学の寡占理論、独占理論は、20世紀の初頭、ゴードンが示した第二次産業革命の時代に独占的企業の市場支配力が頂点に達し、とくにアメリカの巨大企業が主要産業分野で圧倒的な寡占的支配力を誇った時代に形成され、その時代の産業と金融の集中化傾向を概念的に反映したものであったといえる。19世紀末以来のアメリカの経済学と独占の形成・確立という時代的背景との関連については、マイケル・ペレルマンの研究がある（Perelman [2006]）。

敗に対処する手だてがあるとすれば、それはどのようなものであろうか。生産、社会保障、財源の3つの面について、資本蓄積の考察から導きうるかぎりの可能性を考えたい。

①生産の「社会的共同領域」

第1は生産の部面で、ボーモルが「コスト病の原因は、逆説的ではあるが生産性の増加そのものである」としている点にかかわる。ボーモルは、生産性が増加したことによって、これまでの経済で買えたものがこれからは買えなくなるわけではなく、生産性の増加は社会をより豊かにするとし、生産性上昇のおかげで、われわれはこれまで以上の財やサービスを買うことができると、いたって楽観的に考えている。しかし、物理的あるいは実物タームでみた生産性の上昇を、すべての国民への最低限の財とサービスの供給に結びつけることは市場メカニズムでは難しい。なぜなら、費用を減少させるような生産技術の革新は、需要が価格に対して非弾力的な場合には、物的限界生産力の上昇の一部が価格下落に吸収され、付加価値をさほど高めないからである。それは一方で、価格下落のかたちで消費者を利するが、他方その分、限界価値生産力の上昇幅は小さくなり、労働報酬は引き下げられる。また、付加価値で表現された利潤率は小さくなるため、企業投資は抑制される。

国民の生活の最低限の必要を満たすためには、物理的な生産性に基準をそろえて社会の潜在的、物理的生産能力を測り、開放すること、そのために社会的な最小限に含むべき一定の経済領域を市場からはずす必要がある[9]。最低限の生活に必要な社会的・基本的ニーズである医療、育児、介護、教育、障害者対策、基礎的食料品、住居、交通、通信等の分野を「社会的ミニマム」として政策的に確定し、その生産に経済的資源を集中し、無償もしくは

---

9) ハロルド・モールトンら1930年代のブルッキングス研究所の研究者たちが、こうした潜在的な生産能力について深い考察を行ったことは第1章でみたとおりである。彼らは「『過剰生産力』とは少数の特権階級にとっての過剰であり、他のすべての人々にとっては過少生産と能力不足が問題なのである」「いかなる社会も、その生産能力の実際上の全能力を十分に利用尽くしていないかぎり、それは過少生産に悩まされているのだ」とも述べ、供給と需要の潜在的な水準を比較している。彼らは、資本主義に内在する所得分配の不平等ゆえに生産能力が十分に発揮されていないという意味で、「過剰生産」ではなく「過少生産」を問題にした（Moulton [1935]）。

無償にできるだけ近い費用負担で消費者に安定供給するという政策が必要である。医療、教育、不動産など、とくに供給制約があり、なおかつ生活に不可欠な分野、あるいは再生不可能な自然環境など、いわば「社会的共同領域」と呼びうるような分野を市場から分離し、保護することが重要である。教育や医療はすでに多くの国で市場からはずされてきたし、アメリカでも農業補助や電力統制など事例は多くあり、こうした政策的提案は真新しいものでもなければ、実現不可能なものでもない。

　かつて置塩信雄氏は経済民主主義のあり方に関連して、「労働者階級が（中略）資本家階級の新投資決定に介入して、これを減少させ、資本家階級の生産・雇用決定に介入して、より低利潤で稼働率、雇用水準を高く維持することを強制できれば、労働者階級は高い実質賃金を確保することができる」と述べたが（置塩［1987］p. 36）、企業の「低利潤」の操業と「社会的ミニマム」の供給を結びつける政策が必要である。そしてそれは、民間投資との競合をあえて避けたニューディール政策の発想とも異なるものとなるであろう。

②普遍的社会保障

　第2は、社会保障（所得再分配）の問題である。社会保障制度改革のポイントは、新たな経済成長のパターンと資本蓄積の拡大する領域に対応し、社会的ミニマムを保障する所得保障、医療保障等を普遍的な社会的給付のかたちで提供することであり、もっとも理想的にはベーシックインカム型の所得保障である。「テクノロジー失業」による雇用の不安定化、流動化、コスト病による労働の移動に対応すべく、現在の職域と結びついた社会保障制度や就労促進的で受給条件の厳しい公的扶助を改め、無条件的な給付制度を確立すべきである。

　ロンドン経済大学の社会保障の専門家ハートリー・ディーンが指摘したように、社会保障にはある種の「規律効果」（disciplinary effect）と「社会統制」（social control）の機能がある。現代福祉国家による既存の現金とサービスの給付（「社会賃金」〔social wage〕）は、国民の不満を封じ込め、支配的な権威的秩序に対する不満をそらせる直接的な効果をもち、それ自体が資本蓄積の手段のひとつである。国家は、こうした制度によって労働の価格に

影響を及ぼすことにより労働と資本の敵対関係を市民と国家の政治的争いに変換する役割を果たす（Dean [1991]）。今日のアメリカで、社会的・経済的な対立が、社会保障や財政赤字、政府の役割を争点とした国家に対する市民の反発として現れているのはこのためであるが、実際には、その基礎には労働と資本の対立という基本構造および人種的な差別がある。普遍的な社会保障制度に対する要求は、雇用と社会保障を切り離し、社会保障のこうした階級的・人種差別的な機能をさしあたり中立的に改造することを意味する。

　ジョン・K・ガルブレイスは、1958年の『ゆたかな社会』のなかで、いち早く「生産と保障との分離」の必要を述べ、生涯の著作にわたってその問題を追究した（第9章参照）。すでにみたブリニョルフソンとマカフィーの政策提言にも「社会保障と雇用とを切り離し、労働市場の流動性とダイナミズムを高める」という内容が含まれていた。

③財源問題

　こうした社会保障の再構築のための財源をどうするかという問題は避けて通れない。したがって第3の問題はこれである。

　大多数のアメリカ国民にとって政府が抱える巨額の財政赤字の解消は、安定した社会保障の財源を確保するという観点から必要である。しかしリベラル派のあいだでも、あまり有効な対案がこれまで現れてこなかった。ここでトマ・ピケティの提案が大変参考になる。

　すでにみたように、ピケティは、資本主義を制御し「社会的国家」を再建するためには、所得と資産に対する強い累進課税が必要であると主張した。彼は現在の先進国に共通するGDPの5～7倍に相当する資産の拡大傾向を、経済格差拡大の要因であるとともに、大規模な所得再分配の原資ともみなしている。

　　「資産課税は私的資本が生み出す問題に対する、より暴力的でなく、より効率的な対応である。累進課税制度は、私有財産や競争の力に依拠しながら、普遍的利益のために資本主義を規制しようというものである」（Piketty [2014] p. 532）。

近年の世界的な課税引き下げ競争（Tax Competition）によって法人税、資本所得税の税率を引き下げる動きが活発化している。その結果、上位所得に対する税率が逆進的なものとなった。こうした事態に対して、ピケティは、①グローバルな資本集中と不平等の悪循環を回避するための資本に対するグローバルな課税強化、②欧州レベルで企業に正確な財務状況の報告の義務化と、銀行が保有する情報の国際的共有、③タックスヘイブン（租税回避地）による税の抜け穴の防止、子会社も含めて統一的に課税するというプランなどを提起している。なお、課税競争によっていずれの先進国においても消費税への依存が高まっているが、消費税は逆進的であり、消費性向が低く居住地を選択できる富裕層に有利であるため課税の手段として適切ではないとしている。

　この間、ピケティの議論に触発されて、アメリカでもノーベル経済学賞受賞者であるコロンビア大学のジョセフ・スティグリッツが、法人税率の引き上げ、資産課税、汚染者負担原則、金融取引税、タックスヘイブンのループホール（課税の抜け穴）を塞ぐといった、これまでアメリカの経済学者があまり触れなかった富裕者増税論を展開していることも注目される。彼はまた、「均衡財政乗数」という経済学の概念を用いて、財政の波及効果の低い項目から高い項目へ支出を切り替えることによって、財政赤字を増やすことなく成長率を高めることができるとも主張している。つまり「財政再建」（富裕者増税）と景気刺激とを両立させようという戦略である（Stiglitz[2014]）。

　こうした累進課税の強化と再分配は、いわば「制度化されたトリクルダウン」というべきものであり、課税される企業が生産現場での搾取を強化することによってそれに対抗することは避けられない。それに対処するためにも、①社会的ミニマムの共同化、②普遍的、無条件的な所得保障というすでに述べた2つの点が重要となる。

むすび

　ロバート・ソローは、ピケティの『21世紀の資本』に惜しみない賛辞を送ったようである。戦前、戦後を生きた経済学者たち、たとえばダグラスや

クズネッツが本章で検討した諸理論を知りえたとすれば、どう応答したであろうか。おそらく彼らもまた、狭い経済学の範囲を超え、さらにアメリカのみにとどまらない現代資本主義経済の位相を描き出したこれらの歴史分析によって、自らの理論が資本主義発展の特殊な歴史的局面の過度な一般化であったことを知り、ソロー同様、これらの研究に理解を示したのではないか、そのように私には思える。

　しかしケインズや、あるいはマルクス派や制度派経済学など非主流派の研究者たち、さらには収穫逓増を強調した論者らはどうであったか。彼らは、こうした理論に賛同しつつも、ある種の不満を感じたのではないだろうか。なぜなら、技術革新と収穫逓増のもとでの経済停滞というのは明らかに矛盾であり、長期停滞の彼岸にある経済の潜在的可能性、すなわち〈余剰〉の領域が広がりつつあるという経済的側面にそれらが触れていないからである。次章ではこの問題を考察してみたい。

第4章
「余剰」の経済学

「文明は例外なく盲点を生む。それについて文明は考えることさえしない。その真実を知らないからではない、知っているからだ」

――レオ・フランコウスキ[1]

「人間社会のすべての構成員は、相互の援助が不可欠であるし、また相互に不当な扱いを受ける危険にもさらされている。必要な援助が、愛、謝意、友情、および尊敬に基づいて互恵的に与えられる場合、その社会は繁栄するし、幸福である」

――アダム・スミス『道徳感情論』

はじめに

伝統的に経済学は、〈希少〉な財やサービスの取り引きを対象とし、経済が慢性的、あるいは潜在的にもつ〈余剰〉をほとんど埒外に置いた。1930年代の大恐慌は、ケインズが『一般理論』において「過剰のなかの貧困」に言及したように、〈希少性〉と〈余剰〉というこの古くからある原理的な関係に注意を喚起した。しかし、戦後、この問題は十分に咀嚼されないまま、1950年代に経済成長論の骨格が形成される過程においてふたたび経済学の

---

1) アメリカのSF作家。ただし引用はGrossman [1995] から。

表舞台から姿を消した。とはいえ、この主題は死に絶えたわけではなく、その後も明示的あるいは暗黙裏に経済学の内容に現れ、忘れ去られていたかにみえるときでさえ、表舞台の理論を背後から突き動かしてきた。〈希少性〉と〈余剰〉は、いわば経済学を形成する不即不離の「二重らせん構造」の要素である。

〈希少性〉に基づく経済学とは対照的に、〈過剰〉ないし〈余剰〉の考察は、資本主義の円滑なメカニズムに疑義を差し挟もうとするシスモンディから現在の制度派に至る過少消費説やマルクス経済学など異端派の系譜にもっぱらゆだねられてきた。また、制度派経済学や社会学の研究には、経済が生産性を高め過剰な富を生み出しながら、同時に新しい欲求と不足を生み出す複雑な性格を解明しようとしたものがある。こうした議論は、今日の経済格差と経済成長との関係、潜在的な生産性の過剰と経済停滞の関係に対する新たな視点を与えている。

本章では、前章までの議論で捉えきれない資本蓄積の次元を模索する目的でケインズ、マルクス経済学および制度派経済学の資本蓄積に関する諸見解を〈希少性〉と〈余剰〉の視点から考察する。

I　ジョン・メイナード・ケインズ

(1) ケインズにおける〈余剰〉の経済学

ケインズはイギリスの経済学者であり、大恐慌の最中、主流派経済学に対抗し資本主義経済の不安定性を強調したことによって知られている。19世紀以来の資本主義がもたらした生産性の増加が経済社会に与える積極的な可能性にケインズが理想主義的な魅力を感じていたことは、彼の初期の著作においてすでにみられる。彼のヴィジョンは、経済社会のきわめて長い歴史的時間軸に立ったいくぶん楽観的な経済見通しと、それとは必ずしも論理的に整合しない短期の政策的提案とがない交ぜになったものである。

ケインズは、彼自身の研究活動の初期のころより、経済学がほとんどその考慮の外に置いたぐいの経済が潜在的にもつ〈余剰〉について言及している。1919年、ケインズがイギリス大蔵省の正式代表として参加したヴェル

サイユ会議の詳細な描写を含む『平和の経済的帰結』で、彼は、イギリスやアメリカでの 19 世紀以来の経済生活の改善を「戦前には数百万を費やしていたところに、いまやわれわれはその数百倍を費やしても、一見したところそれには何の苦労もいらないほどだ」とし、「明らかにわれわれは経済生活の可能性を最大限まで利用つくしてはいなかった」と、それ以前の半世紀に資本主義経済が生み出した経済力の潜在的高まりを強調し、「マルサスのいう人口の幾何級数的増加を相殺する富の増加」が、将来において「子孫にわれわれの労働の享受を可能にさせ」、「過労や過密や食物の過少も終わりを告げ、人々は肉体上の必需品や安楽品を確保して、その能力のより高尚な行使へと進みうるであろう」と記している。こうした経済力をもたらしたものは、ケインズによれば、富の分配の不平等であり、同時に、その経済力の万民による享受も富の分配の不平等によって妨げられている。第一次大戦で絶望の淵に追いやられたヨーロッパの人々に、戦争がそうした経済の可能性を知らしめたとケインズはいう（Keynes [1919] pp. 2-13）。

　1930 年代の大恐慌に直面した当初、ケインズは、経済がもつ同様の潜在的な可能性について再び言及した。有名な『わが孫たちの経済的可能性』（1930 年）では、「ほとんど数年のうちに——ということは、われわれがまだ生きているうちにということである——われわれは、農業、鉱業、製造業のあらゆる経営を、これまでの習慣となってきた労働力の 4 分の 1 で成し遂げることができるようになるだろう」といった記述がある（Keynes [1972] p. 325）。この論文にはさらに次のような一節がある。

　「（前略）必要は、2 つの種類に分かれる——われわれが仲間の人間の状態の如何にかかわらず感じるという意味で、絶対的な必要（absolute needs）と、その充足によって仲間たちの上に立ち、優越感を与えられる場合に限って感じるという意味での相対的な必要（relative needs）、この 2 つである。第 2 の種類の必要、すなわち優越の欲求を満たすような必要は、実際に飽くことを知らぬものであろう。なぜならば、全般の水準が高まれば高まるほど、この種の必要はなおいっそう高くなるからである。しかしこのことは、絶対的な必要については当てはまらない——この種の必

要が十分満たされたため、われわれが非経済的な目的に対してよりいっそうの精力をささげる道を選ぶに至るような時点が、おそらくわれわれの誰もが気づくよりもずっと早く到来するであろう」(Keynes [1972] p. 327)

　これはしばしば引用される箇所であるが、ここでのケインズの認識は経済が潜在的に十分な生産力、すなわち〈余剰〉をもつというものであり、その視野は、ホブハウスら19世紀末のイギリス「新自由主義(ニューリベラリズム)」や現在の制度学派のそれとつながる。「技術的失業」を「われわれが労働の新たな用途を見つけ出すテンポを凌ぐほどの早さで、労働利用を節約する手段を発見したことに起因する失業を意味している」といい、失業のなかに労働の解放の可能性を見出しているくだりには、古い社会主義者の楽観的なトーンさえある[2]。ケインズは、大恐慌に際して、当初は有効需要政策によって経済の潜在的可能性を現実のものにすることができれば、経済は容易に立て直すことができると考えた。バーナード・ショーに宛てた書簡でケインズは、「経済問題の解決はさほど難しいことではない。もしも私にまかせてくれるなら対処できる」と豪語し、執筆中の『一般理論』が今後10年ほどで「経済問題に対する世界の考え方に大きな革命を起こすであろう」とまで書き送っているが、大恐慌の初期のケインズには、潜在的な経済力の可能性を短期的な政策によって現実性へと結びつけうるという漠然とした信念が確かにあったように思える (Keynes [1982] pp. 34-42)。

---

2) 新自由主義(ニューリベラリズム)とは、今日の新自由主義(ネオリベラリズム)とはちがって、人間の諸権利を政府の積極的な経済介入によって実現しようとする立場を指す。ケインズは自らを新自由主義者(ニューリベラリスト)と称したが、それは新自由主義の意味である。ドナルド・E・モグリッジもそのような意味で次のように述べている。「よりよい言葉がないけれども、ケインズはもっとも初期の『新自由主義者(ネオリベラリスト)』の一人であった。彼自身の認めたところによると、ケインズは政治社会思想の幅広いスペクトラムの中で、『自由社会主義者(リベラル・ソーシャリスト)』の端に位置し、反対側にはルードヴィヒ・フォン・ミーゼス、ハイエク、その後継者としてのミルトン・フリードマンが位置する。最初から、ケインズは教条的な形態の自由放任には反対であって、おそらく彼以前のマーシャルやピグーよりもいっそう完全に反対であった。最初から、彼は、他の人々が自然かつ自動的とみなした経済秩序の本質的な脆弱さを強調し、意識的な管理の必要性を強調した」(Moggridge [1976] pp. 44-45)。

(2) ケインズ政策の限界

　ケインズはこの信念を、『貨幣論』および『一般理論』をつうじて、貯蓄と投資を均衡させるメカニズムの理論的解明に結びつけることによって具体化しようとした。しかし結局、その試みは成功しなかった。ケインズのユートピア的なヴィジョンは 1930 年代の現実の前に脆くも潰え、徐々にトーンダウンする。『一般理論』の前後の経緯からは、壁にぶつかり試行錯誤を繰り返すケインズの姿が浮かび上がる。その躓きの石はケインズ政策自身の内にあったといえる。

　なによりもまず、ケインズは有効需要政策の内容を、十分な具体性をもって描くことができなかった。ニューディールは、ビジネスの側からは民間事業への救いの手ではなく、労働組合と手を結んだ新たな規制を押しつける政策体系とみなされた。業界指導者や保守政治家たちはニューディールの介入主義そのものに強く抵抗した。ケインズは、支配層に受け容れられやすい論調で政府支出の拡大を促すことに心を砕いた。『一般理論』でケインズは、ゲゼル、クリフォード・ダグラスを「地下世界の経済学者」と呼び、過少消費説に対しては強く反発してみせている。このことによってケインズは有効需要の不足をあくまで大衆的な購買力の引き上げではなく新投資需要によって埋め合わせるものとして自らの政策を際だたせ、売り込もうとした。ケインズの政策スタンスは、理論的というよりは、むしろ当時の社会において現実的に受け容れられうる政策を作り上げたいという、ケインズ一流の政治的考慮によって支配されていたといえる[3]。

　しかし、こうした過少消費説に対するケインズの批判は、彼の政策的選択肢を狭く限定する役割を果した。大恐慌の政策的克服が思うように進展しない現実の前に、ケインズはより直接的な需要への刺激の必要を論じるようになる[4]。しかし、その具体的な内容という点においては、不明瞭なままにとどまった。1936 年の『一般理論』では、その最終章において「投資の社会化」という議論が展開されるが、それは総投資の水準が完全雇用のもとでの貯蓄水準と一致する措置をとるよう政府に求める程度にとどまっている。公共事業は景気回復を刺激する要素であると考えられたが、それも具体的に推奨されたわけではなかった[5]。

しかし、こうしたことの半面、ケインズ理論の政策的な無規定性それ自体が、社会主義者から保守主義者までを含む広範な研究者、政策担当者がそれぞれの主張を投影する受け皿としてケインズ理論を支持する理由となったということは皮肉なことである[6]。

　さらにもうひとつの問題は、有効需要政策の実際の量的規模がケインズが必要と考えた量に比べてはるかに過少であったということである。ニューディール支出の規模が限られた主たる原因は、企業サイドからニューディール

---

3) ケインズは、実業家たちが公共事業に怯えて投資を削減するかもしれないことを恐れたと指摘する研究者もある（Backhouse and Bateman [2011] p. 97）。ダッドリー・ディラードはこの問題でのケインズについて次のようにコメントした。「ケインズの、過少消費よりもむしろ過少投資を強調する態度は、彼が経済改革に対し保守的な態度をとったということを強調したことと関連している。彼は、投資を増加する必要があるのは消費力には限界があるためであり、しかもこの消費力の制限は少なくとも部分的には資本主義社会の所得の集中に基づいて生ずるものであることは認めている。ジョン・A・ホブソンのような社会主義的傾向をもった過少消費説論者は経済組織を立てなおすことによって消費性向を増加させることに失業の解決策があるものと信じているが、ケインズは現在の社会機構とこれに随伴する所得の分配状態を受け容れながら、消費需要の不足を投資需要を増加させることによって補う方法を奨励するのである」（Dillard [1948] p. 279）。ディラードは、ケインズが「経済改革に対し保守的な態度をとった」とはいわず、「保守的な態度をとったということを強調した」と微妙ないい回しで、ケインズの複雑な心境を表現している。

4) ケインズが『一般理論』刊行後、過少消費説に接近したことについて、ケインズと同時代人でコロンビア大学のジョセフ・ドーフマンは、「1930年代後半までにケインズがホブソンの見解と完全に和解していた」と記している（Dorfman [1959] p. 549n）。

5) ロバート・スキデルスキーはケインズの政策的曖昧さについて次のように指摘している。「ケインズに関して提起される最も重要な批判点は、全体としての産出量に関する彼の理論が、保守的な自由主義から全体主義――『一般理論』のドイツ語版序文で彼がはっきり認知した体制――に至るどの型の社会にも適用しうるほど、十分に『一般的』であるということではなく、自由社会にとってどのように適用するのが適切であり、どのように適用するのが適切でないかを明記しなかったことである。彼がこの線をどこに引いたかを彼の経済学や政治に関する著作から知ることは困難である」（Skidelsky [1996] p. 140）。

6) ロジャー・バックハウスとブラッドリー・ベイトマンは、「ケインズ経済学には、いわゆる『中道』を表現するという計り知れない利点があった」と記しているが（Backhouse and Bateman [2011] p. 35）、両大戦間期から第二次世界大戦後の数十年間、需要管理政策が徐々に世界を席巻する過程において、人々はケインズを社会主義の計画経済と資本主義のあいだの任意の場所に位置づけることができた。

が不穏当で疎ましく思われたためである。ケインズの有効需要政策を大恐慌の現実に適用し1929年水準の経済を回復させようと思っても、実際の財政乗数を当てはめると、政府のニューディール支出の規模はあまりに小さすぎた。経済史学者、プライス・フィッシュバックによれば、1933年の1929年比でみた実質GNPの落ち込みは621億ドルで、同年の財政赤字はわずか20億ドルにすぎなかった。翌1934年にはそれぞれ493億ドルと50億ドル、さらに1935年には341億ドルと45億ドルであった。彼は、「この程度の規模の財政赤字で1929年の経済水準を回復するためには、財政乗数は10以上でなければならなかった。しかし実際にはそれは約2前後にすぎなかった」と指摘している（Fishback [2007] p. 392）。

つまり、ケインズの理論を現実に適用しても、それによって景気回復を行うことは不可能であるということがケインズ自身の理論によって論証されていたということであり、そのことは、ほかならぬケインズが最もよく理解していたにちがいない。保守派の抵抗をおくとしても、政府が財政規模を十分に整えることは至難の業であった。財政規模およびその前提となる資金調達の問題について、ケインズの発言を時系列的にみると、年を追うごとに彼がいらだちを募らせていったことがうかがえる。まず1933年3月『繁栄への道』でケインズは、「減税と公債支出の増大による価格上昇が行われる以外に、ある適当な時間内に世界物価を十分に上昇させる、信頼できる見通しはありえない」と述べ、「額面金額が、アメリカ・ドルの金含有量を単位にして表示される金証券の発行に関する国際的な機関が設立されねばならない」と書いている。つまりここでケインズは、一種のドル為替本位制に基づく管理通貨制への移行により、減税と公債支出の増加が可能となる展望を描いている。ところがアメリカにおいても金兌換が停止され、ニューディール支出が始まっても十分な効果が現れず、政策担当者の多くがいらつきはじめた1934年の暮れには、「もし民間の個人が支出しないのなら政府が彼らに代わってすべきである。彼ら自身がやる方が望ましいが、政府がやっていけないということはないのである」と、財源を国内における余剰資金に求めるように変化している様子がうかがえる（Keynes [1934]）。

さらに1940年7月29日の「アメリカ合衆国とケインズ・プラン」では、

「合衆国においては、借入資金を投入してニューディール支出を行ったにもかかわらず、完全雇用に接近することさえおぼつかなかった…」「思うに、資本主義的民主主義国家においては、私の主張の正しさを実証するような壮大な実験にとって必要なだけの支出を計画準備するということは、戦時ではないかぎり、政治的に不可能なことのようである」と、歳出規模の制約に対する絶望をあからさまに吐露している（Keynes [1940]）。

(3) 〈希少性〉の超克

　ケインズの理論の全体を総括することはここでの目的ではない。ここまでの議論で、次の2つの点を確認しておきたい。第1に、ケインズの視線の先をたどれば、そこには人間社会にはすでに労働生産性を人々の生活状態の向上に向けうる潜在的な経済力の可能性が存在するという認識があり、その資本蓄積の潜在的領域は政策的努力によって切り開きうるという見方があったということである。

　ケインズの理論が、本質的には財やサービスの供給が人間の欲望に対して制限されている経済を前提とする主流派経済学の〈希少性〉の原理を超克し、それからの背馳を意味したことはこれまでにも様々な研究者によって指摘されてきた。フリードリヒ・ハイエクは、このケインズの理論を「余剰の経済学」（economics of abundance）と呼び、大恐慌の特殊事情を不当に一般化しようとするものと非難した（Hayek [1941]）。また、ジョーン・ロビンソンは「ケインズは、すでに生産能力が存在していて、その可能的な生産物のための有利な市場だけを必要としているような発達した経済での失業の問題を扱っているのだ」と述べている（Robinson [1947]）。ロバート・チャノマスが指摘しているように、『一般理論』が示した枠組みは、「ポスト希少性社会について経済理論の基礎であり、それまではフェビアン派の哲学的・イデオロギー的議論にゆだねられていたものである」（Chernomas [2001] p. 1008）。

　第2には、1930年代に、その潜在的な経済の可能性の領域と現実とを媒介する政策的カギをケインズが見出すことはなかったということである。ケインズはその有効需要の学説によって、それが触れると遊休設備は再稼働を

始め、失業労働者は再雇用先を得る「魔法のつえ」の持ち主というイメージで語られる場合がある。しかしそうしたテーマパークのキャラクター風のケインズと実際のケインズとは異なる。大恐慌の進展とケインズの経済的思考の展開をみると、そこには理論と現実のあいだで悲壮感を深める一経済学者の姿があるだけである。

ケインズが有効需要政策の質と量の両面で自信を失うにつれて、ケインズが『孫たちの経済的可能性』で描いた長期の楽天的ヴィジョンは雲散霧消し、大恐慌と政策的手詰まりのはざまに滑り落ちていった。ロバート・ハイルブローナーは、『孫たちの経済的可能性』を、「希少性の科学としての経済学を、歴史上の遺物の座に追いやる」ものと特徴づけたうえで、次のように記している。

「もちろん、それは未来への理論的小旅行にすぎず、誰もまじめには考えなかった。1930年には機械は不穏な音を立てており、誰もそんな見通しを楽しげな幻想といった程度にしか受け取らなかったが、ケインズ自身、世界を麻痺させている失業の本性を分析するという課題に直面するうちに、やがて見通しを失っていった」(Heilbroner [1964] p. 254)。

II　現代マルクス経済学

(1) 〈余剰〉の潜在的領域

戦後、独占あるいは寡占経済の理論を基礎に、現代的な資本蓄積の停滞を描いたのは、ミハウ・カレツキとジョセフ・シュタインドルであり、さらに *Monthly Review* 誌のポール・スウィージーとポール・バランであった。彼らは共通にマルクスが『資本論』で書き残した経済の独占化傾向および、わずかながら言及した「剰余価値の未実現」という命題と関連させて、独自の経済停滞の理論を作り上げようとした。カレツキとシュタインドルについては、すでに第1章で触れた。ここではスウィージーとバランをみよう。

ロシアから亡命したスタンフォード大学のマルクス経済学者であるポール・バランは、過少消費概念を現代的に彫琢することによって過剰蓄積の存

在を説明しようとした。バランは1957年の著書『成長の経済学』において、「現実の経済余剰、すなわち、社会の現実の経常産出量とその現実の経常消費との間の差額」と「潜在的な経済余剰、すなわち利用しうる生産諸資源を用いて、与えられた自然的・技術的環境のもとで生産されえたはずの産出量と、不可欠な消費とみなされうる量とのあいだの差額」（傍点はバラン）とを区別し、次のように述べている。

> 「それ［潜在的な経済余剰］の実現は、社会的産出量の生産ならびに分配の多かれ少なかれ徹底的な再組織を前提とし、社会構造の広範な変革を意味する。それは4つの項目のもとに現れる。第1は、社会の過度の消費（とくに高所得グループのそれ、ただしアメリカのような若干の国々においては中産階級のそれをも含む）であり、第2は、非生産的労働者の存在によって社会の失う産出量部分であり、第3は、現存生産設備の非合理的・浪費的組織のために失われる産出量部分であり、第4は、主として資本主義的生産の無政府性と有効需要の不足によって引き起こされる失業のために、放棄された産出量部分である」（Baran [1957] pp. 23-24）。

「現実の経済余剰」とは短期的な有効受容の不足を意味すると理解できる。それに対して、「潜在的な経済余剰」とは独自の概念である。「潜在的な経済余剰」の第1と第2は、過度の消費や浪費とサービスによって吸収される部分である。それは資本主義経済が人間的なニーズと直接には無関係な制度化された過剰と浪費である。製品の内容とは無関係な宣伝、製品の計画的陳腐化と差別化、必要性のない教育、医療、住居、交通手段、食品、衣料品、さらには不必要な公共事業や軍事支出などである。第3と第4には、本来生産可能であるが未実現のまま放棄されている部分である。それは企業が収益性を維持するために供給を抑えることによって起こる。資本と労働はフル稼働せず、つねに過剰生産能力と失業を抱える。第3の部分は設備稼働率の統計で表れるが、第4の部分は所得統計には表れない。

企業と企業が生産する製品を消費する国民にとって、必要と不必要は逆になる。企業にとって、第1と第2の部分は人々の意識にその製品の〈希少〉

なイメージを宣伝し、必要性を植えつけることにより、できるだけ多くの利潤を得るべき分野であり、その意味で必要不可欠である。しかしそれは国民にとっては本来、必要のないもの、さほど必要のないものである。第3と第4の部分は、企業にとって利潤を生み出さない〈過剰〉な部分であるが、国民にとっては社会的に形成されながらも十分に生かされていない必要な潜在的経済資源である。一般に経済学が対象とする領域は、社会の「不可欠な消費とみなされうる量」と「潜在的な経済余剰」の第1と第2の部分がすべてであり、「潜在的な経済余剰」の第3と第4の部分は対象として存在しない。しかしバランにとっては、潜在的経済余剰の第1と第2の部分は、本来の社会的必要を超えた浪費であり、その意味で削減されるべき不必要な部分である。第3と第4の部分はその活用によって社会のより高い生活水準の実現が可能となる領域である。この面に着目している点で、バランらの経済学は際立っている。

　バランのこのような潜在的な生産力についての考え方は、直接的には、第二次世界大戦下の戦時経済が民需生産を制限し、未稼働の資本と労働をフルに用いることによって経済成長率を急速に引き上げた経験に基づくものと思われる。潜在的な〈余剰〉の領域は、経済政策によって実現可能であるということが証明されたとバランは捉えたのであろう。

　〈希少性〉にとらわれた新古典派経済学にとって賃金と利潤は機械的で数量的な対立関係に置かれ、社会は賃金と利潤に分配される以外のものをなんらもたない。バランにおいては、社会は市場で実際に現れているよりもはるかに大きな潜在的生産性を有しながら、その実現を阻まれ、〈過剰〉と〈希少性〉にあえぐ、そうしたものである。したがって彼にとっては、社会の経済的潜在力をいかに解放するかが問題となる。社会的生産力の潜在性を引き出し、それを社会的に有用な目的に利用すると同時に、浪費を是正することをバランは「潜在的な経済余剰」の「実現」といい、「それの実現には、（中略）社会構造の根本的な改革をともなう」と彼は述べたのであった。

　マルクス経済学や制度派経済学の前提には多かれ少なかれ、こうした潜在的な〈余剰〉の領域の想定があるといってよい。バランのいう「潜在的な経済余剰」とは、今日では、実物投資の何倍にも膨らんだ金融資産など、バラ

ンの時代には想像もできない規模と形態で拡大している。浪費についても同様に現代的なかたちで広がっている。

　このようなバランの見地は、過少消費説とどのように異なるのであろうか。バランは別の論文で、「過少消費とは必ずしも達成された結果について述べられたものではなく、むしろ資本主義的過程で作用し、一定の時期においてはその結果を共同決定しているひとつの重要な傾向である」と捉えた（Baran［1969（1959）］p. 187）。1959年の論文でバランは、カルドアとの対比で自己の見解を示している。

　　（カルドアは）「増大する独占の結果として利潤シェアが投資需要と資本家的消費をまかなう点を超えて増加し、したがってシステムが成長構造を維持するための購買力を生みつづけることができなくなるだろうという主張を否定する」（p. 187）。「統計上実際に増大する利潤量は、経済的余剰の規模とその利用方法によって規定される。後者の2つは、産業組織の性格や支配的な独占度、税や売り上げコストを消費者に負担させる度合いなどに依存する」（p. 196）。

　バランは、国際収支の場合を例にあげ、そこでは収支がバランスしているという表面的な現象よりも、その所与のバランスが結びついている産出高の構造、所得水準、雇用量のあり方が問題とされるのと同じように、利潤と賃金シェアや資本産出比率の安定についても、その背後にある購買力と成長率を決定した諸要因を理解することこそが重要であると述べている。

　さらにバランは、消費を「有益な利用」と「浪費」とに区別する必要があると考えた。統計で現れる利潤量と経済的余剰とのあいだにはギャップがある。そのギャップは具体的には、広告、モデルチェンジ、製品の差別化および計画的陳腐化、ロビーイング、重役報酬、配当、減価償却などであり、いわば「制度化されたムダ」である。バランによれば、生産現場で生み出された価値（剰余価値）はその一部のみが利潤として実現するが、その実現の幅は産業組織の性格、独占度の状態、税金および販売コストなどが消費者に転嫁される程度などが影響する。こうして本来は拡大すべきはずの利潤シェア

は、利潤の一部がコストとなり、生産価格に上乗せされ、最終的には消費者の負担となるが、それらが価格に十分転嫁されないため、結果的に利潤シェアが現象的には安定する。

　ダグラス、カルドア、ドーマーらが、国民所得中の利潤と賃金のシェアの安定と実質賃金の長期的上昇に斉一的で無矛盾的な資本蓄積の進行を見出したのとは対照的に、バランは、同じ現象のなかに、膨大に蓄積された経済的余剰を利潤として実現することに躍起となる資本蓄積の矛盾に満ちた動態を読みとった。彼の資本蓄積に関する解釈は、消費形態の複雑化と浪費の広がりのなかで増大する生産性を有効に管理しえないという現代経済の新たな形質をあぶり出している。

　他方、スウィージーはすでに1942年の著書『資本主義発展の理論』で、貯蓄率の上昇が、資本産出比率が一定の場合に、過剰投資をもたらすと主張していたが、それに対して、ドーマーが1948年の論文「資本蓄積の問題」で次のような批判を加えていた。

　「a〔貯蓄率〕の増加が、資本所得比率の増加につながるというスウィージーの主張が出てくるのは、r〔経済成長率〕が一定であるような特殊なケースとしてである。aの増加は、それだけでは、資本所得比率の上昇をもたらすための必要条件でもなければ十分条件でもない」(Domer [1957] p. 148)。

　ドーマーは、貯蓄率が上昇しても、経済成長率が高い率であれば過剰蓄積は起こらないとしてこのように述べた[7]。ドーマーの理論の形成にスウィージー批判がどの程度の意味をもったかは不明であるが、ドーマー理論そのものがここでは過剰蓄積の否定に用いられている。

　バランとスウィージーの『独占資本』(1966年)は、こうしたドーマーの批判に答えている。ここでバランとスウィージーは、独占資本の技術革新能

---

7) ピケティはこれら変数の関係について、ドーマーとは逆に、経済成長率が低下することによって資本所得比率が上昇すると捉え、それを「資本主義の第2法則」と呼んだ(第3章参照)。

力によって「必要成長率」を上回る潜在的な成長率の拡大がもたらされるが、それは部分的に浪費に回ると説明している。投資が抑制されることによって資本係数は上昇せず、また貯蓄率も表面的には定率で維持されることもありうるとしている（Baran and Sweezy [1966] Ch. 4）。

　一般に、新古典派の成長理論モデルでは、設備稼働率は利潤率の増加関数とみなされる。したがって稼働率の低水準は、有効需要の低水準を表す。ところが、バランやスウィージーの投資理論においては、新古典派とは逆に、利潤率は設備稼働率の負の相関として把握される。そこでは独占的な生産および市場構造が前提されているため、個別的な投資の抑制による稼働率の低水準は、マクロ的な総供給関数を左にシフトさせ、供給価格と利潤率を引き上げる。

　バランとスウィージーによれば、消費や投資需要によって実現されない過剰生産部分は様々な浪費の諸形態、軍需や政府購入といった「はけ口」によってその一部が吸収され、さらに他の一部は利潤としてもはや現れることなく、過剰な生産能力の形態をとるとされる。こうした過剰生産能力の存在をも含め、経済的余剰がとる多様な形態に対して、彼らは「余剰」(surplus) という、マルクスの「剰余価値」(surplus value) とは異なる概念を与えた。独占資本は個別的には自らが生み出す余剰のはけ口をいずれかの領域において見出すかぎり過剰蓄積を緩和することができるが、資本主義のシステム全体としては、そうした解決策には限界があり、慢性的な利潤の未実現と過剰生産能力によって特徴づけられる停滞傾向を抱え込むと考えられる。

　『独占資本』は、経済構造が独占企業の投資行動によって歪められ、そのことによって本来の生産能力が萎縮し、その潜在的可能性が発揮されていないことを示した点において優れている。また理論的には、資本係数あるいは資本所得比率が長期的に安定しているという統計的事実と、さらにマルクスが予見した資本の有機的構成の高度化にともなう利潤率の低下が観察されないという客観的事情をふまえ、なおも資本蓄積には停滞的な歪みがあることを明らかにした。主流派経済学が〈希少性〉の観点から均衡論的に捉えた同じ経済過程に、〈余剰〉、浪費、潜在的生産力の不胎化を認め、不胎化された生産力のうちに経済の不合理性や疎外状況を克服する手段をもとめたことこ

そ、この学派が他の社会科学の様々な分野において今日なおも影響をもちつづけている理由といえる。

バランとスウィージーの理論は、ヴェトナム戦争の時代に、アメリカの独占企業が余剰のはけ口を対外膨張にもとめたことを告発し、アメリカ国内のみならず世界各国で熱烈に支持された。また戦後アメリカの長期的な投資の低迷の基礎に、企業による意図的な稼働率や投資の抑制があることを浮き彫りにした[8]。

彼らがその主張を展開し、広く支持を集めた時期が、戦後アメリカのもっとも順調な経済成長の時代であったことは皮肉なことであった。こうした優れた理論が1970年代以降影響力を落としていったのはなぜか。この学派の議論の問題点はどこにあったといえるだろうか。第1に、〈余剰〉の拡大とその吸収という枠組みは、資本蓄積の継続が〈余剰〉のはけ口の存在という経済過程にとっては外的な要因によって左右されるとする便宜的な説明にとどまった感がある。スウィージーらが主張する過剰蓄積による停滞傾向は、過剰の吸収の経路が資本蓄積それ自体によって説明できないものであるため、本来の意味で矛盾と呼べるものではない。第2に、これはのちにスウィージー自身が認めたように、彼らの描く過剰蓄積のイメージは、その後の金融的な肥大化のもとで総需要の構造が物理的な財やサービスの需要からかけ離れてゆく展開を十分に想定できず、そうした経済領域が広がるにつれ、主張そのものが不均衡の実相から遠ざかってしまったように思われる（Sweezy [1991]）。さらに第3に、独占体制に対するリジッドな捉え方が強く、競争的分野の拡大を視野におさめる柔軟性に乏しいため、その後のハイテクや高付加価値サービス産業の展開を位置づけにくいものとなったといえる。こうした理論上のいくつかの不完全さによって、この学派の分析は次第に影響力を失った。こうして競争的な過剰の発生や金融肥大化のメカニズムの解明は次の世代のマルクス主義の研究者たちの手にゆだねられた。

8）スウィージーは、1970年代のスタグフレーションを停滞傾向のもとでの総需要拡大政策が物価上昇をもたらしたものとして説明した（Sweezy and Magdoff [1982]）。さらに80年代以降は、独占的な価格維持の行動様式によって、アメリカ企業の国際競争力低下とマクロ的な対外不均衡の拡大を説明した。

(2) 競争的過剰のメカニズム──J・クロティとR・ブレナー

　1970年代のインフレと途上国の台頭、貿易と金融の自由化を背景に、企業間の競争が激化し、国際的に30年代以来ともいわれる過剰能力が形成された。80年代に、先進国の大企業は新自由主義的政策をもとめ、労働市場の規制緩和と賃金の抑制を推し進め、成長率の低下とグローバルな過剰能力に対応しようとした。銀行は、80年代の国際的な資本規制の緩和を背景によりリスクの高い投資に向かった。これらと途上国の市場開放と成長戦略が相まって破滅的な通貨危機の頻発と金融不安定性が世界中に蔓延した。

　マサチューセッツ大学アマースト校の経済学者ジェイムス・クロティは、生産分野の慢性的な過剰能力は、シュタインドルやバラン＝スウィージーが想定したような、独占的な大企業が利潤維持のために協調して生産量を調整するというのではなく、むしろ生産性が上昇したために限界費用が上昇せず、費用一定もしくは低下さえみられる領域が増加したことによると分析した。すなわち収穫逓増部門が相当の量で出現したと捉えたのである。過剰な生産能力はそれらの領域での激しい競争圧力によって生産と投資にブレーキがかからないことから生じているとクロティには考えられた。

　クロティは、新古典派経済学が、グローバルな過剰能力の存在を捉えることができないのは、限界費用が一定もしくは低下するという現実がその想定に反しているためであるとし、次のように主張している。

　　「主要産業の実証研究によれば、生産水準が完全操業に達しないかぎり、通常は限界費用が増大することはない。一般的に限界費用は一定を保つか、もしくは設備稼働率が上昇するにつれて、産出量とともに低下することさえある。したがって、主要産業において、野放図な競争のために価格が限界費用と一致するところまで抑えつけられれば、大量の企業倒産が生じる結果となるであろう」（Crotty［2002］p. 9）。

　さらに、新古典派経済学は企業の市場からの退出コストを無視しうるものと考えているが、クロティによれば、これも現実と反する。収益性の悪化した企業が自在に市場から立ち去っていくことが可能であれば、残った企業は

完全操業に立ち戻り、収益性を回復することができる。しかしこのような過剰能力を是正する自己調節的な市場を想定することは非現実的である。実際には、例えば、航空宇宙産業では、退出する際の資産評価は3分の1、テレコム企業の場合には5分の1ともいわれるので、退出のコストはかなりのものといえる。このような2つの非現実的な想定によって成り立つ新古典派経済学では、実際の過剰能力の形成を理解することはできないとクロティはいう。

クロティの論文は直接にはグローバルな経済全体を念頭に置いたものであるが、その理論は戦後アメリカ経済の消費水準の向上と過剰＝投資停滞の複雑な関係に当てはめることができる。

戦後のアメリカにおける持続的な実質賃金の上昇は、必需品、奢侈品を問わず強い需要をもたらし、国民の消費は高度化を遂げた。生活必需品の部門への投資が拡大し、電気、自動車など消費財の生産分野は多くの資本を呼び込み、経済の拡大を主導し、主要部門で独占的な産業支配の構造が生まれた。しかし1970年代までに企業間の競争は激化し、収益性は全般的に低下しはじめた。各分野に成立した独占的企業も限界費用の低下によって競争的優位を失い、あるいは海外からの輸入品との競争によって慢性的な過剰能力と低水準の収益に悩まされるようになった。市場からの企業の退出は進み、低収益に耐性をもった企業のみがわずかながら生き残り、アメリカ全体として収益性の低い生活必需品生産のかなりの部分を海外に移出し、あるいは海外からの輸入に依存するという体質が定着した。大多数の企業は、消費の高度化にともなって拡大する市場、すなわち消費財、資本財を問わず、付加価値の高い製品分野やサービスの分野に向かい、その結果、停滞部門と高収益部門への産業の二重化が生じた——。

このように、消費の高度化、投資の拡大、生産性の持続的上昇という3つの要因が相まって、収益性の全般的な低迷と過剰能力をもたらした。そして、この一連の展開の最も根元的な理由を、クロティは限界費用低下にもとめたのである。このようにマルクス主義の分析においても収穫逓増が組み込まれた。現在でもなおこの研究グループの分析には、現代的な資本蓄積の抱える矛盾を告発する独特の説明力があるといえる。

さらに、カリフォルニア大学ロサンゼルス校の歴史学者ロバート・ブレナーもまた、過剰生産能力の累積的拡大と今日の成長率の鈍化を結びつけて論じている。ブレナーは次のように分析している。

「1965～73年のあいだに世界経済を長期ブームから長期下降へと追い込んだ主要な原因となったのは、先進資本主義諸国における製造業の利潤率低下である。アメリカでも、またより一般的に主要な資本主義諸国でも、利潤率を押し下げるうえで根本的に重要な役割を果たしたのは、製造業の過剰生産能力と過剰生産をまねく国際競争の激化であった」（Brenner［2002］p. 44）。

国際的な製造業の競争激化のため、各企業はコストを製品価格に転嫁できず、価格上昇は相対的に抑制された。ブレナーは、クロティと同様、製造業の生産性上昇率の低下が利潤圧縮をもたらしたのではなく、むしろその逆であったと捉えている。「生産性上昇率の低下が収益性低下の原因になったとは考えられない。その理由は単純である。すなわち、収益性低下の大半は製造業部門で起こったのであるが、その製造業部門において、収益性が低下したその期間に生産性の伸びが実際には向上したからである。製造業部門における生産性は、1965～73年のあいだに3.3％の平均年率で上昇したが、これに比べて、1950～65年のあいだには2.9％の平均年率で上昇した」（p. 50）。

生産性の伸び悩みが長期下降の原因でないとすれば、実質賃金がその伸びを上回ったためであろうか。これについてもブレナーは否定する。実質賃金の平均上昇率は、1950～58年、1958～65年、1965～73年にそれぞれ3.6、2.2、1.9と低下を続け、さらにその後の15年間にゼロに近づくまでに下落したからである。このように生産者たちは利潤率の低下に対して、労働コストを引き下げることによって対処したことがわかる。その結果、労働側にとって不利な所得再分配の構図が現れた。アメリカ企業は、90年代半ばまでにかなりの程度過剰設備を廃棄し、リストラによって賃金の圧縮を進めた。また85年のプラザ合意以降、アメリカの製造業部門は国際協調による

第4章　「余剰」の経済学　121

ドル安によって日本やドイツに負担を転嫁した。しかし、それによっても利潤率は元に戻ることはなかった。

では企業は価格引き下げ圧力に直面して市場から退出したであろうか。ここでもブレナーはクロティの主張と一致して、製造業は、「支払い済みの大量の固定資本を所有しているので、たとえ自分たちの総資本に対する利潤率が低下したとしても、可変的資本（賃金、原材料および中間財）の追加支出に対して、少なくとも平均利潤率を獲得することができるかぎり、製造業者は引き続き自分の分野でやっていこうとする強い動機をもつ」とブレナーは書いている（pp. 52-53）。

生産性上昇に起因する収益性の低下にもかかわらず、さらに企業を破滅的な投資に駆り立てたものはバブル頼みの経済体質であった。「製造業部門では、競争力にせよ国際的な売上高にせよ、そして、何よりも収益性の点で大幅な落ちこみがみられたが、それにもかかわらず、バブルによる資産効果が引き続きアメリカ経済を前へ前へと駆り立てていた。今では株式市場のブームがアメリカにとっても、また国際的にも、まちがいなく繁栄へのカギであった」（p. 227）。

ブレナーの用いた利潤率や生産性のデータは商務省のものであり、一般的に誰もが認めざるをえない統計によって全体の議論が組み立てられている。過剰設備を連邦準備制度の設備稼働率を代替的な尺度として捉えているが、それ自体は経済全体の潜在的な生産性を意味するものではない。設備稼働率は、統計上は景気の循環的変動につれてある程度の範囲で変化するものにすぎない。ブレナーが過剰能力、過剰設備、過剰資本といった場合にも、それはバランらが解き明かしたような経済全体が潜在的にもつ不胎化された形態や、あるいは消費構造の変化による利潤の費用化など複雑な形態をとる〈余剰〉といったものではない。また、ブレナーの分析は製造業を主な対象にしたものであり、それ以外の経済部門とバランスがわるい面がある。しかしそれにもかかわらず、国際関係を視野に入れた彼の包括的なアメリカ経済分析に比肩するものを探すことは難しい。

政策的視野をも備えた批判的な理論を作り上げるためには、ケインズも含め20世紀の経済改革論が挫折した地点に立ち返り、その潜在的経済力を現

実の生活に生かす方途を模索することが必要であるにちがいない。この課題を考えるうえで、現在の制度派経済学や社会学の分野の研究がヒントを与えている。

Ⅲ　制度派経済学

(1) 〈余剰〉と〈希少性〉の概念

　人間の経済的生活の基本的なニーズが過不足なく満たされている状態を「充足」(adequacy)というとすると、充足の水準を満たしてあまりある財とサービスの存在を「過剰」「余剰」「剰余」「過多」「豊富」などといい表すことができる。英語でいうと abundance/excess/surplus/plenty/exuberance などであろう。後者を〈余剰〉としてひとくくりにすると、その存在形態は、財とサービスが実際に供給された商品の形態で市場に流通もしくは在庫として保有される「過剰商品」として存在する場合と、供給は実際にはなされず、未稼働な設備の状態にある「過剰生産能力」である場合、さらに供給する能力は潜在的にのみ存在し、具体的な設備の形態はとっていない「未実現の過剰生産能力」の場合とがあるであろう。

　それに対して、〈希少性〉とは、必要や欲求が充足されていない状態を指す。欲望を無限と捉えるという経済学において〈希少性〉は必然的であるともいえる。〈希少性〉を表す言葉は、「希少」「過少」「不足」「欠乏」などであり、英語では scarcity/shortage/deficiency/lack などである。〈希少性〉も、生産能力が存在しながらも市場から一時的にある財とサービスが入手困難になる場合と、投資そのものがなされず生産能力そのものが存在しない場合とがある。

　経済学は人間の必要を漠然と捉えてきたか、あるいは資本主義のシステムが掘り起こす需要のすべてを必要とみなしてきた。ジョルジュ・バタイユはそもそも「必要なものが何であるかは不確実である」と述べているが、アブラハム・マズローのような「低次元」から「高次元」までのいくつかの段階に分類する試みもある。ケインズはすでにみたように、人間の基本的な必要を表す「絶対的必要」とそれを上回る「相対的必要」という区分を与えた

が、社会の歴史的文化的な成熟度に応じてそうした必要を定義することは確かにある程度は可能であろう[9]。

消費者にとって選択の自由が大きい社会であるためにはある程度の余剰能力や在庫が必要であり、不足の経済では消費者の選択は否定される[10]。充足水準もしくはそれ以上の供給が行われるためには、市場経済においては、投資への十分な利潤があることが前提となる。その財・サービスが社会的に有用とされ、それに対していかにニーズがあっても、それが利潤をともなった価格で販売されないかぎり供給はなされない。逆に、ニーズが小さくても、それで高い利潤が得られることが期待される分野には投資が行われる。

不完全競争や寡占の理論においては、市場での〈希少性〉を生み出すために寡占企業が生産制限、投資制限、様々な販売促進行動を行うことをみてきた。生産設備稼働率の低下つまり生産設備の〈余剰〉は、〈希少性〉を創出する行動の結果としてもたらされるのであり、需要の内容が自然的なものから、人工的なものへ歪められることによって、「相対的必要」の質も量も大きく変化する。〈希少性〉と〈余剰〉はコインの裏表である。現代の制度派経済学は、膨れあがる〈過剰〉のもとでいかに〈希少性〉が創出されるかを説明している。

(2) 完全雇用による〈余剰〉の「制度化」──W・ダガーとJ・ピーチ

テキサス大学の経済学者ウィリアム・ダガーとニューメキシコ州立大学のジェイムス・ピーチは、共同で *Economic Abundance* を著し、〈余剰〉(abundance) の利用は、非経済的な制度的要因によって妨げられていると強調している。

「ほとんどの正統派経済学は、余剰を人々の手の届かないところに追い

---

9) 現実には、最低限の必要は「初任給」(Starting Pay, Entry Level Salaries) や「最低賃金」(Minimum Wage) といった賃金体系によって切り詰められたかたちで決定され、公的扶助の給付水準がさらにそれを下回って設定されている。
10) ハンガリーの経済学者コールナイ・ヤノシュは、消費者にとっての幅広い選択肢の存在は単に経済的な問題ではなく、人権の問題であると述べ、戦後の集権的な社会主義体制が不足の経済をもたらしたことを告発している (Kornai [2014] p. 127)。

やる非経済的諸関係についてなんら意味のあることを語らず、狭い希少性の研究に没頭するのみである。希少性の研究に余剰の出る幕はない。（中略）経済学は余剰を対象とすべきである。経済学は希少性を不可避とし、余剰を不可能とする前提を放棄すべきである。それらの命題は真ではない。社会は明確な社会的実践によって希少性にとらわれ、余剰を剥奪されている。そうした実践は人間の選択の結果であり、自然の制約ではない」(Dugger and Peach [2009] p. 169)。「余剰は、コミュニティの共同資産 (joint stock) への完全なアクセスと利用を作り出すことによって制度化することができる。希少性は共有資産への差別的なアクセスと利用とによって制度化されうる。人間社会が希少性を制度化して以来、経済学は無制限の人間的欲求充足のための稀少資源の配分を意味するものとなった。経済学がもちうるその他の意味については、期待できる通常の経験的範囲を超えたものとして価値の低いものとされた。経済学の正常な経路を逸脱した意味については妥当性も科学性もないものとみなされた。経済学が社会的供給のプロセスに関する研究であるという理念は、希少性が制度化されたことによって受け容れられなくなった」(pp. 33-34)。

今日の資本主義経済は〈希少性〉を制度化するシステムにほかならない。正統派経済学は〈余剰〉を不可能なものと宣言することによってそのシステムを支えている。ダガーとピーチにとって〈希少性〉は失業と低賃金の結果であり原因でもある。人々は様々な差別によって十分な賃金と雇用を得ることができないという構造的制約を抱えている。貧富の差、階級差別、人種差別、性差別、民族差別などがそれであり、そのことによって多くの人々が十分な雇用にアクセスすることを妨げられ、充足を得ることができないでいる。この原因が克服できれば、〈希少性〉の問題を解決することは可能であると彼らは考えた。「余剰 (abundance) のために必要なことは、AFDC（児童扶養世帯補助）のような福祉給付ではなく、WPA（雇用促進局）である」(p. 160) とダガーとピーチは主張する。人々があまねく就労することによって、つまりワークフェアやワークシェアによって余剰が実現し、その公平な分配が可能となると彼らは主張した。

ダガーとピーチの議論は、利潤目的の生産が差別と賃金抑制の経路をつうじて消費の抑制をもたらし、そのことが全体として不活発な〈希少性〉の経済を制度化し、豊かさが未実現にとどまっている現実を捉えたものといってよい。こうした優れた認識の半面、難点もある。彼らの主張する様々な種類の差別撤廃策は、それ自体は必要であり、正しいことであるが、しかし、それはただちに労働参加率の引き上げを意味し、供給力を高め、したがって企業の利潤目的のための投資と生産の抑制、雇用創出の弱化とますます対立することになり、別の水準での〈希少性〉の問題に逢着するであろう。そうであるとすれば、これは問題の解決そのものが別の問題を生むことになりはしないだろうか。

(3) 消費促進による〈余剰〉の解消——B・シーハンとJ・リビングストン

　こうした〈余剰〉を潜在的な可能性と捉える見解に対して、様々な経済的・制度的諸要因によって〈余剰〉が生み出される歩調に合わせて、浪費を拡大させるべきだという主張が存在する。

　イギリスの経済学者ブランデン・シーハンは、マーケティングの制度化の役割を強調している。シーハンによれば、ある研究者が調べたところでは、ある地方のスーパー1店舗に、「360種類のシャンプー、285種類のビスケット、275種類の朝食用シリアル、175種類のティーバッグ、150種類の口紅、116種類のスキンクリーム」が取りそろえられていたという。

> 「豊かな人々がかつてなく巨大な所有と経験を蓄積することによって、自らの支出が経済システムの潜在能力の成長よりも遅いペースでしか成長しないのではないかということが慢性的な脅威となる。したがって経済システムにとって何よりも重要なことは、豊かな消費者がますます消費するよう説得することである。もっと具体的にいえば、重要な課題は、すでに豊かな人々に今後とも質量ともに消費しつづけるよう訴え、利潤を無制限に追求する企業の欲望を満たすことである」(Sheehan [2010] p. 32)。

　消費を拡大し、潜在的な余剰を実現すべきであるというシーハンの理解

は、すでに浪費が蔓延している経済においては不可思議な主張ではあるが、今日の経済構造の歪みの一面を衝(つ)いている。

　ラトガーズ大学の社会学者ジェイムズ・リビングストンも、消費の拡大を提唱しているが、彼の議論はシーハンのものよりは洗練されていて、マクロ経済のバランスをも考慮したものである。彼は、貯蓄や利潤の蓄積は今日において生産的な投資あるいは「資本形成」に必ずしも結びつくわけではなく、1920年代および80年代以降のグローバルな貯蓄超過の時代に示されるように、投機的な市場、バブル、経済危機を招来すると指摘している。

　「持続的な成長のためには、個人貯蓄と法人利潤とを高めるのではなく、むしろそれらを犠牲にして消費を増加させることが必要である。しかしこうした政策を実現するためには、一方で所得の再分配と他方での投資の社会化が必要である。またさらに消費文化を知的に鍛え上げることも必要である」（Livingstone［2011］p. 186）。

　リビングストンが拠って立つ根拠は、アメリカ経済を長期的視野でみた場合に、投資の役割が低下しているという事実である。国民経済の規模でみた純投資の比率は長期的に低く抑えられてきた。投資が社会的にますます必要の度合いを低下させていること、したがってまた経済がその生産的潜在力と歩調を合わせて展開するためには利潤を削減し賃金に回し、消費を拡大することが必要であると彼は主張する。

　先ほどのダガー＝ピーチとリビングストンとの主張を比較したとき、共通性はどちらも現実の資本主義のメカニズムに内在する供給力を人々が享受できるよう消費水準を引き上げようとする点にあるといえる。異なる点は、前者が労働参加という労働市場における差別を撤廃する改革を進めようとするのに対し、後者は所得再分配による購買力の引き上げという方策をつうじてその目的を実現しようとしているという点にある。

　シーハンとリビングストンの主張は、原理的にいえばトマス・ロバート・マルサスにまで遡るタイプの過少消費説である。すなわちマルサスは過少消費を解消するために生産の外部にいる階級、すなわち貴族や教会勢力の過剰

消費を奨励した。こうした一種の消費能力不足に対する外的な需要の注入による対応は、歴史的にそうであったように、今日も所得再分配を強め消費拡大をしても、潜在的な供給力がたちまち市場に姿を現すため、需要がなお供給力には追いつかず、別の、高い水準での過少消費が現れるという新しい矛盾に行き着く。これは、古典的な過少消費説批判の論点そのものである。

　ダガーとピーチの議論を突き詰めていけば、人々はますます長い時間働きつづけねばならず、リビングストンとシーハンのそれでいえば、ますますムダな消費を制度化しなければならない。その意味において、ダガー＝ピーチとリビングストン、シーハンの解決策は戦後社会で人々が生産者であると同時に消費者として行ってきた現実の経済プロセスの単純な延長そのものである。しかもそうした解決策を推し進めたとしても、企業はさらに過剰と浪費の構造のうえで新たな〈希少性〉と〈余剰〉を作り出そうとするであろう。問題は〈希少性〉と〈余剰〉の創出のメカニズム自体にどこかで歯止めをかけなければならないということになる。

(4) イヴァン・イリッチの「ラディカルな独占」

　〈希少性〉の創出とは具体的にはどのようなことを指すのであろうか。思想家イヴァン・イリッチは、「ラディカルな独占」という概念を用いてこのことを説明している。

　　「個人の資性や社会の富や環境的な資源を自律的な方法で用いることができないという現代特有の現象は、生活のあらゆる局面に影響を与え、そのような生活では、専門家の手で工作された商品が、文化的に形成された使用価値にものの見事に取って代わっている。市場の外で個人的、社会的な充足を経験する機会は、このようにして破壊されてしまうのである。例えば、私がロサンゼルスに住んでいるために、あるいは摩天楼の35階に勤務しているために、足の使用価値が失われるならば、私は貧しいのだ」（Illich [1978] pp. 8-9）。

　つまり高層ビルで生活をしたり仕事をしたりしている人にとって、エレベ

ータがなければ貧しいし、あっても貧しいのである。自然や文化的な存在の意義を商品や制度が否定することによって、不足の状況が社会的に選択の余地のないものとして作り出されることとなる。これをイリイチは「ラディカルな独占」と呼んだ。わずかな距離を移動するだけのために自動車が必要であったり、最低限の生活を営むためにも莫大な教育費、住居費、保険料、通信費が必要とされるといった事情はわれわれの社会生活が構造的に〈希少性〉に支配され、「ラディカルな独占」に支配されていることを意味する。どのような技術進歩によっても必要は満たされず、たえず不足を感じる。技術進歩はあるが、労働者として受け取る報酬は市場競争によって切り詰められたぎりぎりの水準のものである。制度的に必要となる支出項目が次々と現れ、生活が満たされることはない。

　このように制度的に生み出される必要が必需項目に含まれるようになり、それが当然必要であると誰もが認識するようになると、人間の「相対的必要」あるいは「絶対的必要」は変容を被り、再定義されねばならなくなる。

　こうした〈希少性〉と〈余剰〉の構造はグローバルな広がりをももつ。環境経済学者ウルフギャング・ホーシェーレは次のように記述している。

　「大量のコモディティ・チェーンとそのネットワークを分析すると、きわめて包括的でグローバルな情景が浮かび上がってくる。ほとんどすべての商品（衣料から自動車に至る）の国際的流行は中枢の工業諸国が生み出し、そこから広がる。これによって中枢諸国の企業はほぼすべての市場に真っ先に参入し、最大限の金銭的報酬を獲得することができ、売り手独占の市場構造が生み出される。コモディティ・チェーンを支配する企業は（それらが小売業者であろうと製造業者であろうと）、金融、販売、および知的財産権——すなわち希少性を創出する諸活動——における「中核的競争力」（コア・コンピータンス）の形成と、財とサービスの実際の生産の外注にますます力を集中する。非中枢諸国は大半の市場において追随者の地位に押しやられ、より安価な製品を供給し、しばしば市場先行者が開発した技術に特許料を支払わねばならない。ある産業に多数の生産者が新規参入した場合には、供給者のあいだでの競争激化によって生産チェーンに

おける小売業者へのパワーシフトが生じ、こうして市場は生産者主導から購買者主導へと変化するであろう」(Hoeschele [2010] pp. 101-102)。

国際的にも、〈希少性〉と〈余剰〉とは同一平面に存在するといえる。先進諸国における生産と消費の構造的なあり方が世界を席巻し、国際的な垂直分業のピラミッド型の階層構造をつうじて、〈希少性〉と〈余剰〉の構造が増幅し拡散される。

さて、最後にサイモン・クズネッツに戻ろう。彼は、1937年に次のような言葉を残している。

「本当に価値のある国民所得計算とは、強欲な社会よりも先進的な社会思想の見地から見て益よりも害であるような要素を、合計の金額から差し引いたものであると思われる。軍事費や大部分の広告費、それに金融や投機に関する出費の大半は現在の金額から差し引かれるべきであり、また何よりも、われわれの高度な経済に内在するというべき不便を解消するためのコストが差し引かれなくてはならない。都市文明特有の費用、たとえば地下鉄や高価な住宅などの価格は、通常は市場で生み出された価値として扱われる。しかしそれらは実のところ、国を構成する人々の役に立つサービスではなく、都市生活を成り立たせるための必要悪としての出費でしかない（つまり生活のための出費ではなく、事業のための出費が大半なのである）。そうした要素を国民所得計算から除外することは困難をともなうけれども、それによって国民所得計算におけるサービス生産量の把握は確実に精度を増し、時代と国の違いを超えて比較するに耐える尺度となるはずである」(Kuznets [1937] p. 37; Mitra-Kahn [2011]; Coyle [2014])。

クズネッツは大恐慌から戦後の経済成長の時代を生きた経済学者であり、資本蓄積と所得分配の実証研究で顕著な貢献を行った。この引用には、人間の生活にとっての真の必要とそうでないものとを区別すべきであるという、今日の制度派経済学や社会学者が取り組んでいる問題がすでに明瞭に表現されている。その内容は、今日の国民所得統計の考え方を根本的に揺るがすも

のであり、切っ先するどく時代に一歩先駆けていた。クズネッツは〈希少性〉と〈余剰〉の問題の入り口にいたが、同時に出口にも立っていたともいえる。

むすび

　本章の目的は、経済学がどのように資本蓄積の構造を把握してきたかという問題を、〈希少性〉と〈余剰〉という２つの概念を軸に歴史的に振り返ることであった。アメリカにおける純投資（粗投資から減価償却を差し引いたもの）は20世紀をつうじて国内総生産比でみた割合を長期的に低下させている。このことは、一面では、技術革新によって少ない投資で国民経済が必要とする財とサービスを供給しうるほどに経済全体の潜在的供給力が徐々に高まっていることを意味する。しかしその半面、経済格差が拡大するもとで多くの人々が食料、住居、教育、医療、エネルギーなどの分野で十分な経済的ニーズを満たすことができないという状態がある。アメリカや日本といった技術革新の最先端の国々において、教育や医療、一部では生活の基本的ニーズすら満たせないのは技術革新がなお不足しているためではなく、両者を結びつけるなんらかの経路が断線しているためである。

　大多数の人々の所得の伸びが抑えられることによって、基礎的な生活手段に対する需要が制約され、そのためある領域では投資の停滞が生まれ、他の領域では様々なかたちで〈希少性〉が生み出されている。〈希少性〉と〈余剰〉とは単に寡占部門と競争部門とで棲み分けられるのではなく、同一平面上に存在する。

　こうした生産性と成長の関連をめぐる問題は古くて新しく、あまりにありふれているがゆえに、正面から問題にされることもほとんどなかった。ケインズをはじめ多くの研究者がこの問題に挑んだ。戦後、〈希少性〉と〈余剰〉の研究に意識的に取り組んだのはマルクス派や制度派であった。そして現在その研究は社会学の分野に広がり消費文明批判として展開されてきたことをみた。ケインズが思い描いた数時間の労働で豊かに暮らせる社会はいまだに空想的な次元にとどまっている。

《第Ⅱ部》

社会保障制度

第5章
アメリカの社会保障制度
──年金・医療・貧困対策プログラム──

はじめに

アメリカの年金・医療制度は、ヨーロッパや日本と比べて民間保険制度の比重が重い[1]。また、貧困対策プログラムは給付条件が厳しく、就労促進的要素が強い。こうしたアメリカの社会保障制度の特殊性は、「二重構造」（dual structure）とも表現されるアメリカの労働市場の強い階層性に対応したものであり、制度による恩恵が上層の労働者に手厚く、下層の労働者に行

1）イエール大学のジェイコブ・ハッカーはこうした特徴を「アメリカ例外論」（American Exceptionalism）として強調している。ハッカーは、アメリカの社会保障制度は、年金や生活保護、メディケアなど公的社会支出のみでなく、民間の社会的給付の領域をも合わせてみなければその全体の機能が把握できないとし、アメリカ型福祉国家の特徴が社会的支出の低水準というよりも、むしろ私的年金や私的医療保障など民間支出の比重の大きさにこそあると主張した。「アメリカの社会福祉政策の際だった特徴は、他の国であれば政府が担うべき業務の大半が民間、とくに雇用主の手にゆだねられているということである。補助金や規制などさまざまな組み合わせによって民間の各種給付が促進され、それはアメリカの社会的福祉支出の3分の1を超え、平均10分の1以下程度という他の先進国とくらべて非常に高い」（Hacker [2002] p. 7）。「民間の社会的給付は、公的な社会的プログラムと比べて一般国民にみえにくく、特権層に有利で、いつもは大胆な改革に後ろ向きなアメリカ型政治の特徴からも制約されない政治の『地下茎』をなしている」（Hacker [2002] p. xiii）。なお、ニューディール起源の社会保障制度の成立経緯については佐藤［2013］の研究を参照されたい。

き渡りにくいという機能的な特徴をもっている。

　アメリカの社会保障制度をめぐっては、過去数十年にわたって公的および私的年金財政の悪化、医療保険負担の増加、膨大な医療保険未加入者の存在、貧困対策費用の増加といった制度全般にわたる問題が指摘されてきた。1980年代以降、こうした社会保障制度の一連の問題に対して行われてきた改革は、年金給付条件の厳格化、貧困対策における就労促進強化といったいわゆる新自由主義的な施策であったわけであるが、それは総じて、経済生活上のリスクとコストを国や企業から労働者、家計にシフトさせるものであり、民間制度の比重が重く、就労促進的というアメリカの社会保障制度の伝統的な特殊性をむしろ強めるものであった。しかし、雇用環境が不安定化し、労働市場がまともな雇用を提供できなくなりつつある今日、リスクと保険料を追加的に負担する国民の努力にも限界があり、このような改革は強い反発をまねいている。オバマ政権のもとで、新たな雇用創出の努力や医療制度改革が行われたが、その意味合いも、特殊アメリカ的な労働市場と社会保障制度の関連でリスクと負担がどのようにシフトしたかという視点で評価される必要がある。

　本章では、こうしたアメリカの社会保障制度の特殊性に留意しつつ、年金制度、医療保険制度、貧困対策プログラムの３つの領域について、それぞれの制度の歴史的展開と改革の現状をみてみたい（なお、補足的保障所得（SSI）、失業手当、住宅補助なども重要な社会保障政策であるが、ここでは考察の対象としない）。

I　企業福祉優位の構造──社会保障のアメリカ的特殊性

(1) ウェルフェア・キャピタリズムへの回帰現象

　一般に社会保障制度には、国や地方政府が管理する公的社会保障（Public Social Welfare）と企業が従業員に提供する民間社会保障（Private Social Welfare）とがある。アメリカの公的社会保障制度は、年金制度（OASDI）、低所得層を対象とした所得保障（TANF）、雇用保険制度（UI）、メディケア（高齢者・障害者医療給付）・メディケイド（低所得者医療補助）・「ケア適正

表 5-1　社会的支出の国際比較——公的および民間比率（2005 年）

単位（％）

	社会的支出 (GDP 比)[1]	公的支出 (GDP 比)[2]	民間支出 (GDP 比)	社会的支出に対 する民間の比率
フランス	29.0	26.2	2.8	9.7
ドイツ	26.9	24.7	2.2	8.2
ベルギー	26.7	23.1	3.6	13.5
スウェーデン	24.8	23.1	1.7	6.9
オーストリア	23.6	22.2	1.4	5.9
イタリア	23.1	21.4	1.7	7.4
フィンランド	21.3	20.6	0.7	3.3
デンマーク	21.8	20.5	1.3	6.0
イギリス	25.9	20.0	5.9	22.8
スペイン	19.1	18.6	0.5	2.6
日本	21.1	18.3	2.8	13.3
ノルウェイ	19.1	17.9	1.2	6.3
オランダ	22.9	17.0	5.9	25.8
カナダ	20.8	16.4	4.4	21.2
オーストラリア	19.3	16.2	3.1	16.1
アメリカ	25.2	15.8	9.4	37.3
韓国	9.4	7.0	2.4	25.5

注(1)社会的支出には、年金、障がい者手当、医療、貧困対策プログラム、失業手当、職業訓練、住宅補助が含まれる。教育支出は含まれない。
(2)社会目的の租税支出（TBSPs）は二重計算を避けるために公的支出には含まれていない。

(出所) Adema and Ladaique [2009] Table A. 3. 1a より作成。

化法」（通称オバマケア）による医療給付、勤労所得税額控除（EITC）、補足的保障所得（SSI）など所得保障制度を柱とする。これに対して民間社会保障は、個人加入の年金や医療保険、企業の福利厚生政策としての企業年金、医療保険、有給休暇制度など各種付加給付によって構成される。

　アメリカの社会保障制度において、私的な制度の割合が他の先進国と比べてどの程度高いかをまずみてみたい。表5-1 は、OECD 諸国の社会的支出を公的と民間に区分し、その GDP 比をみたものである。社会的支出とは、ここでは年金、障がい者手当、医療、貧困対策プログラム、失業手当、職業訓練、住宅補助を含み、職業訓練を除く教育支出は含まれない。この表から、アメリカの社会的支出は GDP 比 25％程度で、先進国のなかでは中位程度であるが、公的支出の水準は 15.8 ％と、日本の 18.3 ％などと比べても著しく低いことがわかる。公的支出の低水準をおぎなうかたちで、アメリカは

社会的支出全体に対する民間の比率が高く、他の諸国から群を抜いている。アメリカの民間の社会的支出は9.4％であり、社会的支出全体に占めるその比率は37.3％である。これは、他の国、たとえば日本13.3％、ドイツ8.2％、フランス9.7％などと比べて著しく高い。アメリカについで民間比率が高い国は、オランダ25.8％、韓国25.5％、イギリス22.8％、カナダ21.2％などである。つまりアメリカは公的社会支出小国であり、民間社会支出大国である（ちなみに日本は、公的社会保障の低水準を民間保障がおぎなってすらいない福祉小国である）。

さらに注目すべきは、こうした特徴が近年急速に強まってきたということである。図5-1をみると、民間社会保障の比重は1980年にすでに4％と他の国よりも突出して高かったが、その後それはさらに急増し、10％台に達したことがわかる。アメリカ経営史の分野では、企業年金や職域を通じた医療、その他付加給付など豊かな福利厚生によって労働者を管理するシステムを「ウェルフェア・キャピタリズム」と呼んでいる。それは20年代に台頭し広がりはじめたが、30年代の大不況で衰退した。しかしウェルフェア・キャピタリズムは第二次世界大戦後も生きつづけ、その後、現在の新自由主義の時代にふたたび広がったのである。

こうした他の国と異なる経緯をアメリカがたどったのはなぜであろうか。この分野の研究によれば、第二次世界大戦中から戦後にかけての社会保障をめぐる政労使のそれぞれの動きにその理由が隠されている（Lubove［1968］；Hacker［2002］［2006］；Rodgers［2006］）。

戦後、1946年の中間選挙と48年の選挙で生まれた共和党と南部民主党のいわゆる「保守連合」（conservative coalition）の圧倒的優位は、連邦の介入や社会政策の強化に反発する勢力の議会における力を強めた。アドレイ・スティーブンソンが「ニューディーラーが去って、カーディーラーがやってきた」と嘆いた時代がおとずれた（Hotstadten［1963］）。「1946年雇用法」によって政府の高雇用政策の方向性は一応の確立をみたが、翌47年、トルーマン大統領が「奴隷労働法」とまで呼んだ「タフト＝ハートリー法」が大統領拒否権を覆して成立し、さらにマッカーシズムが時代に大きな影を落とすに及んで、社会政策に対するリベラル派の影響は急速に後退した。ローズヴ

図 5-1　民間社会的支出（対 GDP 比）
（出所）Adema and Ladaique [2009] Chart 4.4 より改変。

ェルト政権の流れをくむリベラル派の政治家たちは、ニューディールの社会保障政策をさらに押し進めることによって、年金や医療を一般の労働者にも普及させようという意図をもっていたが、保守派の政治家たちは公的な社会保障制度の拡充を怠り、それに代って大企業セクターを中心とする私的年金・医療保険制度を後押しすることの方を選んだ。

その際に政府と企業が用いた方法は「租税支出」（Tax Expenditures）と呼ばれるものであり、これはさまざまな企業福祉プログラムに対する減税措置によって企業支援を行う制度であった。この制度は直接には民間制度への支援であるため、公的制度に対する支出であれば避けられない複雑な議会審議のプロセスを回避できたため、この制度をつうじて私的社会保障制度は表立った注目や反発を受けずに静かに広がった[2]。

トルーマン、アイゼンハワー両政権は、ニューディール型公的社会保障よりもむしろ保守派の政治家たちも合意可能な私的社会保障の拡充に邁進した。

大手企業は、すでにニューディール期から第二次世界大戦にかけての法人税の大幅な引き上げに直面していた。この高い税率に対して、退職年金プラン、医療保険制度など各種引当金への優遇税制を利用した節税策をとった。企業にとっては、企業年金や医療制度への拠出は事実上賃金の後払いであるにもかかわらず、速効性のある減税のメリットが得られた。また、賃金とちがって支払いが長期に先送りされるため、この種の付加給付の拡充は労働組合に対して譲歩しやすいという性格があった。さらに、積立金の運用など保険運営への公的な介入が少ない点でも、私的制度は企業にとって公的社会保障制度よりもはるかに好ましいものと考えられた。

　労働組合指導部にとっては、団体交渉をつうじた企業年金、医療保険制度の条件改善は、他の要求項目よりはるかに獲得が容易であり、目にみえる成果を組合員に示す格好の材料であった。公的年金給付の低水準をおぎなってあまりある潤沢な老後の所得保障と医療給付を組合員に与えることによって、組合指導部は組合員にとっての影響力を確保できた。こうして大企業とAFL-CIO（アメリカ労働総同盟・産業別組合会議）は、公的な社会保障制度の拡充要求を徐々に脇に措くようになった。自動車、鉄鋼、炭鉱など大手の労働組合は、戦後徐々に企業福祉制度の拡充に傾斜し、1955年にAFLとCIOが合同する頃までには企業福祉制度の拡充が団体交渉の中心に据わるようになった。政府・資本・労働の三者三様の立場から、企業福祉の拡充が推し進められることになったのはこうした理由によってである。

(2) 雇用創出機能の劣化──社会保障制度との相互的な危機

　第二次世界大戦後の先進諸国における社会保障の制度設計の前提には、共

---

2)「租税支出」とは、財政用語で、本来の課税対象となるべき所得や利潤をなんらかの名目で控除することを意味する。それによる税収の欠損は他の財源によらねばならないので、事実上の財政支出である。社会保障の研究者クリストファー・ハワードによると、「租税支出」という用語は、ハーヴァード大学の税法学者であり、ケネディ＝ジョンソン政権で財務次官を務めたスタンリー・サリー（Stanley Surrey）が生み出したものだという（Howard [1997] p. 104）。当のサリー自身は1960年代に租税支出の非効率性と歪みを訴え、「企業年金に対する租税優遇措置はコストがかかり必要性もない」と証言し、租税支出に反対している（Hacker [2002] p. 149）。

通して社会保障が完全雇用もしくは高雇用を前提し、それを補完する役割を果たすものという認識があった。こうしたなかで、社会保障はあくまで労働者にとっては引退後もしくは高雇用から離脱したときの一時的なセーフティネットであると考えられた[3]。アメリカ企業の卓越した生産性と国際競争力が高い労働条件と賃金水準を支えた1960年代後半までの時期に、国民の生活水準はめざましい勢いで改善され、完全雇用と社会保障制度の基本的な補完関係は比較的安定的に機能し、働けるものには就労を、働けないものには生活保護もしくは働くための教育をという通念が広く受け入れられるようになった。社会保障財政も、高雇用からの報酬に対する課税と保険料負担によって支えられうると考えられた。これらは戦後の事実上の「社会契約」ともいうべきものであった。しかしその際、高雇用を前提にしつつも、人々の企業体制への依存と忠誠を確保し、就労意欲を最大限引き出すために、公的年金、失業手当、生活保護など社会的給付水準は低く抑えられるべきであり、社会保障給付に就労義務を条件づけることが相当と考えられた[4]。

ところが、1970年代になると、製造業の衰退とサービス経済化、実質賃金の停滞、労働組合の組織率の低下といった経済全体の構造変化が明確にあらわれはじめた。アメリカ企業、とりわけその高雇用体制の主軸であった製造業の分野で国際競争力にかげりがみえ、雇用が縮小した。代わって新たに

---

3) 雇用あるいは労働市場と社会保障制度の基本関係については McKay [2005] を参照。

4) カリフォルニア大学ロサンゼルス校の経営史家サンフォード・ジャコビーはアメリカの社会保障制度の形成にあたって、その設計思想と給付水準がどのようにみなされたかを次のように指摘している。「社会保障はウェルフェア・キャピタリズムにとって代わることは許されない。フォルサム［コダックの財務担当重役で1935年社会保障法制定時の財務次官］がいうには、政府は『基本的な最低限の保護（ベーシック・ミニマム）だけを提供すべきであって、万民のすべての必要に応えようなどとしてはならない』。労働者があくまで雇主に保障を期待するように仕向けるため、公的な諸給付を低く設定しなければならず、民間のプログラムを準備させるために租税面でのインセンティブが必要である。フォルサムはワシントンのインサイダーとしてこの目的のための議会工作に精力的に取り組み、一方、実業界のリーダーとしては、社会保障がケインズ的安定装置であること、よりラディカルな代替案にまさること、それが民間努力と共存しうる――補助さえしてくれる――ことを、他の雇主たちに説得しようとした」(Jacoby [1999] p. 207)。

広がったサービス、ハイテク、金融などの産業の雇用は短期的、流動的なものであった。企業年金の主たる担い手であった大企業の雇用創出力は徐々に衰退し、就労者数は減少し、企業は約束した企業年金や医療制度の維持が困難であることに気づきはじめた。こうして、高雇用と社会保障の制度的な補完関係に基づく労使の社会契約はしばしば反故にされ、徐々に色あせるようになった。政府は、「1946年雇用法」と「1935年社会保障法」によって示される完全雇用政策と社会保障制度とのそれぞれ異なった、ますます矛盾する理念をつなぎ合わせる役割を担わねばならなかった。

こうして、1980年代以降、政府は、労働市場に対する規制を緩和しつつ、社会保障をより就労促進的なものに変えた。企業は、労働条件の抑制と民間社会保障からの撤退の道を突き進みはじめた。

コロンビア大学の社会学者のフランセス・フォックス・ピーヴンとリチャード・クロウォードは、アメリカにおける公的貧困救済制度の歴史を分析した1971年の著作において次のように述べている。

「救済給付を理解するうえで大事なことは、それが経済的・政治的秩序に対して果たす役割を明らかにすることである。なぜなら前者は後者に対して二次的・補完的制度であるからである。歴史的事実は、救済給付が大量の失業による国内秩序の混乱をうけて開始ないし拡充され、政治的安定の回復とともに廃止ないし縮小されることを示している。われわれは、緩和的な救済制度が国内秩序の回復を、緊縮的なそれが労働規範の強化を狙ったものであると主張する」(Piven and Cloward [1971] p. xiii)。

これは直接には母子家庭への生活保護にあたるAFDCについて述べたものであるが、ピーヴンとクロウォードのこうした主張は、1960年代半ばから70年代初頭、まだアメリカで社会保障が拡大傾向にあり、多くの研究者が経済成長と所得再分配の延長線上に国民生活の向上があると考えていた楽観的な時代に、それへの問題提起として現れたものであり、今日からみても優れた意味深長な内容を含んでいる。ここで彼らが「救済政策」すなわち貧困対策プログラムに関して述べている見通しは、社会保障制度全般に敷衍す

ることができる。一般的に、社会保障制度は、一方的に拡充されるのではなく、緩和と緊縮を繰り返す。労働側の攻勢が強まり労使関係が危機に陥った時期に、それへの対応として社会保障制度は拡充されるが、その歴史的条件が失われると社会的給付は縮小もしくは廃止され、労働規律の強化に利用される。こうしたピーヴンとクロウォードの主張は、単に貧困救済プログラムの分析として卓越しているのみならず、その後のアメリカの社会保障制度全般がたどる推移を予見している[5]。

以下、社会保障制度の中心である年金制度、医療保険制度、生活扶助を中心とする貧困対策プログラムのそれぞれの展開過程をみていきたい。

II 年金制度

(1) 公的年金制度

1935年に社会保障法に基づき、1938年にアメリカの公的年金制度であるOASDI (Old-Age, Survivors, and Disability Insurance：高齢者遺族障害者保険) が発足した。当初OASDIの対象は勤労者全体の60％を占める商工業従事者のみで、社会保険料の徴収が困難な農業労働者や零細企業の従業員は年金制度の対象外であったが、その後、それらおよび自営業者、軍人、公務員へと適用範囲が広げられた。給付水準は1950年代と60年代には平均賃金はおろか物価上昇率にさえ追いつかなかったものの、その後、60年代末から70年代にかけて徐々に引き上げられた。

2010年のOASDIの受給者は5400万人であり、その約7割は退職者およ

---

5) クロウォードとピーヴンは、彼らが1960年代後半に提唱し、全米福祉受給権協会 (AWRC) を中心に展開した運動で知られている。すなわち貧困者の威圧的な運動によってAFDC (生活保護) 受給者数を拡大し、地方財政を破綻させ、それを通じて民主党の内部分裂と政治的緊張を煽るといういわゆる「クロウォード＝ピーヴン戦略」である。社会保障に対するきわめて本質的で鋭利な分析にもかかわらず、結局、彼らの運動は、白人中間層を貧困者と黒人の運動から離反させ、様々な自治体での給付削減という政治的報復をまねく破滅的な結果をもたらした (Edsall and Edsall [1991]; Kornbluh [2007]; Steensland [2008])。彼らは、既存の社会保障制度の企業利益促進的な性格を批判するのみで、社会保障制度を普遍的に改革し企業利益から中立化させる展望をもたなかった。彼らについては、本書第7章で再度触れる。

びその配偶者と子ども、12％が遺族、19％が障がい者およびその配偶者と子どもである。2010年のOASDIの歳入は6770億ドル、歳出は5850億ドルであり、社会保障の支出項目としてはメディケアを上回り、最大である。退職者への給付金額は月額平均1176ドルで、男性は1323ドル、女性は1023ドルである（Social Security Administration [2012]）。

　公的年金制度はその発足以来、高齢者の貧困率を劇的に削減した。この点において、この制度の所得再分配政策としての長期的な効果は高く評価されてよい。しかし同時に、アメリカの公的年金制度にはいくつもの問題点がある。第1は、公的年金制度が拠出制に基づき、国庫負担が限られているということである。1935年社会保障法によって公的年金制度が成立する過程において、財政規律を重んじるローズヴェルト大統領やモーゲンソー財務長官らは、周囲の閣僚や政権内外の専門家たちの強い反対を押し切って政府の一般財源からの拠出を認めず、労使折半の拠出制を原則とするという選択を行った（Perkins [1946] p. 292-301）。またデフレ懸念からも制度そのものを極力小さいものにしようとした。その後、最低給付額の保証や遺族への給付がなされ、適用範囲を拡大するなどの制度改正が行われたが、基本的に公的年金については労使折半による方式は維持されている。

　こうしてアメリカの年金制度は、所得水準に応じた給与税方式としたため、現役時代の所得格差が老後の年金給付額の格差に反映するものとなった。歴史学者ウィリアム・ルクテンバーグは、「多くの点でこの法律［社会保障法］は驚くべき不適切かつ保守的な法律だった。世界中のどの国の福祉制度をみても、国が高齢貧困者に対する全責任を回避し、財源を労働者の現行報酬からとることを主張したものはなかった」と述べている（Leuchtenburg [1962] pp. 132-133）。また、経済学者アラン・ナッサーは、「もしも社会保障制度が一般的な税収を財源とするよう設計されていたならば、その財政状態はペンタゴンの予算と同じような扱いであったであろう。エリート層は、国防予算の財源が不足している、財政能力を超えている、他の優先項目の財源を圧迫しているなどとはけっして主張しない」「ニューディールは決してまともな生活水準の保障を普遍的な人権とはみなさなかった」と述べている（Nasser [2013]）。

公的年金制度の普遍主義的性格が弱い理由は、このように制度そのものが拠出制に基づき、インフレや財政負担を考慮しつつ小さく設計されたためであった。それは労働者が老後の生活を公的年金制度だけでなく企業に依存するよう仕向けたいという企業の意向と合致するものでもあった。このことによって私的年金制度が公的制度を大きく補完するという特徴が生まれることとなった。

公的年金制度の第2の問題は、給付額が現役就労時の所得格差を反映するということである。現役時に最低賃金程度の所得水準であった受給者の年金受給額は677ドルで、平均賃金水準であった人の1157ドルと比べて大幅に低い。他方、課税上限水準のそれは1809ドルと高く、それぞれ大きな開きがある。また、低所得であればあるほど、高齢者にとっての収入源は、公的年金のみとなる傾向が強い。65歳以上の世帯が公的年金に依存する割合は、所得階層最下位20％において84％であるのに対して、最上位20％ではわずか17％にすぎない（Edwards, Hertel-Fernandez, and Turner [2012]）。これらのことは、とりわけ賃金格差が強い女性の退職後の生活条件の悪化という問題に直接結びつく。今の賃金制度は、男性に長く働かせ、多く渡して、その家族賃金の経路をつうじて女性と子どもを支えるパターナリズムに基づいている。社会保障も職域における源泉徴収で成り立っていて、男女格差が強い。こうした制度は、男女平等の理念はおろか、現在の女性の就業率の上昇、社会進出、さらに高い離婚率の実態とますますかけ離れ、女性が現役時の不平等を引退後もひきずるという問題を深刻化さえている。

第3は、税率の逆進性である。社会保障税の税率は一律7.65％であるが（使用者も同率を拠出する）、年収10万6800ドルという課税上限を超えれば、支払う社会保障税額はそれ以上増えない。つまり、課税上限を超えれば税率は無限に小さくなるという逆進的な制度である。課税上限までは貧困者も富裕者も同率であるため、とりわけ労務コスト比率の高い中小の事業者の社会保障費の負担の割合が重く、追加的な雇用を思いとどまらせるように作用する。

第4は、年金支給期間が低所得者ほど短くなるという問題である。低所得家庭の出身者は高所得家庭の出身者と比べて相対的に若い年齢から働き税金

を払いはじめる。また人種的マイノリティはマジョリティより平均余命が短く、年金を受給する期間が短い（Friedman and Friedman［1980］）。

第5は、年金基金であるフェデラルトラストファンドの長期的な財政の安定性の問題である。同ファンドは、2010年に金利収入を除いた収入が支出を上回っており、金利収入を含めた収入は22年に支出と並ぶと予想されている。22年以降は蓄積されたフェデラルファンドを取り崩して支出をまかない、36年にフェデラルファンドは枯渇し、それ以降は支給金額を当初予定の77％、85年以降は74％に削減する必要に迫られると考えられている。

(2) 企業年金制度

第二次世界大戦直後より、労働組合指導者はもちろん、保守政治家のなかにさえ、企業年金制度が上層労働者にのみ有利な構造をもつとして、その差別的性格をいぶかしく思っていた人々がいた。1949年、UAW（全米自動車労組）の大会で、組合委員長のウォルター・ルーサーは、月額100ドルの企業年金（社会保障法による年金は平均28ドル）と賃金総額の5％相当の入院保険プランを要求したが、その一方で、「老後の保障は（中略）貴族階級（the blue bloods）だけに用意されている。彼らはそれを手にできるが、貧しい地区で暮らしているものは保障を受ける資格がない」と語ったといわれる。さらには、保守派の上院議員ロバート・タフトは、組合に入っていない労働者の被る損失を補償するのが政府の義務だと主張し、「鉄鋼労働者や炭鉱労働者が〔企業年金を〕受け取れるというのに、鋳型工やウェイターはなぜ受け取れないのだろうか」と率直に述べた（Lowenstein［2008］pp. 20-21）。

アメリカの大多数の低所得の労働者にとって、企業年金は得難いものである。2010年における企業年金の給付は、高齢者の所得階層を5分位でみると、最下位20％への配分はわずか1％であり、最上位20％に対しては57％が集中している。公的年金はそれに比べればはるかに平等で、最下位20％は10％を受け取り、最上位20％は26％である。

企業年金は税制面での優遇によって支えられているので、この制度による恩恵はこの制度をもたない中小企業の労働者よりもそれをもつ大企業の高所

得労働者に多く分配される。企業規模間の福利厚生面の処遇格差はむしろ増幅され、所得階層間の逆再分配が起きる。企業年金の専門家が指摘するように「年金制度のある企業の従業員は、企業幹部も含めて、退職後のために非課税で貯蓄ができるが、自営業者や制度を提供しない企業の労働者には、それができない」（Wooten [2005]）。

企業年金やIRA（個人退職貯蓄勘定）など退職金貯蓄に対する税制面での優遇は1000億ドルで、そのうち3分の2が最上位20％に向けられ、下位60％に対してはわずか12％であった。このように企業年金退職貯蓄制度においては公的年金制度以上に租税支出に大きな差別があり、これもまた経済格差を助長する一因となっている[6]。

以上のように、戦後、公的社会保障の停滞を尻目に、企業年金制度は爆発的に広がり、企業年金制度に加入することのできる上層労働者に対する年金給付拡大の約束はますますエスカレートした。すでに1966年には、民間の年金基金は850億ドルもの資産を抱える巨大産業となっていた。1960年代、ゴム、自動車、鉄鋼産業では年金は賃金の約3倍のスピードで上昇した[7]。

6） フリードマン夫妻は公的年金制度の税率の逆進性を告発し、さらには租税支出による逆再分配の問題をも適切に批判し、公的社会保障制度の解体を要求した（Friedman and Friedman [1980]）。しかし、このような逆進性と租税支出負担の問題はフリードマンらが批判しない企業年金により強く当てはまるのであり、企業年金がもつ負担と給付両面での不平等の問題について彼らは語らない。社会保障をすべて市場にゆだねるべきであるとする新自由主義の主張は、私的制度がより大きな歪みをもち、その制度自体が事実上莫大な公的負担の上で成り立っているという現実をしばしば見過ごしている。

7） 1966年にUAWだけで自動車、航空、関連産業の雇用主による1000種類もの年金プランがあったとされる（Lowenstein [2008] p. 34）。ローウェンスタインは、労働組合がいかに企業年金・医療保険制度にコミットしたかを次のように印象的に表現している。「UAWの記録文書に目を通すと、巨大な国家組織——ことによると内閣レベルの官僚組織、あるいは政府系保険機関——が保有するファイルのなかをさまよっているような感覚にとらわれる。国中の年金と健康保険にまつわる、またはそれに対応するおびただしい情報が存在するのだ。これは紛れもなく、拡大する社会的セーフティーネットに関するデータの宝庫である」（Lowenstein [2008] p. 32）。

(3) 企業年金制度からの撤退——ウェルフェア・キャピタリズムの行き詰まり

　企業年金を職域で固定するという制度は、労働者の企業への忠誠を引き出すためには好都合であるといえるが、長期安定的な雇用と労使関係を前提にしたものである以上、それが産業構造の変化や経済生活の変化に柔軟に対応できないことは当初から明らかであった。この問題にメスが入れられた直接のきっかけは、1964年の自動車メーカー、スチュードベーカーが倒産した際に、年金基金喪失と年金基金の積み立て不足による被害が出たことによる。

　こうしたリスクに対処するために「1974年従業員退職所得保障法」（ERISA法）が作られた。いわば私的保障の社会的セーフティネットとでもいうべきものである。その内容は、保険料の引き上げと積み立て基準の強化によって民間の年金基金の存続を安定させ、さらに倒産時の年金給付保険のため「年金給付保証公社」（Pension Benefit Guarantee Corporation: PBGC）を設立し、これによってリスクの分散をはかるというものであった。同法はまた、確定拠出型企業年金から確定給付型企業年金への転換（後述）を促し、政府の企業年金への関与を強めるものともなった。

　年金設立主体である企業それ自体の収益性の安定や長期的存続が期待できないという現実的なリスクの高まりに対して企業がとった措置は、企業年金からの実質的な撤退という消極的なものであった。まず第1に、企業年金プランを凍結する企業が相次ぎ、企業年金の加入者が大幅に減少した。ヒューレット・パッカード、ベライゾン、IBM、GMといった大企業でさえ運用利回り低下による年金基金の積み立て不足や債務増加のために固定給従業員に対して年金支給の調整を余儀なくされた。その結果、労働者全体で、企業年金プランの加入者は2000年の48％から10年の39％へと減少し、現在、労働者の約3分の1が企業年金や個人預金など公的年金以外の退職後の蓄えをもたないまま老後を迎えるという厳しい状況に陥っている。

　第2に、年金給付プランの多くが、受け取る年金額が確定している確定給付型（defined-benefit plan）から拠出額は確定しているが受け取る金額は運用実績などによって変動するという確定拠出型（defined-contribution plan）へと切り替えられた。確定拠出型の典型は401（k）として知られる

ものである。1980年の内国歳入法401条への追加項目によって規定された制度であり、積み立てた資産の企業間の持ち運びができ、運用プランが柔軟に変更できるなどの特徴をもつ。これは保有する労働者にとって高い収益性をもたらす可能性がある半面、株価が下落した場合に、運用利回りが下落するなどのリスクが企業から労働者に一方的に移転することを意味した[8]。

　2008年の金融危機後、フォードやGMの経営危機が大きな問題となったが、すでにGMは、1990年、自動車1台につき1525ドルが健康保険に充てられるとさえいわれるほど重い年金負担を抱えていた。2002年に倒産したユナイテッド航空のように、年金基金を崩壊させて経営破綻するといったケースもあり、PBGC自体の危機的状況も指摘されている。そのような事態のもとでもなお、UAWの労働者は月額3000ドル以上の年金を受け取り、健康保険費の個人負担も全国平均の32％に対し、7％という優遇を受けていた[9]。

　こうした近年の変化は、多年にわたって企業が年金の市場性をより強め、自己の責任と負担をより軽減しようとした所産であり、結果として労働者が負うリスクを高めた。しかし、企業間競争による企業の消滅、雇用期間の短縮化、女性従業員比率の上昇とそれにともなう出産など長期休暇の取得といった就労形態の多様化は、企業年金をより普遍的で、公的な制度に改めるべきことを示唆するものといえる。実際、1974年当時、消費者運動の旗手ラルフ・ネーダーは、企業年金を通算可能な個人口座に移し、その口座を民間の雇用主ではなく政府が管理すべきことを主張した。

　現在、オバマ政権は労働者に個人退職年金勘定（IRA）に自動的に加入させ、給与所得の3％を課税対象から控除し、それを拠出に充てることによって退職後に備えた貯蓄行動を奨励する施策をとっている。しかし、企業年金制度の以上のような事態を打開する根本的な手だてはなにも打たれていな

8）ERISA法による保険料の引き上げと積み立て基準の強化は確定拠出制度を後押しする効果を及ぼしたが、一般に労働組合の強い企業は確定給付の割合が依然として高い。

9）GMは2006年までの15年間に、配当に130億ドル支払ったのに対し、年金プランには550億ドルをつぎ込んだ。

い。

Ⅲ　医療保険制度

⑴　ニューディールの「孤児」

　アメリカは先進国で唯一、国民皆保険制度のない国である。アメリカのGDPに占める医療費は17.1％（2013年）と世界でも例外的に突出している。公的医療支出だけをみると、その割合は、オランダ、フランス、ドイツなどより低い。医療費を押し上げているのは、民間の医療支出である。高額で適用範囲の狭い医療保険は、一般家庭のみならず医療保険プログラムを抱える企業にとっても悩みの種である。

　ニューディール期に公的医療制度を提唱する人々は多く存在したが、年金や失業補償制度の創設がより喫緊の課題とされ、医療保険制度をつくる要求は後回しにされた。その結果、医療保険制度は1935年の社会保障法には組み込まれなかった[10]。ある研究者は、アメリカの医療保険制度を「ニューディールの孤児」[11]と表現している。

　戦後も、議会における共和党、南部民主党の保守連合の優勢が続くなか、医療業界、全米および地域の医師会などの強固な反対によって公的医療保障の実現は阻まれ、その後、1960年代にメディケア（高齢者および障害者向け医療保険）、メディケイド（低所得者向け医療保険）、90年代にCHIP（子どもメディケア）ができるまで、退役軍人などを例外として、公的な医療保障制度は作られなかった（2014年のオバマケアについては後述する）。

　公的皆保険制度の空白を埋めたものは雇用主が提供する、もしくは個人で

---

[10] 当時の社会保障制度の作成に取り組んだシカゴ大学の経済学者ポール・ダグラスは、1930年代に半ば議会の医療保険委員会が具体的な提案を行えなかった理由を3つあげている。すなわち第1に計画が手に余るほど困難で、十分に詳細な計画ができあがっていなかったこと、第2に国民のそれを求める声や怒りが大きくなかったこと、第3にアメリカ医師会や大半の州医師会首脳が強く反発したことである（Douglas [1936] p. 68）。

[11] 公共政策の専門家セオドア・マーマー（Theodore R. Marmor）の言葉としてハッカーが引用している（Hacker [2006] p. 144）。

任意に加入する私的医療・労災保険制度であった。企業医療保険は、保険料の拠出分が、企業年金と同じく、所得控除されたことによって戦後大きく広がった。企業医療保険の加入者数は1948年から54年までに270万人から2700万人へと拡大し、50年代の終わりには約3分の2の国民が主として職域ベースのプログラムをつうじて医療保険に加入していた。しかし、その後その割合は徐々に減少し、2011年には、1億7000万人、人口全体の55％程度に落ち込んでいる。

　企業の医療保険プログラムにアクセスできるのは、比較的労働条件に恵まれた上層労働者であり、同様に、医療保険のための所得控除の恩恵、リスクプールや管理のスケールメリットは規模の大きな企業に集中する傾向がある。つまり企業医療保険制度は、企業年金制度と同様、上層労働者に手厚く、大企業に有利にできている。現在、従業員50人以上の企業はそのほとんどが従業員に医療保険を提供しているのに対して、従業員2〜24人の企業はその半数にも満たない。50人未満の企業で医療保険を提供しているものの割合は2000年から10年までに47.2％から39.2％へと減少した（Council of Economic Advisers [2012]）。もう一方の個人で加入する民間保険は、その代表的な保険機関HMO（Health Maintenance Organization；保険維持機構。政府の助成金を受けた民間の医療団体）をつうじたものでみると、加入者は2008年に7400万人である（Bureau of Census [2011]）。

　年金制度の場合と比較すると、企業は公的年金を年金給付のいわば下限（フロアー）とみなして受け容れたのに対し、公的医療保障はそうではなかった。戦後の冷戦状況の下で、大企業、全米製造業者協会（AMA）、医療業界、および医師会は、公的医療制度の創設を「社会主義を持ち込むもの」として忌み嫌い、あらゆる非難をあびせた。労働組合も、公的医療制度の創設を要求するよりも、職域における具体的成果として宣伝できる企業医療保険の拡充を追いもとめた[12]。その結果、年金制度における公私の補完関係とは異なり、医療保険の場合には、勤労世帯のほとんどを民間の医療保険制度

---

[12] 1959年に政府は連邦職員に対して民間医療保険をあてがったが、これは公共部門において公的医療保障の道が閉ざされたことを象徴する出来事であった。

がカバーするというきわめて異例の制度ができあがった。

　歴史的にみて、ほとんどの先進国において公的医療保険制度は、金属加工や炭鉱労働など最も労災のリスクが高い現場労働者を対象にした公的保険制度から、徐々に他の分野の労働者へと広がった。それに対して、アメリカの場合には、そうした公的保険の主戦場を民間保険が担い、公的保険は高齢者や貧困者といったリスクの高い人々を対象に始まったのである。1965年にようやくメディケア、メディケイドが創設されたことで、これらリスクの高い人々のケアは政府が引きとることとなった[13]。「社会主義」の烙印を押された「孤児」は、あわれにも、民間保険機関や医師たちが手を出したがらない高齢者、障がい者および貧困者のあいだに居場所を見出した。こうして、アメリカにおいては、医療保険が備わっている企業の従業員は民間保険によって、リスクの高い高齢者、障がい者および貧困者は国によってカバーされ、その他は、個人で民間保険に加入しないかぎり医療保険制度から漏れるという、包括性に乏しい棲み分けが現れた[14]。

(2) オバマケア──普遍的医療保険制度へのアメリカ的アプローチ

　1980年代、個人の医療費負担が上昇し、企業が徐々に医療保険から撤退ないし適用範囲を狭めるにつれて無保険者が増大した。1974年ERISA法は従業員の医療費を保険会社をとおさず医療機関に直接支出する企業に対する州の規制を外したため、資金余力のある大企業はこぞってそうした直接保険に切り替えた。このことがさらに保険会社のプレミアム（保険料）を引き上

---

13) メディケアのアイデアは、トルーマン政権時代の社会保障局によって公的年金の受給者に対して60日以内の入院治療保障を与えるというプランとしてうち出された。ジョンソン政権下でメディケアの政策立案にたずさわった人たちは公的で普遍的な保険制度の必要性を理解していたが、すでに民間保険中心の構造が確立しているもとで、メディケアの適用範囲を広げることで、公的保険制度の拡大の足がかりにしようとした（Hacker [2002] p. 235-249; Hacker [2006] p. 154）。
14) メディケアができるまでは、民間保険に加入していた高齢者はわずか4分の1にすぎなかったが、現在までに高齢者4000万人と65歳未満の障がい者800万人が保険を受けている。メディケイドは、現在、5800万人が適用を受けている。財政支出の規模は、メディケアが5228億ドル、メディケイドおよびCHIP（子どもメディケア）が2820億ドルである（Council of Economic Advisers [2012]）。

げ、多くの中小企業の医療保険を停止に追い込むという悪循環を生んだ。2000年代以降、無保険者の割合は急増し、18〜64歳までの人口の20％台前半に上った。

　1993年のクリントン政権の医療制度改革は、メディケアを拡大するのではなく、選択肢が狭く、保険料の高い民間の保険機構であるHMOへの加入を促進しようとするものであった。しかしこの改革案は業界や医療関係者はもとより、国民の多くからの支持を得られず挫折した。

　クリントン時代に行われた医療保険に関するもうひとつの改革は、SCHIP（State Children's Health Insurance Program；州児童医療保険プログラム）——現在はSがとれてCHIPと呼ばれる——の創設であった。これは所得が貧困ライン以下ではないが、医療保険を支払えるほどの余裕がない低所得家庭の児童への医療補助である。このプログラムの所得制限を連邦貧困レベルの200％以上としたことによって、18歳以下の無保険児童の割合は10年間で3分の1削減された。

　オバマ政権は「ケア適正化法」を2014年に実施した。「オバマケア」と呼ばれるこの改革のポイントは、使用者提供保険、民間医療保険への加入促進、メディケイドやCHIPの拡大による医療保険未加入者の根絶である。第1に、民間保険加入者の拡大については、州の「適正保険取引所」（Affordable Insurance Exchange）をつうじて、所得が貧困レベルの400％以下で雇用者提供保険を利用できない個人や家族に保険料税額控除を与え、それによって同取引所から保険を購入させようというものである。これは、これまで大企業を中心に振りまいていた控除の恩恵を中小企業、自営業者、パートタイム労働者にも与えることを企図している。第2に、既往症をもつ被保険者に対する差別扱いや基本医療行為に対する保険適用の制限を保険会社に禁じる措置がとられる。第3に、若年成人（young adults）を26歳になるまで親の民間保険にとどまれるようにすることである。これはすでに実施されたおり、25歳以下の無保険者が2010年以降急減しつつある。第4に、メディケイドについて、その受給資格を連邦貧困レベルの133％まで引き上げることによってその対象を拡大しようとしている。

　アメリカの医療保険制度の本質的な問題は、それが長期雇用の正規労働者

を標準モデルとして制度設計されたものであることにある。それは雇用創出機能の劣化が進展する労働市場の現状に合致しておらず、むしろ労働需給、雇用の流動性を阻害している。

2007年に医療保険に関するGMとUAWの共同声明は、「全国で4600万人の保険未加入者がいることに鑑み、UAWとGMは、すべてのアメリカ人が医療保険を手にすることを可能とする連邦・州レベルでの公共政策を支持する」と述べるほど、医療保険の矛盾は深刻なものとなっていた（Lowenstein [2008] p. 67）。企業医療保険のまさにその中心を担った産業の労使双方が公的制度への移行をこのように主張するにいたったことは、ウェルフェア・キャピタリズムの行き詰まりを象徴する出来事だったといえる。ローウェンシュタインは、「転職が数年おきに繰りかえされる時代に、健康保険を職場に結びつける理由はない。同じように、企業が教育、住宅、そのほかの基本的に必要とされるものを提供する必要もない」と述べている（Lowenstein [2008] p. 224）。

近年の研究では、この問題についての新しい説明の試みがなされている。ノースウェスタン大学の社会学者モニカ・プラサッドによれば、アメリカでは、19世紀末以来、債務を抱えた農民による直接税の引き上げ要求やポピュリズム運動、反トラスト運動などの影響で、諸外国と比べ所得税と法人税の税率がすでに高かった。「租税優遇措置を手がかりにした医療保険制度拡充政策は、20世紀初頭に形成された強い累進税制がすでに存在していたことと関連している」としたうえで、1980年代から90年代に法人税率が大幅に引き下げられたために、企業が付加給付を租税優遇措置によって拡大するメリットは薄れ、むしろ付加給付の維持を負担と感じるようになったとし、そこで「90年代に企業は慎重に普遍的な医療制度を目指すようになった」と述べている（Prasad [2012] p. 170, p. 254）。減税の旨みを吸いつくしたあと、大企業は今度は医療保険制度というその装置を丸ごと社会の負担に押しつけようとしているとプラサッドは批判しているのである。

第二次世界大戦前から戦後にかけて、ヨーロッパ諸国は、福祉制度導入に際し企業側の譲歩を引き出すために付加価値税（VAT）を財源とすることを受け容れたが、アメリカはそれとは対照的な経路をたどった（日本はこの

点においてアメリカと似ている)。新自由主義がアメリカでことさら減税要求を軸として展開された理由の一端もここにあるともプラサッドはいう。ここで重要なことは、福祉制度における私的性格は、市場性の民間保険が自発的に選択された結果というよりは、むしろアメリカ型の租税構造を前提に、租税支出(この場合は租税優遇措置=減税)によって育成されてきたが、それが現実に変化しつつあるということである。財政的には公的制度は拠出制で、私的制度は公的支出でというねじれた構造である。これが国民にとっては労使関係上の問題が財政問題にすり替わってみえるイデオロギーの根拠となっていると思われる。

　オバマケアの成否は即断できない。公的制度(Single Payer System)に一元化しないことに対する批判も多い。しかし、少なくとも現在の取り組みは民間制度優位のアメリカの医療保険制度の歴史的経緯からすれば、わずかに実現可能な普遍的な医療保険制度への転換の試みであるとみることもできるであろう。医療保障の面で大企業に対して劣位にある中小企業の労働者や無保険者に医療保険へのアクセスを広げ、適正保険取引所という構想に財政的に強固な基盤を与えることが政治的に可能であれば、その方向性は国民にとって大きな前進となるであろう。

Ⅳ　貧困対策——AFDC から TANF、EITC へ

(1) 貧困対策プログラム

　戦後の貧困対策の制度的中心を担ったのは、AFDC (Aid to Families with Dependent Children；児童扶養世帯補助) であった[15]。これは主として貧困母子世帯に対する連邦政府による現金給付支援プログラムで、日本でいう生活保護に当たる。支給対象は第二次世界大戦後徐々に拡大し、とくに1960年代の「福祉爆発」(welfare explosion) と呼ばれる時期に急拡大した。南部から北東部や西部に移動した黒人貧困層が社会的な発言権を高める

---

15) 1935年社会保障法で Aid to Dependent Children として創設されたものが、1962年に「家族重視」の意味を込めてこの名称へと改定された。

につれて給付の締め付けが緩和され、支給対象が拡大したのである（Piven and Cloward [1971]; Kornbluh [2007]）。しかし、それによる財政負担や貧困者の福祉依存を保守的な白人中間層は「危機」と捉えた。このことは人種差別的な意識が強く残る南部民主党の保守化を促進し、ニューディール以来のリベラル派の連合の亀裂をもたらす大きな要因ともなった（Edsall and Edsall [1991]）。

保守派は、貧困者の社会保障への依存と怠惰の連鎖（「貧困の罠」）を生み、家族関係を破壊するものとしてAFDCを攻撃した[16]。この批判は、AFDCの給付条件が労働インセンティブを阻害し、家族関係をいびつにするという給付のあり方の欠点を指摘している点で正しい面がまったくないわけではない。しかし、社会的給付への依存をもたらすそもそもの就労機会の不十分さや、就労をめぐる差別の問題を不問に付し、未就労を社会保障制度自体の弊害とし、その制度の存在そのものを否定する点において不十分な議論であったといえる。

貧困対策プログラムの問題とは、より正確には何であろうか。第1にそれは、ほとんどの州で所得基準が貧困ラインを下回るほど低く、それによる支給金額の低さが労働市場全般の低賃金を助長する効果をもつということである。企業は支払う労働報酬の下限を生活保護水準にまで引き下げることができる。つまり報酬の社会的下限を事実上福祉制度が規定しているのである。第2に、就労によって発生する収入金額に応じて生活保護給付からその一部が差し引かれるため、受給者の就労インセンティブが損なわれるということである。第3に、受給が解雇や傷病といったいわゆる「正常経路」からの逸脱を条件としているため、受給自体が社会的恥辱（スティグマ）となり、受給申請を控えさせる。第4に、シングルマザーの場合、完全な離婚が給付条件となるため、制度自体が離婚と婚外出産を促進する結果となった。1960年代までは "Man-in-the house rule" という規定があり、同居男性の有無や性的関係までも仔細に調べられるなど給付資格をめぐってプライバシーを侵

---

16) 著名なリバタリアンであるチャールズ・マリーがもっとも典型的な議論を展開している。マリーによれば、社会保障（生活保護）のルールは「貧困者の目先の利益の追求が、長期的に破滅につながるようになっている」（Murray [1984] p. 9）。

害する行政の嫌がらせがあった。第5に、申請にまつわる書類作成が複雑であり、手続きの煩雑さが申請を妨げた。第6に、制度の管理が州と地方の行政をとおして行われたため、とりわけ南部において黒人に対する給付上の差別が強くあった（Piven and Cloward [1971] pp. 123-180）。

　こうしたAFDCを中心とする貧困対策プログラムの問題に対して、1960年代半ばから70年代前半にかけて抜本的な制度改革が構想された。当時、経済成長のもとで失業と貧困が構造的に残存するという現象に対して、「負の所得税」というジョージ・スティグラーやミルトン・フリードマンのアイデアをもとに、就労の有無にかかわらず貧困者を一律に救済すべきであるという提案がリベラル派のみならず保守派の経済学者をも含む多数の学者、政治家からわき起こり、ケネディ－ジョンソン－ニクソンと続く3代の政権の政策担当者を巻き込んで所得保障制度を創設しようという動きが一時的に大きな流れとなった。ワーキングプアまで給付の対象を広げようとしてニクソン政権がとりまとめた「家族支援計画」（FAP）としてできあがったそのプランは、最終的に廃案となり、その後、この種の改革案は政策の表舞台から姿を消した[17]。

　就労あるいは雇用と保障を切り離し、最低限の所得保障を公的に保障すべきであるという主張は、エーリッヒ・フロムやガルブレイスらの1950年代の著作にすでにみられたものである。社会保障制度を万民の生存権を保障するという本来の機能を果たすよう改革するうえで、この考え方は現在でもなお重要なカギを握ると考えられる[18]。

(2) 新自由主義的福祉制度改革はどうなったか

　1990年代、クリントン政権のこの問題についての新自由主義的な改革は、制度の問題の第2の就労インセンティブの問題にのみ焦点を当てたもの

---

17) Winderquist et al. [2005]; Steensland [2008]．本書第7章も参照。
18) 現在、社会保障制度の普遍的再構築を目指す改革は、当時の生活保護制度からのアプローチという枠を超えて、より包括的な社会保障制度全般の代替案としてのベーシックインカムをめぐる問題として研究者のあいだで議論されている。本書第9章を参照。

であり、他の問題の多くをむしろ悪化させたといってよい。96年、同政権は福祉制度改革の一環としてAFDCを廃止し、TANF（Temporary Assistance Needy Families；貧困家庭一時扶助）を新設した。「生活保護から労働へ」（welfare to work）のかけ声のもとに個人の支給期間を生涯累積で合計60ヵ月に制限し、被扶養児童の年齢を1歳以上で未就労であることを給付の条件とした。

その結果、劣悪な条件の職場であろうがなんであろうが、とにかく就労することが受給の条件とされ、いくつもの職をかけ持ちする男女の労働者や、子どもを預けてバスで遠距離の通勤をするシングルマザー受給者が続出した。たしかに当初の4年間は就労による所得がある貧困世帯は数字上は増え、母子世帯の貧困率も低下し、TANFは一応成功したかにみえた。しかし2000年以降、貧困率は徐々に上昇しはじめた。シングルマザーの失業率は2010年に14.6％と1996年の実施以前の水準に近づき、保育費用や交通費、通勤可能な地域での住居費など必要な出費が増えたことによって、貧困世帯の経済状態はむしろかつてより悪化したといわれる[19]。2010年現在、TANFには440万人が加入し、連邦支出は180億ドルである（Council of Economic Advisers [2012]）。

そもそも就労が貧困から抜け出る道であるというのであれば、最低限、基本的な生活が支えられる所得が得られる就労が用意されなければならない[20]。クリントンの福祉制度改革は、市場が雇用を準備することを前提にした政策であったが、市場がその要件を十分に満たすことはなかった。長い目でみれば、戦後の生活保護による貧困対策の経緯は、高雇用体制の量的縮小・質的劣化を救済制度が補完することの無理が徐々に甚だしくなることを

---

19) 貧困対策の現状については佐藤［2014］が詳しい。
20) バーバラ・エーレンライクは、こうした福祉制度改革に対して「福祉改革の謳い文句には、仕事こそが貧困から抜け出す切符であり、生活保護受給者の足を引っ張る唯一の要因は、彼らが積極的に仕事を探そうとしないことだという独善的な決めつけが前提にある」と批判し、現在の貧困の多くが怠惰や生活保護への依存からではなく、適切な保育制度や住環境、交通手段がないという事情、さらに懸命にいくつもの職をかけ持ちしてもなお苦しいという賃金の低さそのものから生まれていると述べている（Ehrenreich [2001]）。

示している。また、労働市場から落ちこぼれる者、あるいは労働市場にとどまりながらもなお貧しい者が十分に救済されていないことを制度の「危機」と捉えるのではなく、受給者が増え社会保障が財政的な負担となっていることが「危機」と捉えられている。しかし、本質的にそれは社会保障制度の危機ではなく、高雇用体制の劣化、雇用危機の結果なのである。したがって、貧困者の方から市場の現実に歩み寄れといわんばかりの新自由主義的な制度改革にはそもそも限界があるといわねばならない。

(3) EITC（勤労所得税額控除）

　クリントン政権以降、TANF予算は削減されたが、それに代わって貧困層を支えたのは、EITC（勤労所得税額控除）であった。

　EITCは、フォード政権によって物価上昇対策として「1975年減税法」によって時限立法として制定されたものであるが、78年に恒久法となった。この制度は、60年代から70年代初頭にかけての「負の所得税」の廃案（第7章参照）を受け、その代替として、低所得者に対する税控除（tax credit）を行うものであった。具体的には、対象をシングルマザーに限定せず、夫婦世帯、子ども無し世帯をも対象とし、基準所得を下回る場合に直接給付によって所得をおぎなう。たとえば両親と子ども2人の世帯で、年収ゼロから1万3090ドルに上がるにつれて、給付額がゼロから5236ドルまで上昇する。そこからさらに年収2万2300ドルまではその給付水準がフラットに維持され、それ以上に年収が上昇すると徐々に給付が削減され、年収4万7162ドルになった時点で給付がゼロになるという仕組みである。

　支給水準はその後徐々に引き上げられ、2012年には片親世帯の所得制限と最大給付額は、子どもなし世帯で1人親世帯1万3980ドル、両親世帯1万1910ドルで475ドル、子ども1人世帯では1人親世帯3万6920ドル、両親世帯4万2130ドルで3169ドル、子ども2人世帯で1人親世帯4万1952ドル、両親世帯4万7162ドルで5236ドルとなっている。

　この制度の評価は複雑である。AFDCがシングルマザーを対象としたことと比較すれば、夫婦世帯、子どもなし世帯をも包含したより普遍的な貧困対策制度であるといえる。しかし、就労を前提としている点でAFDCより

条件が厳しい。第1段階のゼロから徐々に給付が上昇するという逆進性によって受給者に就労インセンティブを与え、その後もある程度まで所得が伸びても給付水準が維持されることによって就労促進の効果を得ようとしている。税制としては、直接的な給付であるため、低所得層に直接の恩恵があるという点では、税率の高い家計がより多くの恩恵を被る所得控除のような租税支出よりも優れているが、まったく給与所得のない世帯には給付が行われない選別的性格をもつ。

　この制度によって、数百万単位での人口が貧困ライン以上に引き上げられ、ジニ係数が0.34％引き下げられたという評価がある（Hungerford and Thiess［2013］p.8）。また、それが低賃金に対する「補助金」の役割を果たしているにすぎないとする見方もある（Levin-Waldman［2011］pp.78-79）。企業の賃金節約の尻ぬぐいをする制度が、貧困の悪化をくい止める機能をもつのは当然であるので、それらの評価は対立したものではないであろう。しかし、この制度のしわ寄せは財政負担の増加となる。いわば低賃金の「社会化」である。EITC の支出は、AFDC、TANF 予算の縮小を相殺するように拡大してきた。したがって、現在この制度の縮小の必要が叫ばれるようになった。賃金抑制の歪みが財政の問題へと置き換わる構図がここでもみられる。

むすび

　アメリカの社会保障制度は、1930年代から第二次大戦後の諸勢力の利害のせめぎ合いを反映し、いくつもの政策的選択肢の中から選び取られて確立したものであり、全体としてできあがったそれは制度において民間の比重が重く、給付面では普遍性を欠いた差別的性格の強いものであった。

　過去数十年間、経済システムのもつ雇用創出機能の劣化に対応して、政策的には労働市場の規制緩和と就労促進型の社会保障制度改革が推し進められた。しかし、それは大多数にとっての所得の停滞と雇用の不安定化に拍車をかけるものであった。そのもとでの新自由主義的福祉制度改革の継続が経済生活の危機を深刻化させてきたことは疑いない。しかし、制度を単に劣化する以前の状態に戻すことが望ましくないことも明らかである。なぜなら、ア

メリカの労働市場は——日本も同様であるが——企業規模間の賃金格差や男女間の賃金格差という構造的な歪みを抱えており、さらにその上に雇用の流動化という問題が積み重なっている。個人退職勘定を政府が管理するというラルフ・ネーダーのかつての提案は、日本の国民年金および厚生年金制度と同様なものを目指すことを意味する。しかし、拠出制度に基づいた場合、普遍的な社会保障を作ろうとしても、労務比率の高い中小企業の負担が重くなり、また、企業規模間の現役時代の賃金格差が退職後の所得格差に結びつくなどの弊害が避けられない。このように幾層にも歪んだ労働市場の構造の上では、機能的で安定的な社会保障制度を維持することは困難である。

したがって前提として政策的に労働市場の「二重構造」の是正が図られると同時に、労働市場との相互的な関係に鑑みて、社会保障制度は次の２つの面で、より普遍的なものに組み替えられるべきである。

第１に、社会保障を職域とを切り離さなければならない。その２つを結びつけている現在の制度は、雇用を産業構造の変化に柔軟に対応することを阻害し、すべての国民を年金と医療保障に包含することを妨げている。

第２に、より根本的に、雇用と保障を切り離すべきである。労働市場が十分な雇用を準備できなくなりつつあることは単にアメリカのみならず、先進諸国共通の問題であるが、そうである以上、就労と保障とを強く関連づけることには限界がある。戦後ケインジアン体制の高雇用政策と社会保障制度のカップリングは、経済が十分な雇用を創出する機能を前提としており、その前提が浸食されれば、そのカップリングは持続可能ではない。1960年代にAFDC改革をめぐって低所得者の一律救済というアイデアが「家族支援計画」（FAP）というかたちで一時的にせよ浮上したことは偶然ではない。

社会保障制度はあらゆる面で困難を抱えているが、この問題の性質は、職域による拠出ベースではなく、税法式による普遍的でシンプルな社会保障制度に向かうべきことを示唆していると思われる。

第6章
オバマケア
──医療保険制度改革の分岐点──

はじめに

　オバマ政権は、1960年代の「偉大な社会」計画がなしえなかった医療制度改革に取り組んだ。オバマ氏自身は大統領就任以前、いわゆるシングルペイヤー（Single-Payer System; 単一支払者制度）を支持していた。シングルペイヤーというのは、政府もしくは政府関連機関が保険料を徴収し、すべての医療費を医療機関や医師に対して支払いを行う公的な皆保険制度である。これによれば、患者は民間の医療機関や医師を選択でき、既往症などによる差別も防ぐことが可能となる。さらに、政府が一元的に保険と医療を管理することによって、管理コストが節約できる。事務作業にかかる経費は（いろいろな計算があるが）、民間保険会社の場合、1ドルあたり14セントであるのに対し、現在の高齢者向け公的医療保険であるメディケアは2セントにすぎないので、公的制度の方がはるかにコスト面で優れていると考えられる。また総合的なデータベースによるモニタリングによって医療の地域的な過不足を是正することもできる。

　しかし、オバマ政権は、医療保険制度の改革の実現に着手した当初から、シングルペイヤーは政治的に実現不可能と判断し、代わって公的援助と民間保険制度のハイブリッドであるオバマケアを作り上げた。2010年に「ケア適正化法」が成立し、2014年1月1日を期して、新たに数百万人のアメリ

カ国民が保険制度へ加入した。

　前章でも述べたが、この法律のポイントは、使用者提供保険もしくは民間医療保険への加入促進とメディケイドやCHIP（児童医療保険）の拡大などによる医療保険未加入者の根絶である。たとえば、これまで家計の医療保険負担は、手頃なプランでも月額平均200ドルから400ドルと高額であり、歯科には適用されないであるとか、病院を選べないなど保険適用範囲が限定されていた。しかしこれからは、たとえば年収4万ドル程度の夫婦が毎月380ドルの保険を購入した場合、国はそれに対して月額130ドルを補助し、タックスリターン（確定申告）で調整するということになる。

　オバマケアは、その実施以降も最高裁による部分的な違憲判決や共和党の予算執行拒否などによって絶えず危機にみまわれた。それのみならず、議会の内外でリベラル派のあいだでも評価が分かれ、多くのリベラル派が反対に回っている。反対派は、オバマケアはこれまで無保険者と既往症患者を差別しつづけてきた保険会社に対する事実上の補助金であり、差別は形を変えて続くであろうと批判している。2016年の大統領選挙で候補者指名を争ったバーニー・サンダースを含め、反対派の多くは、いわゆるシングルペイヤーの実現をあくまで掲げ、給与税方式で医療保険の適用が受けられる人気の高いメディケアを65歳未満に拡大するという戦略を主張し（"Medicare for All"）、民間保険制度の拡大は、その道を永久に遮るものだと訴えた。それに対して、オバマケア支持派は、現状においてシングルペイヤーシステムを実現するめどがない以上、民間医療保険をつうじた被保険者の拡大はやむをえない選択であり、既往症保持者の差別もなくなると主張する。また、完全な制度を追い求めることによって無保険者を放置することはできないとしている。

　オバマケアの評価が難しいのは、不完全な制度で我慢するか、完全な制度を追いもとめるかの見極めがつきにくいためである。無保険者を放置することはできないが、不完全な制度が長期的にどのような弊害をもたらすかは予測不可能である。いずれにせよ、アメリカの医療保険制度はいまその歴史的分岐点にさしかかっている。

　リベラル派の支持者の意図は次のようなものであった。映画監督のマイケ

ル・ムーアは、本来はシングルペイヤー支持派であるが、あえて自身のブログで「オバマケアは保険会社を儲けさせるひどいものだが、貧しい国民にその命を救う保険を与えるという意味では天の恵みだ。これは勝利とはいえないが、今あるものの上にわれわれが本来目指す普遍的な医療保険を作ろう」と呼びかけた。また、*The Nation* 誌は次のように問題の政治的局面を説明した。

「オバマケアは明らかに妥協の産物である。複雑な政治的思惑に満ちた憂慮すべきものであり、本来は容認しうるものではない。しかしそれが施行されようとする現時点で、オバマケアを失敗させることは、わが国の医療保険制度のみならず、人道的な脅威から社会を守るという政府の役割と可能性に対する理念を危機にさらすことになる。進歩派はオバマケアをよりよいものにし、さらにこの法律を構造的に作り替えることによって国民のニーズに応えた真に普遍的、人道的、機能的な医療制度へと橋渡しせねばならない。／そのためには団結が必要である。けれどもそれはよく考え抜かれた団結でなければならない。オバマ政権と民主党指導部に圧力をかけて彼らが積極的にたたかうよう促さねばならない。メディケイドの拡充に反対する共和党各州知事にも抗議する必要がある。公的医療制度の拡張はオバマケアの目標でもあり、疲弊したセーフティネットを修復することでもある。その迅速な施行は保険会社の横暴を抑えることにもつながる。オバマケアは改革としては控えめなものであり、妥協的で欠陥だらけであるが、その有効な実施のためにたたかうことは妥協ではない。このたたかいに勝利することが未来の改革を可能にするのである」(*The Nation*, 2013, November 20)。

このようなリベラル派がもとめる普遍的な医療制度の実現はいかにして可能であろうか。本章では、前章の議論を補うために、現在の医療保険制度改革の現状をみる。この問題には山ほどの論点があるが、ここでは、その改革の直接の障害となっている医療保険業界、医療産業の支配構造の問題に焦点を絞る。当面の改革が、オバマケアを手がかりとするか、直接、シングルペ

イヤーをもとめるかを問わず、この問題が克服すべきハードルとなっていると思われるからである。

I　医療産業の支配構造

(1) 高騰する医療費——アメリカ医療保険業界の寡占的支配

　社会保障制度が健全で安定的であるためには、関連する産業が公正で効率的であるよう十分に規制されていることが必要である。その点で現在のアメリカの医療保険業界はきわめて深刻な問題を抱えている。

　アメリカの医療保険の最大の問題は高い医療費である。しかしそれは、第3章で論じたウィリアム・ボーモルのいう生産性上昇率の格差によって説明される「コスト病」をはるかに超える問題を含んでいる。医療費高騰の原因は、生産性の問題に加えて、保険会社、医療機関、医療関連会社、医師が現行の医療保険制度を利用し莫大な利潤を引き出そうとするためであり、さらには、それらと被保険者すなわち国民との間の力関係があまりにも非対称的であり、後者の側に交渉力がないことである。こうした編成の機軸はなんといっても医療保険業界への経済力の集中である。

　アメリカの医療保険業界は地域ごとに寡占的に統合されており、それぞれで巨大な医療保険会社が医療機関と結んで医療費の高騰を演出している。90年代以降、全米で400件以上もの保険会社の経営統合が行われた。アメリカ医師会の調べによると、2009年に各州の最大1社の市場占有率は、調査対象となった43州のうち24州で70％を超え、とりわけその集中傾向は大都市圏において甚だしいとしている（Berry [2010]）。

　この業界を主導するのは、BCBS（Blue Cross and Blue Shield）、United Healthcare、Aetna、WellPointといった大手医療保険会社である。この2、3年のあいだにも医療保険業界の集中再編は急速に進んでいる。2015年にもWellPointがAmerigroupを49億ドルで買収し、その後、AetnaがCoventry Health Careを75億ドルで買収するなどの統合が続いているが、これらは16年までに3500万人とも予想されるオバマケアによる新規保険加入者やメディケイド受給者の獲得をねらった駆け込み需要である。Coventryの買収によってAetnaの業務の3分の1は、政府提供のプログラムを対象としたものとなる。企業買収の専門家スティーブン・モンローは、「政府はこれからますます医療保険代を支払ってくれるようになるので、みんなそのバスに乗りおくれまいとしている」と述べている[1]。

こうした寡占構造がもたらす医療費は国際的にみても著しく高い。ドイツやスイスでは複数の保険会社間の競争が存在し、国もしくは地域ごとに保険会社と医療機関のそれぞれの業界の代表が交渉して医療のサービスと製品に対する統一の価格が設定されている。アメリカではメリーランド州を除いて、価格は個々の保険会社と医療機関の話し合いによって決められる。そのため交渉力の強い保険会社が医師や弱い保険会社に医療コストをしわ寄せするということが起きている（Reinhardt [2011]）。

医師もそうした保険会社に搾り取られてばかりというわけではなく、むしろ諸外国よりも非常に高い報酬を得ている。アメリカの医師の報酬をオーストラリア、カナダ、フランス、ドイツ、イギリスのそれと比較したある研究によれば、アメリカは他の諸国の平均と比べて、プライマリーケア（一次治療）では公的医療で27％、民間医療で70％、整形外科治療では公的医療で70％、民間医療で120％、それぞれ高いことがわかった。アメリカの医師の所得は、他の諸国と比べてプライマリーケアで18万6582ドル、整形外科で44万2450ドル高かった。専門家たちは「アメリカの高額医療費は、治療費やサービスの量、あるいは教育費ではなく、医師に対する支払いによるものである」と結論づけている（Glied and Laugesen [2011]）。

医師が請求する高額の医療費を保険会社が支払い、その費用を保険料に上乗せして被保険者や政府に請求するという構図は、いわば日本の原発のコストに利潤を上乗せする「総括原価方式」と似ている。ところが保険会社のいい分はちがっていて、保険料高騰の原因は、医療コストの上昇と、雇用の不安定から保険のリスクプールの機能が劣化し、若く健康な人々が保険を購入

1）アメリカ医師会会長のジェレミー・ラザルスは、こうした保険業界の集中統合の進展を憂慮し、「統合ではなく、競争こそが医療保険市場にとっての正しい処方箋である。競争こそが患者の支払う医療費を引き下げ、保険業者の顧客サービスを向上させる」と語っている（Berry [2012]）。

しなくなったことであり、また保険会社間の競争は激しく、弊害はむしろ医療機関の集中の方であると説明する。しかしこれは、保険会社や医療機関がともにそれぞれ弱い規制の下でどん欲に市場占有率の拡大を追いもとめた結果、寡占的な競争環境に陥っていることの歪んだ解釈というべきである[2]。

(2) プライベートエクイティ会社による医療機関の支配

医療制度改革の前に立ちはだかるもうひとつ大きな障害は、プライベートエクイティ会社（Private Equity Firms）による医療機関（病院やクリニック）の支配である。プライベートエクイティ会社は、医療のみならず、経済のあらゆる領域で活動を広げ、2008年の世界金融危機による収縮ののち、驚異的なリバウンドをみせている。有名な企業としては、ベインキャピタル（BainCapital）、カーライルグループ（Carlyle Group）、サーベラス（Cerberus）、ブラックストーン（Blackstone）、ウォーバーグ（Warburg）、ピンカス（Pincus）、KKR（Kohlberg, Kravis and Roberts）などがある。ベインキャピタルは12年の共和党大統領候補ミット・ロムニーが重役を務めていた企業として知られている[3]。

プライベートエクイティ会社とは、年金基金やヘッジファンド、ベンチャーキャピタルなど自らの資本を投資運用するファンドとは異なり、外部投資家から資金を募り、プライベートエクイティファンド（Private Equity Fund）を作り、買収対象となった企業に投資する仲介業者である。取得した企業に銀行から融資を受けさせ、そこから手数料もしくは配当のかたちで報酬を受け取るという仕組みを作ってもうけている。したがってプライベートエクイティ会社にとっては、返済のためのキャッシュフローを見込める企

2）アメリカでは医師による営利目的の医療犯罪が問題となっている。あるシカゴの病院では医師が大量の鎮静剤を複数の患者に投与し、息ができないようにしたうえで、気管切開手術を行い、1人当たり16万ドル（約1600万円）を請求するという事件があり、同病院の管理職と4名の医師が逮捕された。またデトロイトでは、メディケアの診療報酬目的に、がんでない患者に不必要な化学治療を行った例があった。また、ある腫瘍治療の専門病院に350万ドルのメディケアの支払いが行われ、そのうち250万ドルを1人の医師が報酬としてえて裁判で争われている（Kelton [2013]）。
3）ロムニーとベインキャピタルとの関係については Taibbi [2012] を参照。

業であればどんな企業であっても取得の対象となりうる。

　プライベートエクイティ会社は、製造業、金融業、食品業、エンターテインメント業界、医療産業など、ありとあらゆる業界に浸透してきた。プライベートエクイティ研究の専門家ジョシュ・コスマンによれば、プライベートエクイティ会社は、アメリカで2000〜08年のあいだに3000社を超える企業を買収した。それは「企業の競争力を損ない、成長を押しとどめ、貯蓄を再投資しないことで雇用を削減する。投資家によい結果をもたらさず、さらにはきたるべき金融危機の原因となるであろう」と彼は書いている（Kosman [2010] p. 16）[4]。

　1990年代以降の医療機関の集中にもこうしたプライベートエクイティ会社が大きな役割を果たしている。プライベートエクイティ会社が医療技術や製薬など収益性の高い分野だけでなく、元来収益性の低い、あるいは非営利の医療機関にも目を向けているのは意外と思われるかもしれない。しかし、病院のように買収後も継続的な収入が見込まれる場合には、彼らの格好のターゲットとなりうる。医療機関の集中傾向が進み、医療機関産業のハーフィンダール＝ハーシュマン指数[5]は、1997〜2009年のあいだだけでも4200から4700まで上昇した。また全米の大都市圏335のうち80.3％の地域で高い集中度がみられた（Capps and Dranov [2011]）。アメリカには5000の病院があり、その多くが大都市圏にある。大都市圏の集中度の高さは、医療機関の独占的な力の絶大さを示すものである。コスマンによれば、プライベートエクイティ企業は営利病院の最大チェーン15社のうち7社をすでに所有している。

　大小の医療機関がおかれている現状はきわめて多様であり、地域的な独占で高い収益性をもつものもあれば、非営利もしくはそれに近いかたちでの地

4）コスマンの著書は2009年に出版されたが、翌10年に改訂した際に、その間成立したオバマケアがプライベートエクイティについての彼の懸念を解決するものでないことを書き加えている。

5）ハーフィンダール＝ハーシュマン指数は、完全な1社独占状態を10000として集中度を表す。司法省と連邦取引委員会のガイドラインでは、同指数が1500以下の場合、集中度は低いとされ、1500から2500の場合、中位の集中度、2500以上で高い集中度とされる。

域密着型の運営を続けているものもある。低所得者の治療を行うような機関はとくに最近のメディケア、メディケイドの不払い率の上昇などのあおりで経営難を抱えている。また、医療設備の改善のためには大手に吸収されることによって資金を調達するしかないなどの事情もある。アメリカ病院協会（AHA）によれば非営利病院のうち約30％が赤字運営を強いられており、その他も収支ぎりぎりの状態のところが多い。

プライベートエクイティ会社は、営利、非営利をとわず、めぼしい企業を買収し、医療機関間の合併買収に関与してきた。2006年、KKRとベインはメリルリンチとともに英米で数百の病院を抱える巨大医療機関 Hospital Corporation of America を316億ドルで買収した。また10年には当時ブラックストーンが保有していた Vanguard Health が Detroit Medical Center を13億ドルで買収し、さらに同年、サーベラスが Caritas Christi を8億3000万ドルで買収した。

こうしたプライベートエクイティ会社による医療産業買収の特徴とはどのようなものであろうか。精神疾患、依存症のケア、保険弱者に対する無料ケアなど不採算部門の切り捨てと外科手術や緊急医療など収益性の高い部門へのシフト、医療機関の統合と人員削減、貧困地域からの撤退、非倫理的な医療行為といった問題の深刻化が実際に進んでいるが、たしかにこれらはとりわけプライベートエクイティ会社所有の企業に甚だしいとしても、それらに限ったことではない。プライベートエクイティ会社に特徴的なことは、買収対象の医療機関の借り入れや起債、株式発行から得られるキャッシュフローからマネジメント料、契約料、売買仲介料などに対する返済や配当を受け取ることだけを求めていて、買収後の医療機関の再建に直接的な関心をもっていないということである。しかもプライベートエクイティ会社はわずかな部分を除いて、ほとんどの場合、自らの資金を大量に投資していない。こうした点が、従来のLBO（レバレッジド・バイアウト）とも異なる点である。

こうしたプライベートエクイティ会社が勢いをもつ背景には、金融市場の規制緩和と持続的な低金利という環境がある。プライベートエクイティ会社をつうじて融資を行い、短期的利益を確保し、その債権を証券化して売り抜けるのは、ウォール街の大手金融機関や各種のファンドである。たとえば、

Vanguard は 2010 年に 17 億 6000 万ドルを借り入れ、ブラックストーンに 3 億ドルを配当として支払い、その後も起債や借り入れを繰り返し、配当を続けているという具合である。プライベートエクイティ投資の収益率は 20％もしくはそれ以上ともいわれる（Robbins, Rudsenske and Vaughan [2008]）。アメリカの高額の医療費と医療機関への莫大な投資は、高度な医療サービスと医療技術の革新の源泉であるということは一面の事実であるが、今日の規制の弱い民間の医療産業の市場が作り上げたのは、それらよりもむしろ、経済弱者の医療からの排除と金融機関とプライベートエクイティ会社への巨額の利益環流の構図である。

付け加えていうと、こうしたプライベートエクイティ会社の政治への浸透にも目を見張るものがある。KKR は民主党元下院議員ウィリアム・ゲッパートをロビーストとして、元共和党全国院会議長ケネス・メールマンを外交部門のトップとして雇っている。オバマ大統領の側近で首席補佐官を務めたラーム・エマニュエルへ最も多く政治献金を行ったのは、プライベートエクイティ会社 Madison Dearborn Partners である。また、オバマ大統領は、Solera Capital の元重役カレン・ゴードン・ミルズを中小企業長官に、Hellman & Friedman 社の重役ジェフリー・ゴールドスタインを財務省国内金融担当次官に、それぞれ任命した。オバマは、トム・ダシェル元上院院内総務を医療担当のチーフに任命しようとしたが、ダシェルがプライベートエクイティ会社 InterMedia 社のアドバイザーであったことが発覚したために実現しなかった。このように、政治家は政治献金のスポンサーとして、あるいは引退後の職探しのためプライベートエクイティ会社との良好な関係を維持しようとする。

II　普遍的な医療保険制度の可能性

(1) 医療保険会社への対抗

以上のような医療産業の支配構造の簡単な分析は、医療保険制度の普遍主義的改革が、単に狭い意味での保険料支払いの財政問題であるにとどまらず、医療産業という 2 兆ドルを超える巨大産業の支配構造に対する規制とい

うきわめて困難な問題に挑むことを意味することがわかる。ここでは、医療保険会社、医療機関への対抗戦略として出されているアイデアを考察してみよう。

市場の競争政策としては、医療保険会社、医療機関相互の競争を促進し、寡占的体質を打開することが必要である。オバマケアでできる適正保険取引所はその基盤となりうる。同取引所をつうじて被保険者が保険業者や医師に対して意見表明しまたそれによって、質の高いケアと適正な医療費の設定を要求する交渉の足場としなければならない。イエール大学の社会保障制度の研究者ジェイコブ・ハッカーとローズヴェルト研究所のネイト・ローウェンスィールは、「医療保険の協同購入や公的プランの新設をも含む多様なオプションを作り上げることによって、民間医療保険会社の統合した力に対抗していく足場を作らねばならない」と強調しているが、そのとおりである（Hacker and Loewentheil [2012] p. 44）。

適正保険取引所は、住宅市場におけるフレディマック（連邦住宅金融抵当公庫）のようなものであるが、用い方を誤れば、アメリカの緩和された金融規制の下では、購入された保険プランが定期的な支払いの見込まれる債権とみなされ、証券化を起こす恐れがある[6]。アメリカの大手金融機関は、そうした可能性を悪用するであろう。医療保険業界や医師の集団の背後にはアメリカの大手金融機関の存在があり、それらこそが医療保険制度改革にとって

---

[6] このケースと類似したものが「1968年公正住宅法」（Fair Housing Act）である。1966年のクレジットクランチののち、それまで金融規制緩和をもとめてきた保守派のみならず、リベラル派も貧困者やマイノリティに対する民間融資の柔軟な拡大による住宅保有促進をもとめた。リベラル派にとってそれは、公共住宅政策の貧弱さを私的制度によってカバーしようとする次善策であり、そのなかで彼らは人種差別的なゾーニングの是正を展望した。私的制度優位のアメリカの土壌で、生活基盤を私的に支援する苦肉の策という意味ではオバマケアと同じである。しかし「1968年住宅法」は金融制度の規制緩和を、予想を超える勢いで促進した。それは「不動産担保証券」（Mortgage-backed securities）の組成、拡大の端緒となり、2007年金融危機の淵源となったとも評価される。同じ金融規制緩和がアメリカにおいてはヨーロッパ以上に大がかりな住宅バブルをもたらしたのは、このようなアメリカの民間住宅市場の異例の深さという特殊性にある。モニカ・プラサッドが「アメリカが福祉低開発国であったことが金融危機の一要素であった」というのはこの意味においてである（Prasad [2012] p. 241）。

の最大の障害である。それらを相手にし、その岩盤にくさびを打ち込み、公的な制度を作ることが、いかに複雑で困難な仕事であるかを理解する必要がある。

(2) プライベートエクイティ会社への公的規制

　プライベートエクイティ会社の動きに対しては、すでにそれを押しとどめようとする動きが出てきていることに注目したい。マイアミでは2011年にプライベートエクイティ会社であるStewardが非営利の医療機関Jackson Health Systemを買収しようとしたことに対して組合を中心に市民が反発し、取引が中止された。また、いくつかの州では、非営利病院が営利病院に転換する際に条件を課すようになっている。10年、ミシガン州は、VanguardによるDetroit Medical Centerの買収に際して、Vanguardに対してチャリティケアなどを含む既存のサービスを10年間継続する合意を取り付けた。社会学者ニコール・アシュホフは、「プライベートエクイティ会社の病院買収に対する規制、あるいは理想的には買収禁止の最大の方法は、彼らの動きを公の場で精査し、質の高い医療サービスの提供を行う病院、医師、看護士に代替的な資金調達の道を用意してやることである」と述べている（Aschoff [2013]）。

　それ以外にも様々なレベルで多様な論点が提示され、政策的措置が検討されている。アメリカでは企業の貸し手への利払いは法人所得の控除対象となるため、レバレッジつまり負債が大きいと資本コストが低下する。1980年代のLBOブームでこうした利払いに対する控除がマネーゲームに利用されたことが議会で問題となり、1989年当時、この控除を取り払うことが提案された。たとえば、ITT会長のランド・アラスコグは、企業の負債／自己資本比率を50％にするだけでLBOはなくなるとしていた。このことがプライベートエクイティ会社についても当てはまることから、現在こうした提案に再び注目が集まっている。デンマークでは、企業の利払いの所得控除を2000万クローネ（400万ドル）までに制限する措置が2007年にとられている。また、買収後5年以内に転売された企業に対して、通常課せられる35％の法人税を転売後5年間たとえば45％とするなどによって、買収した企

業の長期の関与を促すというアイデアもある。

　リーマンショックをうけて、2010年に成立した金融制度改革のための「ドッド＝フランク法」は、銀行が自己資本（Tier1）総額の3％を超えてヘッジファンドまたはプライベートエクイティファンドの持分を保有することを禁止し（619条）、さらに金融仲介を行う業者に報告を義務づけるなど一定の規制強化へ乗り出した。政府の金融制度改革に対するカウンターレポートを提出してきたオキュパイ運動の団体 Occupy the SEC は、金融業に対する政府の規制提案である「ボルカールール」の根幹としてこの619条の厳格実施を求めている（Occupy the SEC [2013]）。この点は、すでに述べたオバマケアによって購入された保険プランが証券化を起こす可能性を未然に防ぐ意味においても重要と思われる。

むすび

　今日あるアメリカの社会保障制度の基本的性格は、その成立時の政策的選択とその後の諸利害に基づく争いのなかから形成されたものである。その経路に規定されて、結果的に医療保険については圧倒的に民間制度優位の構造が生み出された。医療業界、保守派の政治家、アメリカ医師会は、医療保険制度の発展のそれぞれの節目で、公的医療がアメリカに馴染まないとし、その浸透を抑えてきた。公的医療は「社会主義を導き入れるものである」と彼らは明言した。こうしてできあがった医療保険制度は、諸外国と比べて高額であり、セーフティネットとしては穴だらけの劣悪なものとなった。こうした現状に対して、近年、保守派の経済学からも、現在の医療保険制度が企業提供の民間医療保険を購入する選択肢しか与えられていない歪んだものであることに疑問が投げかけられている。ところが彼らは、そのような仕組みを作り出したのは政府の過度な介入の結果であるとし、市場競争の再活性化が必要と結論づけている（Zingales [2012] p. 153）。しかし医療保険制度と医療産業に巣くい、莫大な医療費負担を国民に強いたのは野放図な競争自体の結果にほかならない。議会予算局は、メディケアを民営化した場合についての医療支出を推計している。それによると、現行のメディケアの医療支出は、民営化された場合と比べ2022年にその66％、30年には71％であり、

民営化しない方が医療費ははるかに安いとみられている。その原因は、民営の方が管理費用がかかるためである（Elmendor [2011]）。政府が退けば市場が有効に機能するという見方はあまりに楽観的で非現実的であるといえる。

　とはいえ、広大な無保険者層に公的な医療支援を持ち込もうとするオバマケアをとりまく状況は、本章でみてきたように複雑かつ厳しいものである。今日なおも医療への公的支援に対する敵対的風潮は強い。制度的歪みに加え、医療産業自体が医療保険会社とプライベートエクイティ会社に深く蝕まれている。ウォール街と深く結びついた医療業界の利害は、回転ドアをつうじて政治の内部に深く浸透し、政府がもつべき規制能力は弛緩しきっている。本章では現在の医療産業の支配構造にメスを入れ、普遍主義的な制度改革を行うための手がかりを実際の経験にもとめた。本章で検討した、社会保障や金融規制の分野の研究者たちの積極的な規制政策提言が、これからの「貧困との戦争」の有力な武器となるであろう。

《第Ⅲ部》

普遍的所得保障

第7章

戦後アメリカにおける普遍的所得保障
──「家族支援計画」（FAP）不成立の経緯──

はじめに

社会保障の分野においては、低所得者や子育て世帯などに対する所得保障（Income Guarantee）が無条件・無差別に行われる場合にそれを普遍的もしくは普遍主義的（universal）といい、特定の資格要件をつける場合を、条件的、選別的、カテゴリカル（conditional, targeted, or categorical）と呼んでいる。条件的・選別的な制度は失業手当、医療補助、障がい者手当、生活保護など、われわれに馴染みの深いものであるが、普遍的な所得保障制度は、世界的にもアメリカにおいても一部の地域的な例外を除いて実現したものはない[1]。

アメリカでは、1964～71年までの短い期間に、公的扶助の普遍主義的な改革の試みが行われた。69年に作定されたニクソン政権による「家族支援計画」（FAP: Family Assistance Plan）──以下、「ニクソン・プラン」とも呼ぶ──は、家計の申告所得が一定水準を下回った場合に、その差額をマイナスの税金、つまり社会的給付として補足するという「負の所得税」を組み込んだものであった。それはOASDI（老齢障がい遺族年金）と異なり、

---

1) 普遍的な所得保障には無条件の給付を一定所得以下の世帯を対象に行う「負の所得税」型のものから、資力調査なしにすべての国民を対象にしたベーシックインカム型のものまで多様なヴァリエーションが想定される。

特定の労働能力の欠如を条件とせず、また、AFDC（児童扶養世帯補助）とも異なり、子育て世帯に限定せず、就労・未就労の区別もない給付であり、就労しつつなおかつ低所得といういわゆるワーキングプアへの給付にも道を開こうとするものであった。つまり、この法案は、貧困対策のための社会的給付からカテゴリカル（選別的）な性格を取り去り、労働と保障を切り離す端緒を切り開こうとしたものであった。当初の支給金額は低かったものの、質的な面では実現していれば社会保障制度改革の歴史において画期的な意義をもちえたものであった[2]。

ニクソン・プランは、結局、下院は通過したものの上院で採択されず成立をみなかった。現在からみてもきわめてラディカルなこうした構想の実現を目指した1960年代の経験は、現在では大多数の集団的記憶から消え、専門家においてでさえあまり知られていない。ニクソンのプランは、60年代後半の社会保障制度改革をめぐって相対立する政治、経済、学問分野の利害関係者のきわめて偶然的な思惑の一致から生まれたものであり、今日ただちに同じような制度改革案が政策論議の俎上に載ることはないであろう。しかし、60年代と70年代初頭にかけての改革論議のいきさつは、戦後アメリカの社会保障制度をつうじた所得再分配のシステムが本質的に抱える問題の所在と解決の糸口を考えるうえで今日なお示唆的であるように思われる。そこで本章では、1960年代の普遍的所得保障の議論の経緯を分析し、その意義を明らかにしたい。Ⅰ節においては、1960年代の所得保障の理論的主張の背景と内容を考察し、Ⅱ節では、ジョンソン政権からニクソン政権にかけてのこのプランの政策過程をたどる。

2）この分野に関する先行研究について、以下の文献を参照した。Moynihan [1973]; Burke and Burke [1974]; Bowler [1974]; Harris [2005]; Levin et al. [2005]; Steensland [2008]; Winderquist and Sheahen [2012]

I 「サイバネーション革命」と所得保障
―― 1960年代の所得保障要求の端緒

(1) 完全雇用政策とニューディール型社会保障制度に対する批判としての所得保障論

　アメリカでは、1930年代までに、主にイギリスのフェビアン派の「社会的配当論」(Social Dividend) やダグラス少佐の「社会配当論」(Social Credit) の影響によって所得保障の考え方が微弱ながら広がりつつあった。30年代の大不況の最中に現れたヒューイ・ロングの「富の共有運動」(Share Our Wealth) も無条件的な所得保障を押し立てた運動であった。その後も、様々な思想家の社会構想や経済政策のヴィジョンに所得保障の考え方が取り入れられた。しかしそれらの主張は、理論的なまとまりを欠き、運動の基盤もほとんどなく、ケインズ主義の台頭の影でアカデミックな論壇や政策的議論の場に地歩を占めることはなかった。

　アメリカにおける普遍的所得保障の主張が本格的な勢力をもちはじめたのは、第二次大戦後であった。大戦中と戦後の急速な技術革新と未曾有の経済成長によっても、アメリカの貧困は根絶されず、仕事につきながらもなお貧困にあえぐ人々が多く存在するという事実に対する社会的関心が高まるなかで、様々なかたちをとった所得保障の議論が現れはじめた。

　1950年代に、コンピュータによる自動制御法が産業界に普及しはじめ、鉄鋼、化学などにおける連続行程の導入によって、生産性は大幅に向上し、在庫の削減、製品品質の向上、メインテナンスの簡素化によって、単位当たりの生産コストは低下した。それにもかかわらず、60年代初頭においてなお人口の2割、約4000万人が貧困人口であるという現実は、一部の社会科学者にとって、生産性の上昇を国民の生活水準の向上に結びつけるためには、単なる経済成長の延長やよりいっそうの技術革新以上のものが必要であることを意味するものと思われた。むしろ、所得保障の提唱者らにとっては、かつてない水準に達した産出、利潤、生産、消費の成長がこうした貧困を構造的に温存しているものであるようだった。なぜなら、生産能力が基本

的な需要に対して潜在的に過剰であるもとでは、完全雇用もしくは最大限雇用によって有効な稼得賃金をすべての国民に保障することは浪費の制度化や迂回生産の延長なしには原理的に不可能であり、必要でもないからである。

こうした考え方を明瞭に打ち出したのは、ジョン・K・ガルブレイスの1958年の著作『ゆたかな社会』(Affluent Society) であった。ガルブレイスは、生産を第一義的に考える従来の経済学的通説に対し需要の優位を説き、労働と生活保障とを分離すべきであるとし、さしあたり雇用保険を押し広げることによって所得保障を実現する構想を提唱した (Galbraith [1958])[3]。

他方、1960年代には、完全雇用政策と選別的社会保障という制度的組み合わせが看過しえない問題を抱えたものであることも徐々に認識されはじめた。ニューディール以来の社会保障制度による所得再分配政策は、貧困を克服する機能において十分でないどころか、社会保障の低水準が賃金報酬の低水準と連動し、貧困を固定化するものであると批判された。経済が潜在的な余剰能力を抱えるもとで、十分な雇用を保障するだけの労働需要を創出することは難しくなり、失業は構造的なものとなる。就労促進的で選別的な社会保障がそうした雇用創出機能を劣化させた労働市場を補完することがもはや困難であることは明らかであると思われた[4]。

こうしたなか、南部の貧困、都市部における人種暴動の頻発、公民権運動の高まりはアメリカ社会に深い亀裂を生んだ。ヴェトナム支出が社会保障のための予算を圧迫し、経済全体がインフレ傾向を強めるに及んで、社会保障制度のあり方に対する社会的批判が噴出し、改革要求が高まった。普遍的でより寛容な社会的給付による最低所得保障は、こうした既存のカテゴリカルな社会保障制度そのもののあり方を再検討する文脈からももとめられるようになった。

(2) ロバート・セオボルドらの所得保障の経済学

普遍的所得保障の運動は、1950年代まではいわば思想的には分散的で、

---

3) ガルブレイスの理論については第9章で詳述する。
4) 完全雇用政策と社会保障の補完関係に関するこのような理解については以下の文献を参照。Burkitt and Hutchinson [1994] pp. 19-28; McKay [2005]

運動としての実態はほとんどなかったといってよい。60年代に、それは様々な分野の研究者のあいだで主張されはじめ、ケネディ政権の時代に政策担当者に浸透していった。

1960年代前半におけるそのもっとも積極的な主張で知られた人物は、ロバート・セオボルドである。セオボルドは、63年に著書 *The Economic Security Plan* において、年間大人1000ドル、子ども800ドルの無条件的な所得保障を憲法上の権利として与えることと、さらに中流層の所得喪失に対する独自の保障として、保障所得の3倍程度の給付を行うことを提案した（Theobald [1963]）。63年当時の貧困ラインは65歳未満の単身者で1539ドル、2人世帯で2050ドルであったから、この金額はほぼそれに見合うものであった。

さらにセオボルドは、1965年に体系的にそのプランを説明するため、様々な分野の研究者を糾合して *The Guaranteed Income: Next Step in Economic Revolution?* という編著を著した。この編著において、セオボルドはケインジアンの政策を次のように批判している。

「ケインズの主要な理論的貢献は、有効需要が潜在的供給に必ずしも追いつかないため、失業が長期的に持続しうるということを証明したことにあった。現代の経済学者たちは、この洞察を理解し、潜在的供給能力の増加と歩調を合わせた十分な有効需要の急速な引き上げによって、失業を最小限度に抑える政策の立案にとりかかった。しかし、これがケインズ派分析の解釈から導き出されうる唯一の政策提案というわけではない。なぜならば、社会的努力を総結集して完全雇用の目標に向かうことをもはや社会が望まず、むしろ豊かさの潜在的可能性をフルに活用し、労働苦を排除する新しい社会秩序をもとめたいという判断を首尾よく下すことも同様に可能であるからである」（Theobald ed. [1965] pp. 85-86）。

このような高い生産性の潜在力を活用するという視点からの所得保障は、ガルブレイスの議論がそうであったように、高い生産性から排除される過剰な、比較的教育とスキルを欠いた底辺の労働人口を主たるターゲットとして

社会的給付を与えるという視点をともなった。セオボルドは次のように書いている。「就労によって生計費を稼ぐことのできないもの、あるいは稼ぐべきではないもの全部に対して、最低の所得保障を採用することによって、できるだけ簡単かつ安価に政府の暗黙の公約を果たすような単一のプランを提出することが望ましい」(pp. 87-88)[5]。

セオボルドらの議論は、このように余剰理論と所得保障論とを組み合わせたものであるが、彼らが経済学の通説のどの部分に疑義をはさもうとしたかがうかがい知れる部分がいくつかある。セオボルドは、技術進歩による急速な生産性の上昇の事実と正統派の経済理論の想定する分配の現実とが整合的でないとして、限界生産力理論に基づく分配論に異を唱えている。これはいわゆる「様式化された事実」と呼ばれる賃金と利潤のシェアの安定的推移の事実が提起するパラドックスと関連している。つまり、科学技術によってめざましい物的生産性の上昇が生じているとすれば、所得統計上、資本シェアもしくは利潤シェアが賃金シェアに対して上昇してしかるべきであるが、両方のシェアがほぼ一定で長期的に推移している。これを捉えて限界生産力理論は経験的事実と矛盾するとセオボルドはいうのである。

「20世紀をつうじて、生産増大は労働強化ないしは平均的労働者の知識の向上によるというよりも、むしろ設備(つまり資本)の高度化(sophistication)によるところが大きかった。だとすれば、経済理論によると、生産増加のほとんどは資本に帰着せざるをえないということになるであろう。このことは、ルイス・ケルソーおよびモーティマー・アドラーが提案するように資本所有を押し広げることによって資源に対する権利を分配すべきだということを意味しない。むしろわれわれは、サイバネティックス

---

[5]「単一のプラン」とあえて述べているところに、ロバート・セオボルドのリバタリアン的な特徴が表れていると思われる。彼の提案には、既存の社会福祉制度をすべて完全に保障所得に置き換えようとするものであり、この点で既存の社会保障の拡充を合わせて追求しようとする「臨時委員会」の「三重革命論」(後述)の見解と異なった。彼は、臨時委員会を主導した立場であるが、所得保障以外の部分が所得保障の提案と矛盾し、既存の経済を保持するものとして、臨時委員会書簡に一部留保の記述を加えている。

時代の新しい現実に基づいて理論を修正する必要がある」(pp. 95-96)。

セオボルドの主張は経済成長の大部分を多要素生産性に還元して十分に説明しない新古典派理論の不備を突いている。セオボルドがいいたいことは、戦後のサイバネーションに象徴される急速な技術革新による生産性の増大によって労働が生産から駆逐されるが、統計に表れた価格体系に基づく現実の表記はそれを表していない。むしろ価格や賃金は、限界生産性によって規定されてはいないということである。

一般に、経済学のオーソドックスな考え方は、土地、資本、労働という生産要素は、それぞれの限界生産力に応じて報酬を受け取るという原理に従っている。資本の生産効率の上昇が高い利潤を生み、労働生産性の高い労働者は高い賃金を受け取る。利潤は再投資され、それが財とサービスおよび労働に対する新たな需要を創出する。潜在的な需要は、一時的、地域的な不均衡があったとしても、生産の増大に対応し、それに追いつく。新しい技術は既存の労働を節約し、雇用を消滅させるが、同時に新投資の収益性を高め、新たな機械や設備への投資を刺激し、雇用を拡大する。市場は、財政・金融政策による支援をも得ながら完全雇用を達成する力をもつ。こうしたメカニズムが作用するかぎり、所得保障は必要であったとしても、それはせいぜい補完的で小さな役割をもつにすぎない。これが経済学の通説的な見方である。

しかし現実には、技術革新によって生み出される失業や低賃金労働のため、消費需要が抑制され、それが潜在的な産出量の拡大を抑制するように作用する。また、そのことが、価格で表現された生産と需要のバランスを歪めている。

同書で、経済学者のミーノ・ローヴェンシュタインは、セオボルドのこの議論を補完して、「経済分析が労働および賃金という概念を密接に関連づけることは実は不可能である」と述べ、労働と賃金の理論的関連を切り離したうえで、価格の規定要因に言及する。

「銘記すべき重要な点は、価値［価格］は需要によって決定されるということ、とりもなおさず、価格はコストの結果ではなくて、むしろコスト

の決定要因であるということである」。

「財とサービス、および価格の関係は、しばしば考えられているほど密接なものではなく、一般に理解されている以上に、需要要因だけで決まる場合が多い」(Lovenstein [1965] pp. 104-113)。

主流派経済学に戻れば、彼らにおいては、消費財の価格はそのコストに利潤を加えたものであり、そこには資本と労働に対する報酬が含まれているため、購買力が不足するということは理論的には起こりえない。最低賃金や社会保障による所得再分配は、むしろ価格体系を歪めるものであると考える。ローヴェンシュタインは、そうした主流派経済学の想定を批判し、需要を起点として、それが価格を決定し、さらに価格がコストを決定するという論理を示そうとしている。このように考えた場合には、需要を所得再分配によって底上げした場合にも、価格体系が歪むことはなく、むしろ不足する需要をおぎなうものと捉えることができる。

「社会保障制度は経済の安定をはかるために設けられたものではないが、失業保険、退職年金制度、遺族保険などは、購買力の減退をおぎなうのに役立ち、それを通常経済学者はビルトイン・スタビライザーと呼んでいる。そこで、もしサイバネティクスによって打撃をこうむった人々に所得を保障する計画が提案されるならば、それは国民所得保障計画およびビルトイン・スタビライザー原理の拡大版として承認されるであろう」(pp. 113)。

所得保障の古くからの論者であり、制度学派の代表的論者の一人C・E・エアズも同書で次のように論じている。

「再び経済が飛躍をとげるためには、2つのことが必要であるが、その2つながら保障所得が与えてくれるであろう。第1に、たえず増大する生産に見合うだけの需要量が創造され、未来永久に維持されねばならないであろう。すでに（中略）その必要はこんにちでは一般の理解するところと

なっている。残る問題は、社会がこの必要を満たすのに必要な措置を講じることに尽きる。その措置として、保障所得に及ぶものはない」(Ayres [1965] pp. 173-174)。

セオボルドらのこうした議論を評価することは容易ではない。たしかに、もしも伝統的に経済学が想定してきたように、生産性の増大に比例して、需要が自然に拡大するということが真実であるとすれば、資本主義は実際よりも急速なペースで国民の生活水準の向上をともなっていたであろうから、その点で、彼らが直感的に需要の長期的な遅滞を捉えて、そのような非現実的な想定を批判したことは正当であったといえる。しかし有効需要政策がインフレーションという副作用をもたらしつつあった当時において、経済の供給面での裏づけを欠いたセオボルドらの所得保障論は説得的なものとはなりえなかった。彼らは、再三、価格、コストおよび需要との関連に論及しているが、皮肉なことに、財とサービスの物的タームでの生産性増加が価格体系には直接的に表現されえないという彼らが主流派経済学を批判する論拠を見出した同じ地点に、彼ら自身が抱えた証明上の困難も横たわっていたように思われる。

セオボルドらにとって説明が難しい事実は、技術革新の時代がほぼつねに高雇用の時代であり、技術革新の波及による労働需要の拡大は、しばしば、それによる失業を吸収してあまりあり、さらに他の新たな産業や商品セグメントを拡大するという、資本主義経済の動態的な発展それ自体である。セオボルドらの議論が正しければ、急激な生産性の増大に対応するような、構造的失業にとどまらない急激な失業や半失業の増大がみられなければならなかったはずである。しかし、統計的あるいは、現実的にはそのようにいい立てる根拠はなかった。現実の資本蓄積がもつ雇用拡大能力を説明し、なお経済の潜在的能力の開放の可能性を説得的に論じることは彼らにとっても難題であった。セオボルドらの主張はその後に追随者を多く集めることはなかった。しかし、彼らが技術的失業を強調した背景には、すでに指摘したような構造的失業やワーキングプアの増大という現実があり、緊要でない製品の大量生産・大量消費の傾向がますます強まることに対するその時代の理論的、

倫理的な警戒感があった。総じて価格で表現された需給バランスではなく、物的タームで捉えた過剰のなかの貧困をえぐり出そうとしたセオボルドらの試みは所得保障の重要な点を示したものとして高く評価されてよいであろう。

(3) 技術革新と雇用──「三重革命のための臨時委員会」

1960年代に普遍的所得保障の議論を現実の政策的議論へと結びつけるきっかけとなったのは、64年3月22日に著名な知識人や社会運動家が分野を超えて結集してできた任意のグループ「三重革命のための臨時委員会」が発表したジョンソン大統領宛公開書簡「三重革命──アメリカの主要な危機の評価と行動提起」（The Ad Hoc Committee on the Triple Revolution memorandum: A Letter, March 22, 1964）であった[6]。

参加者は、ノーベル化学賞・平和賞受賞者ライナス・ポーリング、アメリカ社会党の指導者ノーマン・トーマス、マイケル・ハリントン、スウェーデンの経済学者ギュンナー・ミュルダール、社会活動家トム・ヘイデン、経済学者ロバート・ハイルブローナー、社会評論家アーヴィング・ハウ、ロバート・セオボルドら34名であった。書簡作成にあたって最も主導的な役割を果たしたのは、内容からみてセオボルドであったことは明らかである。

臨時委員会の名称は、現代社会にはサイバネーション革命、兵器体系革命、そして人権革命──「三重革命」──が起こっており、自動制御装置技術が労働と資本の関係に本質的な変化をもたらしていることを表したものであった。しかし、その書簡の内容は、「三重革命」といいつつも、焦点はもっぱらサイバネーション革命におかれ、他の2つの「革命」はそれに付随する役割を与えられたにすぎなかった。

サイバネーション（Cybernation）とは、コンピュータ技術を応用した人工知能体系であるサイバネティクス（Cybernatics）と自動制御機能をもった機械化体系であるオートメーション（Automation）の合成語である。経

---

[6] テキストはMacBride [1967] にAppendix 1として収録されている。なお次の文献も参照した。Perrucci and Pilisuk [1968]; Pomfret [1964]

済システムはサイバネーションによって根本的に変革され、現在の科学技術が生み出す無限の生産能力によって人間労働は必要でなくなると臨時委員会は主張した。

「サイバネーションが提起する根本的な問題は、人々の消費者としての権利を守るためにこれまで用いられてきた全般的な機構を無効にするということである。今日まで経済的資源は生産に対する寄与度に応じて分配され、機械と人とは同じ条件で雇用されることを競い合ってきた。サイバネーションのシステムが発展することによって、機械システムによって生み出されうる潜在的な産出量は無制限となり、今後は人間の協力をほとんど必要としなくなるであろう。機械が人間から生産を奪うにつれ、機械が吸収する資源の割合は高まり、雇用を失った人間は最小限の、自分とのかかわりのない政府の政策——雇用保険、社会保障、生活保護給付などに依存するようになる。／こうした諸政策はますますこの歴史的なパラドックスを覆い隠せなくなる。すなわち、すべての国民の必要を満たすだけの十分な生産能力があるもとで、人口の多くの割合が最小限の所得あるいはしばしば貧困ライン以下の生活を余儀なくされているというパラドックスである」。

臨時委員会は、このように現代の過剰のなかの貧困という問題がサイバネーションによって増幅して現れていることを強調した。さらにそれは社会が学校、公園、道路、住宅など公共サービスの提供にも失敗しているという。臨時委員会によれば、潜在的な生産力がこうした社会的に必要な財とサービスの供給に結びつかない理由は、産業のシステムそのものにある。

「工業システムは、常に増大する量の財の生産を可能なかぎり効率的に行うことを目的に設計されており、これら財の購買力の分配は自動的に発生するものと想定された。有効需要の分配と消費者としての権利保障を、唯一雇用と所得をリンクさせる機構をつうじてのみ行いつづけているために、現在、サイバネーション生産システムのほぼ無制限の能力の開放が妨

げられているのである」。

　「新たなコンセンサスの第一歩として必要なことは、伝統的な雇用と所得の結びつきを断ち切ることである。ゆたかな経済は、すべての市民に、労働とみなされるものへの従事の有無にかかわらず、快適さと経済的安定を保障できる。したがってわれわれは社会が、その適切な法的、行政的諸制度をつうじて、すべての個人と家族に適切な所得を権利として与えるという無条件の誓約を行うべきことを主張する」。

　ガルブレイスやセオボルドらが主張した労働と保障の分離という着想が全面的に展開され、さらにセオボルドの主張に沿って所得保障が権利としての位置を与えられている点が特徴的である。

　臨時委員会の大統領宛書簡はメディアでも広く取り上げられ、大きな反響を呼んだ。とりわけ、無条件的な所得保障の主張は様々な議論を巻き起こした。雑誌『ライフ』はその主張を「即席社会主義」(instant socialism) と呼び、労働長官ウィラード・ワーツはすぐさま批判の演説を行った（MacBride [1967] pp. 49-54）。

　書簡発表後の2週間後、臨時委員会はホワイトハウスからの返礼を受け取った。そのなかには大統領が委員会の提言を慎重に検討することと合わせて、議会に対して技術変化の経済に及ぼす影響に関する研究を目的とした委員会を設置することを求めた旨が記されてあった。さらに、4ヵ月後の8月19日に、その言葉どおり、大統領は「技術・オートメーション・経済進歩に関する全国委員会」(The National Committee on Technology, Automation, and Economic Progress) の設置に署名した[7]。

　このように、臨時委員会の書簡は、政府の政策課題のレベルに所得保障の議論を引き上げる直接の契機となった。こうして社会科学者など一部の人々の議論の枠内にとどまっていた理論として所得保障論は、現実の政策のための運動へと発展した[8]。

---

7) この委員会はアイオワ大学学長ハワード・ボウエンを議長とし、委員にはコロンビア大学ダニエル・ベル、全米自動車労組（UAW）議長ウォルター・ルーサー、IBM会長トーマス・ワトソンらとともにロバート・ソローも参加している。

II 「家族支援計画」(FAP) の政治過程

(1) ジョンソン政権からニクソン政権へ

　ジョンソン大統領が設置した「全国委員会」は、1966年1月に報告書を提出した[9]。しかしその内容は、技術革命による失業に対して楽観的であり、雇用される能力のないものに対しては所得補助政策を行うという既存の政策の枠組みを出ないものであった。委員の中には報告書があたり障りのないものであるとして不満を述べるものもあった[10]。

　しかし相前後して、1965年、経済諮問委員会のオットー・エクスタインが議長を務めるタスク・フォースで「負の所得税」の導入が検討され、政府内部において、抜本的な所得保障の提案が本格的に議論されはじめていた (Harris [2005] p. 88)。

　さらに1968年には、ジェームス・トービン、ポール・サミュエルソン、ジョン・ケネス・ガルブレイス、ハロルド・ワッツ、ロバート・ランプマンといった著名な研究者を含む1200名の経済学者が名を連ね、所得保障制度の導入を議会に訴えるという、今日からは想像し難い状況が生まれた[11]。1966年以降、ニューエコノミクスも景気の失速とともに勢いを弱め、ケイ

---

8) ちなみに、こうした「三重革命のための臨時委員会」の議論に対する当時のアメリカの共産主義者の批判は妥当とはいい難いものであった。労働と保障を切り離すという臨時委員会の主張に対しては、技術革新によって新市場と労働需要が拡大するため、労働の必要性は残るであるとか、未来における労働を軽視し、宇宙・海底開発などの可能性を否定するものであるなどと批判し、無条件給付に対しては、それが怠惰を助長するとまで述べ、セオボルドらや同委員会が問題にした複雑な理論的課題になんらの理解をも示さなかった。彼らの主張については次の文献を参照。Loring [1964]; Lumer [1965]
9) 報告書テキストは MacBride [1967] に Appendix 2 として収録されている。
10) マクブライドは、そうした楽観論はニューエコノミクスの経済政策が勢いをもって進められ、失業率が5％から4.1％程度に低下していた当時の良好な経済情勢を反映したものとみている (MacBride [1967] p. 57)。
11) 以下のような論説が雑誌に現れるようになった。Samuelson, "Negative Income Tax", *Newsweek*, June 10, 1968, p. 76; Milton Friedman, "Negative Income Tax-1", *Newsweek*, September 16, 1968, p. 86

ンジアンも大挙してこの隊列に加わった。

　ジョンソンが任命した委員会は、共和党ニクソン政権に引き継がれ、同委員会はニクソン就任1年目の1969年に「過剰のなかの貧困——アメリカのパラドックス」と題した報告書を提出した。その内容は、従来の社会保障制度を支える思想的前提を打ち破った画期的な方向性を示すものであった。

　報告書によれば、既存の社会保障制度は、適切な賃金のよい雇用を万人が得ることができるという非現実的な前提に基づいており、したがって貧困者を十分に包摂しえず、彼らをこのポスト工業経済において貧困のうちに取り残してきたとした。そのうえでさらに報告書は、貧困者をその労働能力や労働意思に応じてさまざまなタイプに選別するものとして既存の社会保障制度を批判した。これは「三重革命のための臨時委員会」の主張とほぼ同様の結論であった。

　「わが国の経済的および社会的構造は事実上数百万の国民に貧困を保障している。（中略）大半の貧困者が貧困であるのは、労働を通じて所得にアクセスすることができないためであることは明白な事実である。（中略）貧困者に、働く能力のある者とそうでない者という2つのカテゴリーがあるのではない。また、労働意欲のある者とそうでない者という区別もない。多くの貧困者の場合、その労働意欲は強い。しかし労働の機会が容易に与えられないのである」（President's Commission on Income Maintenance Program［1969］pp. 23-24）。

　こうした見解に支えられて、1969年、ニクソン政権は、「負の所得税」と就労促進策を組み合わせた新しい福祉制度改革案「家族支援計画」（Family Assistance Plan; FAP）を発表した。ニクソンのプランが就労促進を盛り込んだのは、議会での承認を得るための妥協策であった。それにもかかわらず、この新しい福祉制度のための改革案は、失業者とワーキングプアを同一に扱い、一定以下の所得に対して無条件に公的給付を行い、さらに州・地方政府が管理していた既存の制度を連邦管理下に置いたことによって制度の普遍性の点で際だったものとなった。具体的には、4人家族の場合、年間

1600ドルを給付し、追加的所得を含めて合計所得が3920ドルになるまで軽減税率を適用するものとされた。

こうした政策の2つの柱は、実際上は、シングルマザーを主たる対象としていたAFDCの狭い規定を取り除き、両親世帯やワーキングプアにも給付を広げるとともに、差別的に利用されてきた裁量権を州・地方政府から引き離そうというものであった。これらの措置は、それ以前にもそれ以降にも政策論議の俎上に上らなかった斬新なものであったといえる。

しかし、この法案は政権内を二分した。普遍的な所得保障を支持する人たちは、長期的な非自発的失業やワーキングプアの存在といった経済の構造的欠陥を重視し、失業や低所得は貧困者自らの責任ではなく、潜在的な物的富を生み出す社会的力の増大に原因があるため、完全雇用政策は究極的にはその問題を克服するよりは、むしろ悪化させると彼らは考えた。彼らは、そうした問題に対処するものとしてニクソン・プランを支持した。

それに対して、政府および議会内での所得保障に対する批判者は、貧困の主たる原因は貧困者自身にあり、したがって貧困の罠からの脱却は究極的には労働市場の規律に彼らを従わせる以外にないと考えた。反対派にとっては、貧困者の政府への依存は、低賃金労働者の労働倫理を失わせ、未就労と貧困の悪循環を拡大するものにほかならなかった。

ニクソン・プランを支持したのは、大統領側近としてはダニエル・モイニハン上院議員であり、多くの民主党リベラル派の議員であった。また、労働長官であったジョージ・シュルツはシカゴ大学で教鞭を執った主流派経済学者であったが、所得保障については強い支持を表明した。彼は、所得保障によって労働者に不本意な就労を拒否する権限が与えられなければ真の市場は成立しえないとまで主張した。

反対派の勢力の中心は、この問題の審議を主に行った上院金融委員会委員長のラッセル・ロングであった。彼は、ルイジアナ州選出民主党上院議員であったが、皮肉なことにかつての「富の共有運動」の提唱者、ヒューイ・ロングの息子でもあった。またアーサー・バーンズもニクソンの経済顧問として徹底的に負の所得税に反対し、就労条件を強化する修正を主張した。

(2) 白人保守層の離反——1966年中間選挙と1968年民主党全国大会

　民主党は、1964年の大統領選挙での圧勝を追い風に、「偉大な社会」政策を推し進めた。しかしその頃から、一部の白人中間層は、公民権運動の高まりや、全米各地で広がる人種暴動に直面して、公民権運動と社会保障要求が黒人を利するものであるとして、民主党の政策に反発を感じはじめた。その結果、66年の中間選挙では、民主党は大敗を喫し、リベラル派の議員の多くを失った。とくに公民権運動支持派とみられた民主党議員が軒並み議席を失った。

　トーマス・エドソールとメアリー・エドソールは、1964年の選挙と一転して、66年の中間選挙では人種問題が問われたとしている。66年の選挙で議席を失ったなかに、イリノイ州選出上院議員、ポール・H・ダグラスがおり、エドソール夫妻は彼の落選に注目している[12]。

　「シカゴの選挙結果の変化からわかるのは、人種絡みの緊迫状態が著しく高まっている地域で白人有権者から『民主党主流のリベラル派』とみなされれば、候補者にとって甚だ不利になるということである。ちょうど、民主党のニューディール経済政策を熱烈に支持していた南部の白人貧困層が、1964年の選挙で人種問題論争の的になったためにゴールドウォーターに乗り換えたのと同じように、シカゴの白人労働者階級の多くが同じ状況の下で民主党支持の伝統を放棄したのである」(Edsall and Edsall [1991] pp. 60-61)。

　政権基盤を弱めたジョンソン大統領が抜本的な改革に着手しえないまま、「偉大な社会」政策は失速した。ジョンソンには、抜本的な福祉制度改革に乗り出す意志も力ももはやなかった。さらに、1968年の大統領選挙では、独立系候補のジョージ・ウォーレスが所得保障は南部の貧困黒人層に力を与

---

12) ところがダグラス自身は、所得保障に対して批判的であり、伝統的な経済学にのっとり、1967年の著作で負の所得税を批判し、71年の自叙伝においても「私は依然として働く者にとっては国民的な生産性こそが金銭的な解決策であると考えている」と述べている (Douglas [1967] pp. 194-222; [1971] p. 68)。

えるものであるとして強く反対したのに対して、民主党は所得保障政策に拘泥することが黒人運動への接近とみられることを懸念して社会保障制度改革から距離を置き、もはやその問題を中心的な争点にしようとしなくなった。また、労働組合は「負の所得税」をベースにした所得保障は低賃金を温存し、団体交渉をないがしろにするものとして反発した。

　こうしたなか、ジョンソン不出馬、有力候補であったロバート・ケネディの暗殺といった事態をうけ、1968年の民主党全国大会が開かれた。副大統領のヒューバート・ハンフリーが代議員の支持を得て大統領候補指名を獲得したが、この過程で反戦活動家らが主流派に異を唱え大会は紛糾し、民主党の分裂はピークに達した。結局、本選挙ではわずか0.8％ポイントの差でニクソンに敗れる結果となった[13]。

(3)「クロウォード＝ピーヴン戦略」とニクソン・プランの挫折

　普遍的所得保障は、一部の社会保障を推進する団体によっても主張された。1966年に創設された「全米福祉受給権協会」（National Welfare Rights Organization: NWRO）は究極的な目標として普遍的所得保障を掲げつつも、さしあたり、黒人などマイノリティの福祉受給の拡大を要求していた。しかし彼らの主張は、一般的な生活保護受給促進の運動と異なり、受給権拡大の運動の目的がそれによって地方財政を破綻させ、地方の民主党連合を崩壊に追い込むということにあった。彼らはそうした理念に立脚した運動を全米の大都市で展開した。

　この組織の運動は、「人種平等会議」（CORE）の元議長でシェラキュース大学の化学者ジョージ・ワイリーの指導のもとで、コロンビア大学のリチャード・クロウォードとその妻であり同大学（当時）のフランセス・フォックス・ピーヴンの戦略（The Cloward-Piven Strategy）を指針として展開された。とくにマイノリティのシングル・マザー層を中心とするこの運動は、1960年代半ばから勢力を拡大した。

---

13) 1968年の民主党全国大会の混乱ぶりを知るための最近の文献としてリチャード・パーカーの文献がある（Parker [2005] Ch. 19）。

クロウォードとピーヴンは、1966年5月に *The Nation* 誌に発表した論文で、次のように彼らの政治的展望を表明した。

「大都市における一連の生活保護受給運動によって、連邦政府は現行の公的福祉制度に代わる新しい所得分配プログラムを作り、自らが永らえさせた惨めな貧困状態の改善に取り組まざるをえなくなるだろう。生活保護受給申請および満額受給の運動の広がりは、福祉当局の官僚制度を破壊し、地方および州政府の財政崩壊を生み出す。こうした破壊は、深刻な政治的緊張をもたらし、大都市の民主党連合、すなわちまだ民主党を支持している白人中間層、白人労働者層、マイノリティの貧困者の連合の既存の分裂を深刻化させるであろう。こうした連合の弱体化を避けるために、全国民主党は破綻した地方の福祉政策に代わる連邦レベルの解決策を用意せざるをえなくなる」(Cloward and Piven [1966])。

こうした一種の政治的カオス状態を作り出そうとする福祉受給権運動は、一時的に大きな盛り上がりをみせ、NWROはこの分野の有力な団体となったが、全般的な支持を集めるというよりもむしろ全米で批判を浴び、マサチューセッツやニューヨークなどリベラルな州においても補助金支給に厳しい制限を設けるなどの措置が採られはじめた。エドソール夫妻は、「NWROの攻撃的な運動は、福祉の不備よりもむしろ受給者の税金依存体質のほうに国民の注意を向けさせてしまったといえるかもしれない」と書いている(Edsall and Edsall [1991] p. 69)。結局、NWROは勢力を失い、ワイリーの死後、1975年に消滅した[14]。

エドソール夫妻は、ワイリーの伝記の次の一文を引用している。「NWROの戦術はますます強硬なものとなり、［指導部の］手に負えなくなった。怒り狂った受給者らは個人記録を破り捨て、福祉事務所をさんざんに荒らし

---

14) 皮肉なことに、1960年代半ばから公務員の賃金上昇と福祉給付の拡大、さらに景気の低迷と企業の市街への流出などによって悪化していたニューヨーク市財政は、この年に市債の引き受け手がなくなり事実上の破綻に陥った。ニューヨーク市は、連邦政府の支援や歳出削減、増税によって難を乗り切った。

た。デモは暴動と化した」（p. 68）。

　NWROはニクソン・プランに強く反対した。究極的に普遍的な所得保障を追求するはずの彼らが、労働と所得を切り離すニクソン・プランに反対した理由は、ニクソン・プランの提示する支給額が低く、就労条件を課している、また、給付打ち切りや金額変更の際の意義申し立ての場がないなどの理由であったが、より本質的には、それが彼らの最大の支持勢力であるシングルマザーの給付の拡大にただちに結びつかないという理由からであったといわれている（Steensland [2008] p. 121-153）。

　1972年、NWROはワシントンで福祉制度改革を要求する集会を開催し、金融委員会委員長ラッセル・ロングやニクソンだけでなく、ニクソン・プランにリベラルな修正を加えようとする上院議員アブラハム・リビコフをも批判の的にし、現行の年間支給額（4人家族）2400ドルから2800ドルへと引き上げるとするリビコフ案を大幅に上回る6500ドルを要求した。上院はこうしたNWROなど市民団体との意見のあまりの乖離にニクソン・プランから離れる議員が続出し、結局、上院は、ロングが提出したAFDC受給者の4割削減と、その分の予算を民間企業への補助金に充て、雇用促進プログラムを拡充するという法案を採択する結果となった（p. 172）。

　クロウォードとピーヴンは、1971年に*Regulating the Poor*という福祉給付の歴史を書き上げ、社会的扶助の歴史的性格を論じた。そこでの一文は第5章でも引用したが、再度みると次のとおりである。

　「救済給付を理解するうえで大事なことは、それが経済的・政治的秩序に対して果たす役割を明らかにすることである。なぜなら前者は後者に対して二次的・補完的制度であるからである。歴史的事実は、救済給付が大量の失業による国内秩序の混乱をうけて開始ないし拡充され、政治的安定の回復とともに廃止ないし縮小されることを示している。われわれは、緩和的な救済制度が国内秩序の回復を、緊縮的なそれが労働規範の強化を狙ったものであると主張する」（Piven and Cloward [1971] p. xiii）。

　ここで彼らは、社会保障が既存秩序の維持という本質をもつものであり、

政策的緩和と緊縮が条件的であることを見事に指摘している。この理論的な積極面は彼らの社会運動の実践面の陰に隠れてしまっているが、その意義は大きい。しかしこのような冷静な分析が、NWROの戦略にみられるような過激な運動と結びついたのはなぜであろうか。

彼らの運動の原理は、彼らが思い描いている理想的な分配を実現する社会が、ニューディール型社会保障の延長にあるのではなく、その破綻の先にあるという考え方に基づいている。たしかに彼らが指摘するとおり、ニューディール起源のもののみならず、一般に社会保障制度は、階級矛盾や人種対立を既存の社会秩序の枠に閉じこめる機能を果たすといえる。しかしそのことは、社会保障制度そのものが解体すべき闘争目標であるということを意味するものではない。彼らは、さしあたりのターゲットをAFDCの給付水準の引き上げに置いたが、その意図は受給者の生活水準の改善と経済的自由の促進を保障するためであるというより、社会的給付条件の緩和が財政危機という経路をつうじてシステムそれ自体の崩壊をもたらすという見通しに立ったものであった。しかし、システムの崩壊が彼らの望む分配の出現に帰着する保証はなにもなく、彼らの戦略はあまりにも無責任かつ荒唐無稽であったというべきである。実際に民主党は1968年に分裂し、1975年にニューヨーク市財政も破綻したことからすれば、彼らの政治目的は近似的に達成されたとさえいえる。しかし、彼らの見通しに反して社会保障改革の条件は悪化するのみであった。

しかし、クロウォードとピーヴンがニクソン・プランの普遍主義的要素の意義を十分理解しえなかったことを、当時の社会状況や運動の文脈から切り離して議論することに現時点であまり意味はない。理解しておくべきは、社会保障が社会成員を既存秩序の枠内に閉じこめるという本質論とともに、より無差別な社会的給付が社会保障全体の性格を中立化する可能性をもつということである[15]。

---

15) 1977年の著作で彼らは一章をさいて、自らの運動の総括を行っているが、基本的な見地を変わっていない（Piven and Cloward [1977]）。

むすび

　1960年代末から70年代初頭にかけての、「負の所得税」を中心にしたニクソン政権の福祉制度改革は、複数の状況の偶然的な組み合わせの結果可能となったものである。その要素を列挙すると次のようになるであろう。①戦後の技術革新による生産性の急激な上昇、とくにアメリカの突出した世界的地位、②国際的条件としての社会主義体制との対抗と緊張緩和、③貧困と人種問題に対する社会的注目、公民権運動の高まり、④構造的失業の顕在化と社会保障制度の機能不全、⑤ジョンソン、ニクソン政権内部および議会でのリベラル派の勢力の残存、⑥マスコミおよび主流派の知識人の「負の所得税」への支持などである。

　①②については本章の対象外であったが、これらの諸要素が、惑星直列のごとく、1960年代半ばに一時的、偶然的に重なり合ったことによって、社会保障制度の根本的変革の事業が現実的な課題として浮上した。しかしその後、ヴェトナム戦況の悪化と経済成長の減速、人種対立の先鋭化、インフレをめぐる経済論争などによって、これらいずれの要素も急速に変容し衰退する過程をたどった。諸要素の歯車がかみ合わなくなったことによって、ニクソン・プランの基盤も瞬く間に失われていった。

　プラン不成立後、所得保障への熱意は急速に冷め、運動は雲散霧消した。つづくカーター政権もニクソン・プランの骨格を引き継ごうとしたが、カーター自身がこの問題に強い熱意をもたず、法案提出にも至らなかった。カーター政権の終焉とともに、所得保障の議論は政策論議の場から消滅してしまった。

　セオボルドは、1970年、*The Guaranteed Income* 第2版のまえがきで、この運動の急速な衰退を、リベラル派の支配力の瓦解によって「社会がサブカルチャーに分断されてしまった」ためとコメントしているが、普遍的所得保障を浮かび上がらせる諸条件の喪失をリベラル派はくい止めることができなかったということであろう。

　エドソール夫妻は、リベラル派の瓦解という問題に人種対立の視点から独自の光を当てている。彼らは、1964年の大統領選挙、65年のワッツ暴動以来、リベラル派が統制を失い失墜を加速させたことに注目し、次のように述

べている。

「公民権運動の全国的な拡大は、暴力犯罪、暴動、麻薬の密売、ゲットーにおける家庭崩壊といった問題に対する国民の不安の高まりとともに、民主党にとって次の2点できわめて大きな意味をもっていた。第1に、国内政策に関わる社会的、経済的問題に、程度の差こそあれ、ほとんど例外なく人種問題が絡むようになってきたという点。第2に、人種問題が有権者の政党支持を決める重大な要素になりつつあったという点である。1964年以前の世論調査では、国民の目に人種問題に関する両党の立場はほとんど変わらないと映っていた。それまで、民主党が人種面でのリベラリズムの本拠として、また共和党が人種面での保守主義の本拠としてみられることはなかったのである。しかし64年以降、すべてが急速に変わっていった」(Edsall and Edsall [1991] p. 55)。

ニクソン・プランはさまざまな勢力によって思い思いに解釈されたとミルトン・フリードマンは述べた。それは、より本質的には人種と貧困観という個々のプリズムをとおした多義的な解釈であったというべきである。結果的に、ニクソン・プランは、アメリカの既存の社会保障制度のカテゴリカルな性格の壁にぶち当たって失敗に終わったが、それはとりもなおさず人種と経済格差というアメリカの抱える根本問題につながっていたがゆえであった。

こうした人種問題が強く所得保障の問題に関連した理由のひとつに、この時代、所得保障がAFDCの直接の代替案として提起され、他の貧困対策プログラムとの対比で議論されたという事情があると思われる。AFDCは貧困、失業、麻薬、婚外出産などと結びつけて論じられてきた。その脈絡で考えれば、より寛容で無差別な所得保障は、まずもって貧困層の状態を改善するよりもむしろ悪化させるのではないかという強い懸念を巻き起こした。普遍的な社会的権利としての保障所得が本来もちうるいくつものメリットは、こうしたなかでしばしば看過された。普遍的所得保障は、効率的な貧困対策であるにとどまらず、年金や失業保険などより包括的な社会保障制度に取って代わりうるものであり、また一般労働者の交渉力を高めることによって労

働時間短縮や賃金格差是正の手段となり、さらに究極的には労働疎外を軽減する機能をもちうる。しかし、こうした普遍的所得保障のラディカルな性格についてほとんど論及されなかった。それどころか、むしろそうしたことを強調せず、就労促進政策を前面に立てることが保守派の政治的な協力を引き出すうえで必要だと考えられたのである。しかしそれによって、政治的な合意が得られた半面、カテゴリカルな制度に引き戻そうとする強い磁場が働く論争の土壌を離れることができなかったといってよいであろう。

ニクソン・プランのいきさつを丹念に調べ上げた社会学者ブライアン・スティーンズランドは、プラン不成立後、普遍的所得保障の理念が単に政策論議の表舞台から消滅しただけでなく、その理念を批判者たちが攻撃するうえで当時用いた戦略が、その後の新自由主義台頭の知的・精神的土壌を築いたことを強調している。スティーズランドによれば、1980年代以降の新自由主義と保守派の戦略やレトリックは、ニューディールに対する反動であるというよりも、知的・政治的にはニクソン・プランに対する反発をつうじてできあがったものである（Steensland [2008] p. 222）。

スティーンズランドがニクソン・プランをめぐるせめぎ合いの「文化的要素」の意味合いについて次のように書いていることはとくに興味を引く。

「このことは私にとっても初めはよくわからなかった。なぜなら福祉国家の発展についての既存の研究の大半には、政治家が立法過程において強調する政策提案のもつ象徴的な響きや道徳的な線引きといった文化的要素の意味を把握する分析的ツールが欠けていたためである」。「保障所得のプラン（中略）が成功をみなかったのは、それが貧困者を救済にふさわしいかどうかによって選別するアメリカ福祉政策の文化的なロジックに挑むものであったためである。この点で、所得保障はあらゆる貧困者を救済対象とみなすものであった」（Steensland [2008]）。

のちに貧困対策プログラムに加わったSSI（補足的所得補償）やEITC（勤労所得税控除）はむしろ貧困救済プログラムの選別的な性格を強め、資格要件の枠内で機能的な保障を与えようとするものであった。アメリカの社

会保障制度は、ヨーロッパ諸国と比べて、理念としては市場指向的、個人主義的であり、制度としては選別的であるが、これらの新たな諸制度はその傾向を強めるものとなったと考えらえる。

　ガルブレイスは、1969年に『ゆたかな社会』第2版で所得保障論を明示的に展開し、その後、所得保障の考え方を73年の『経済学と公共目的』のなかで、彼のいう「計画化体制」と「市場体制」——巨大企業の独占的セクターと中小企業の競争的セクター——という経済の二重構造の歪みを根本的に是正する政策の1つとしてあらためて位置づけなおし、その重要性を強調した。また、94年の講演においても所得保障論の立場を表明した。このようにガルブレイスは50年代の所得保障論を生涯にわたって保持しつづけた(Galbraith [1973] [1994])。

　またジョージ・シュルツはその後スタンフォード大学のビジネススクールに移り、レーガン政権で国務長官を務め、1977年にケネス・ダムとの共著のなかで所得保障論を展開した(Shultz and Dam [1977])。フリードマンは、ニクソン・プランに対して、それが他の社会保障給付の削減をともなっていないとして、議会で反対証言をした(Friedman and Friedman [1980])。フリードマンの追随者のなかには、リバタリアン型のベーシックインカムを提唱する人も少なくない。このように、普遍的所得保障の議論は、現代の経済学のひとつの大きなテーマとなっている。

　「完全雇用(full employment)ではなく、完全失業(full unemployment)を」というセオボルドの言葉に示されるように、この時代の普遍的所得保障の改革要求は、完全雇用政策とニューディール型社会保障の相互補完関係の持続可能性に根本的な異議を唱え、権利としての所得保障を謳いあげた。完全雇用をつうじた生活保障か直接的な所得保障かという選択は、資本主義社会が現在ますます喫緊に迫られている問題である。完全雇用をつうじて生活保障を行う道を進みつづけるためには、無限に「迂回生産」(ベーム・バベルク)の度合いを強め、「緊要でないものの生産」(ガルブレイス)の拡大を余儀なくされる。このことが長期的には持続不可能であるという所得保障の提唱者たちが発した警告は、雇用創出機能の劣化と社会保障制度の困難に直面する現在の経済構造の根底をあぶりだすものといえる。

第8章
普遍的所得保障の思想的系譜
――予備的考察――

はじめに

　欧米のみならず日本においても、社会保障制度を研究する人々のあいだで、現在の社会保障制度をより包括的あるいは普遍的なものに改革する必要性が強調されている。社会保障における包括性、普遍性とは、就業から離脱し、失業や子育て、病気、老後などの状態に置かれた場合のみならず、社会が生涯をつうじて個人の生活を保障するという意味であり、一定の生活水準の恒常的な保障を意味する。

　これまでの諸章において検討してきたように、現在の社会保障制度は、一般に完全雇用を前提に制度設計されたものであり、とくに日本やアメリカの社会保障は就労から離れた例外的な場合に適用されるという性格が強い。近年のアメリカや日本における就労形態の非正規化、雇用契約期間の短期化がこうした制度の前提を掘り崩しつつあることから、社会保障制度の効果や持続可能性の問題が指摘されている。

　これに対して、無条件の普遍的社会給付であるベーシックインカムの欧米の提唱者たちのあいだでは、物的生産性の上昇と就業率の低下傾向という現代経済の構造的特徴そのものを根拠とし、今や、完全雇用を通じた十分な所得の獲得というかたちでの生活保障は困難であり、むしろ分配面から拡大した生産力を利用すべきことが主張されている。これは既存の経済学が等閑視

してきた潜在的な過剰生産能力の利用に着目したものでもある[1]。

こうした普遍的な社会保障制度に対する要求は、直接には、第二次世界大戦後に主要先進国において形成された社会保障と完全雇用の体制の行き詰まりに対する危機感と反省から現れてきたものであるが、同時に、その内容は多かれ少なかれ過去の経済思想に手がかりをもとめたものである。普遍的所得保障を軸とした社会保障制度の構想は、それがどのような視点からのものであれ、一般に社会的給付を就労と切り離し、就労を前提しない無差別の適用を行うという点で、伝統的な社会保障の基本理念とは質的に異なることから、強い反対論にさらされている。したがって普遍的所得保障を主張するためには、その点での合理的根拠を示す必要がある。

本章では、普遍的所得保障を支持する見地から、分配論の思想的系譜を振り返り、その理論的論拠について考察を行うものである。

18世紀の啓蒙思想の流れは、19世紀以降、所有権の絶対不可侵を主張する資本主義擁護の立場と、所有権に対する生存権優位を主張する「新しい自由主義」（new liberalism）、社会主義、共産主義などへと分岐していく。しかし、20世紀に現れた現実の社会主義体制は、その本来の理念とは裏腹に、基本的人権そのものを抑圧する巨大な機構と化した[2]。その過程において普遍的生存権の立場は、現在、主として政治的なリベラル派や社会民主主義者、さらにはリバタリンアンの一部によって担われている。こうした経緯を整理するための枠組みとして、本章では、分配の諸形態を便宜的に「古典的自由主義モデル」「ニューリベラル・モデル」「普遍的所得保障モデル」の3つに分類し、普遍的所得保障の特徴を記述したい[3]。

---

1) ベーシックインカムについては第9章で論じる。本章のために簡単に説明すると、それは一般に、国家がその社会の成員もしくは資格をもつ居住者に対して、その稼得労働への従事の有無、資力水準、他の収入源の有無、家族構成にかかわらず支払う無条件的な給付であり、普遍的な所得保障を意味する。つまりそれは、高齢や傷病によって雇用から離脱した場合のみでなく、すべての社会成員に対して無条件に最低限度の生活を営むことのできる所得を金銭もしくはサービスの形で給付するという、戦後のいわば完全雇用補完型の社会保障制度に対する代替的な制度構想であり、社会保障制度の普遍性の典型的な形態といえる。Van Parijs [1996]; 小沢 [2002]; Werner [2006]; Wright [2006]; Raventós [2007]; 山森 [2009] を参照。

2) この経緯については Skidelsky [1995] などが示唆的である。

I　所有権の優位——古典的自由主義

(1) 古典的二項対立

　啓蒙思想以来の自然権の構成要素である所有権と生存権は、いわば古典的な二項対立（Classical Dichotomy）をなす。この両者の関連をどのように理解するかが分配論の諸見解を理解するうえでのカギとなる。

　分配論の第1の類型は、古典的自由主義なモデルである。それは、イギリス市民革命後のロックの主張に始まる私的所有権優位の考え方を前提とし、自立自助あるいは経済資源分配のパレート均衡の立場から国家による所得再分配を制限する、ないし極端にはそれ自体を否定するものであり、今日の新古典派経済学、新保守主義、ネオリベラル派、リバタリアン右派に連なる思想である。

　ジョン・ロックは、名誉革命後のイギリスにおいて『市民政府論』を著し、自然権概念を基礎に人民主権、議会制民主主義、権力の制限と抵抗権を網羅する社会理論の体系化を行った。彼によれば、生存権とは人間が等しく保有する権利であって、食物飲料その他、自然が人間の生存のために与えるものを受け取る権利を意味する（Locke［1690］p. 129）。これに対し、所有権は、「人が共有のものの一部を取り、それを自然の与えた状態から取り去ると、そこに所有権が生まれる。（中略）私のものであった労働がそれに対する私の所有権を確立したのである」（p. 130）とされるように、直接的な労働によって自然に働きかけた結果としてこの権限が発生するとされる。

　しかし現実には、生存権と所有権を等しく所有するはずの人々が土地貴族と小作農へと分解し、さらにその後、資本による所有権の支配領域が拡大する。そこでは、ある人々は生産手段を豊富に所有し、ある人々はそれらを欠いているという所有の格差が顕著となった。ロックにとっては、こうした所有権が生存権を脅かす事態をどのように説明するかという問題を無視するわ

　3）こうした分類はかならずしも発生史的な区分ではなく、多くの場合それぞれの思想内容は古典古代以来の分配思想に淵源をもつ。包括的なサーヴェイとして Beer［1919］［1929］を参照されたい。

けにはいかなかった[4]。

　そこでロックは一方で所有権の範囲の拡大が自己労働に基づかねばならないと考えている（p. 141）。しかし『市民政府論』では、所有権に自己労働がともなわねばならないとする条件は、必ずしも強いものではない。この見地は所有権の野放図な拡大の前にまったくなりをひそめ、その記述からは、ロック自身がいかにも広大な土地所有に対する複雑な感情を処理し切れていない印象がぬぐえない。ロックは、「自分の使用し得る以上に蓄積することは、不正直であるばかりでなく、実にまた馬鹿なことでもあった」といいながら、ただちに「自分の正当な所有権の限界を超えたかどうかは、その財産の大きさの如何にあるのではなく、何かが無用にそこで減失したか否かにある」とつけ加えている（p. 139）。しかし、ある所有の基礎に直接的な労働の存在を想定しうるかどうかということと、それが無用に所有されているかどうかとはまったく異なる基準である。労働を加えたかどうかよりも、有効な利用こそがその所有の正当性の基準とされるのであれば、「限界を超えた」土地所有がいかに「不正直」で「馬鹿」なことであろうとも容認されざるをえないことは明らかである[5]。

　『市民政府論』には「不均等な私有財産を作り出す物の配分が、社会の限界の外で、またなんの協約もしないで、実行されるようになったのはただ人間が金と銀とに価値を置き、かつ貨幣の使用に暗黙に同意することによってであった」（pp. 140-141）とあるように、貨幣経済に対するいくぶん懐疑的

---

4) この点について椎名重明は次のように指摘している。「私的土地所有がロックのいうように個々人の労働＝土地改良の結果でないことは、エンクロージャーの歴史をみただけでも明らかである。第1次エンクロージャーは領主による農民追放＝耕地の牧羊場化を特徴としていたし、協議に基づく農民的エンクロージャーや共有地の分割にしても、特定の保有権とか共有権が私的土地所有権に転化されたのであって、囲い込みのための労働だけで誰もが自由に私的所有権を獲得しえたわけではない。個別的土地改良＝個々人の投下労働は、ロックの所説とは逆に、むしろ私的土地所有を前提とするといってよい」（椎名 [1978] p. 20）。椎名はまたマルクスの『聖家族』における労働と所有の関連について次のような記述を引用している。「土地の開墾が『その完全所有をつくり出す』とするならば、それは一つの先決問題要求の虚偽である。物質の新しい生産能力そのものの所有がつくり出されていることは事実である。（しかし、）これによって物質そのものの所有がつくり出されるということこそ証明されるべきであろう」。

な記述もみられる。しかしその後1692年に書かれた『利子の引下げおよび貨幣の価値の引上げの諸結果に関する若干の考察』では、借地農業者から貨幣資本家が利子を取ることや、地主が地代を取ることを「公正で合法的なことである」とあからさまに述べている（Locke [1692]）[6]。こうしたことからみて、ロックの理論は、所有権の主体が貴族階級である場合には絶対主義のもとでの封建的土地所有と、またそれが新興資本家階級である場合には産業資本主義とそれぞれに親和的でありうるのである[7]。

(2) アダム・スミス

その後の時代に所有権をめぐる問題の根本的な意見の対立は次のようなかたちで存在した。第1の立場は、ロックに淵源をもち、アダム・スミス、ハイエク、フリードマン等に代表される、生存権に対して所有権を優位に置くものである。この考え方は、国家から強制されない経済活動の自由と所有権の不可侵を主張する。アダム・スミスの所有権に対する考え方を端的に示す一文は次のとおりである。

5）D・A・コーエンはこの点でのジェームス・タリーのロック擁護論を批判し、ロックに厳しい評価を下している。「私が確信しているのは、…政府が存在する以前の自然状態と政府の統治下にある社会との双方にいて、私的所有や不平等を支持するとロックが考えていたということである」(Cohen [1995])。アントン・メンガーがいうように19世紀のリカードウ派社会主義のいわゆる「労働全収権論」はロックにその源流をもとめることができるが (Menger [1899] p. 42)、それは所有権の労働価値説的側面のみを継承しようとしたものであり、ロックを所有権論の全体を肯定的に評価したためではない。また今日のアメリカにおける代表的なリバタリアンとして知られたマリー・ロスバードは、ロックの自己労働に基づく所有権を支持しつつも、労働に基づかない土地所有を否定している。「『封建制』あるいは『土地独占』と呼ぶことができるこのケースでは、封建領主あるいは独占的領主はその財産に対して何ら正当な請求権を持たない。現在の『小作人』あるいは農民が彼らの財産の絶対的な所有者であるべきで、奴隷制の場合と同様、独占的領主への補償なしに土地への権限が農民に移されるべきである」(Rothbard [1982])。

6）この点に関しては蛯原 [1986] を参照した。

7）ジョセフ・シャルリエは、所有権の優位を強調する人々が私有財産権をあらゆる領域にまで拡大しようとしたことを批判し、「空気や太陽が人間の手の届かないところにあることがいかに幸運なことか。さもなくば人間は個人の所有権をそれらに対しても打ち立てたであろうことは疑いない」(Charlier [1848] p. 107) と辛辣に述べている。所有権概念の濫用は今日の温室ガスの排出権など新たな権利規定にもみられる。

「労働者が自分自身の労働の全生産物を享受した、ものごとのこの原初的な状態は、土地の占有と資本の蓄積が最初に導入されたあとまでつづくことは不可能だった。したがってこの状態は、労働の生産力にもっともいちじるしい改良が行われるずっと以前に終了したのであって、労働の補償すなわち賃金にそれがどういう影響を与えただろうかをそれ以上たどっても、無益だろう」(Smith, [1776] pp. 82-83)。

これはのちのリカードウ派社会主義に影響を及ぼした重要な記述のひとつであるが、スミスは、「土地が私有財産になるやいなや、労働者が土地から生産したり収集したりすることのできるほとんどすべての生産物について、地主が分け前を要求する。彼の地代は土地に使用される労働の生産物からの第一の控除となる」(p. 83) と述べるにとどまり、所有権の発生の根拠や、所有の格差と生存権との関連についてはなんら説明を加えていない。ただ分業の結果生み出される生産物の大幅な増加が、最下層の民衆にまで広がる普遍的な富裕を作り出すと指摘するのみで、それが実際にどのように社会全般の公正水準の向上に寄与するのかについては立ち入って考察を加えてはいない。

しかしルソーとヴォルテールを敬愛し、スコットランド啓蒙学派の影響のもとにあったスミスが所有権の問題に無頓着であったとは考えられない。スミスはこの問題を明示的には追究せず、回避したいと考えたにちがいない。むしろスミスは、分業による巨大な生産性の恩恵が所有の現実の格差による弊害をも相殺する程度に拡大することを示唆することによって、この問題の考察にかえようとしたと思われる。

スミス以降、19世紀の土地社会主義者、リカードウ派社会主義や「ニューリベラリズム」と呼ばれる新しい自由主義の思想家たちがこの問題をめぐって悪戦苦闘したのに対して、ほとんどの経済学の主流派はスミスの姿勢を踏襲し、所有の本源的な問題に立ち返ることはなかった。その後、経済学が打ち立てた効率的市場の仮説的見地からは、所得再分配や法定最低賃金の設定など人為的措置は、原則的に経済的厚生の水準を引き下げるものとして、例外的な場合を除いて認められず、所有権の侵害などはおよそ論外とされ

た[8]。

II 完全雇用と補完型社会保障——ニューリベラル・モデル

(1) 「ニューリベラル」（新しい自由主義）

　分配論の第2の類型は、ジャン・ジャック・ルソーに始まり19世紀の社会主義思想の系譜を含む、所有権に対する生存権の優位を主張する立場である。彼らは、人間は国家もしくは社会の力によってはじめて経済や市場によって支配されている状態から解放されると考え、社会的生存権を実現するためには所有権は制限されねばならないと主張した。生存権を保障するためには国家が完全雇用政策をつうじた就労条件を用意し、教育や社会保障制度を準備しなければならない。この類型には、労働運動の側からの労働権と完全雇用政策、およびそれを補完する社会保障制度の実現要求が対応する。社会的給付は、多くの場合、就労義務を付したうえで、最低限の生存水準を保障し、雇用への復帰を促すものとして制度設計された。と同時に、雇用政策と再分配のため、投資決定の部分的な社会化と資産者に対する課税強化を不可避とみなした。

　この系譜はルソーから19世紀の社会主義思想、自由主義思想、ケインズ主義に至る長い系列を含む。19世紀末から20世紀初頭にかけて自由主義思想は古典的自由主義から脱皮し、国家の経済過程への介入を認める「積極的」国家概念を主張する「新しい自由主義」へと進化する。「社会的自由主義」とも呼ばれるこの思想は、20世紀前半の福祉国家形成の思想的基盤となった。19世紀後半からヨーロッパで広がりはじめた社会保険制度、公的

---

8) ミルトン・フリードマンにおいては、こうしたロックやスミスのような曖昧さや躊躇は微塵もなく、生存権に対する所有権のまったくの優位が主張される。彼にとっては、権利の平等と結果の格差とには何の関係もない。「自由主義者は、一方において権利の平等と機会の平等、他方において物質的平等もしくは結果の平等とをきびしく区別するであろう。彼は自由社会がこれまでに経験されたどんな社会よりも、実際上より大きな物質的平等をもたらすのに役立つという事実を歓迎するかもしれない。しかし彼はこれを自由社会の好ましい副産物とみなし、それの主要な正当化の理由とはみなさないであろう」(Friedman [1962] p. 195)。

扶助制度の整備、20世紀におけるケインズ主義的完全雇用政策とそれに対応する社会保障制度および課税体系の発展を支えたこの政策的イデオロギーは、古典的自由主義からみれば所有権の侵害と市場均衡の法則からの逸脱を意味し、しばしば社会主義的さえあるとみなされた。19世紀から20世紀のニューリベラリズム（「ネオリベラリズム」＝新自由主義とは異なる）もしくはモダンリベラリズムと呼ばれる思想から社会民主主義までの幅広い思想的基盤をもつこの類型をここでは「ニューリベラル・モデル」と呼んでおきたい。

所有権に対する生存権優位の初期の思想はルソーの主張にみられる。ルソーは、「占有者は公共財産の保管者」（Rousseau [1762] p. 18）にすぎないとみなし、土地は公共のものであり、人民主権の立場からその所有権は制約されうるとして、次のように述べている。

　「それがどんな仕方で手に入れられるにせよ、各個人が自分自身の地所にたいしてもつ権利は、つねに、共同体が土地全体にたいしてもっている権利に従属する」（p. 18）。「社会契約によって、各人が譲り渡す能力、財産、自由はすべて、ただ、その使用が共同体にとって不可欠な全体の部分に限られるということは認められている。けれども、どれだけが不可欠かを決定するのは主権者［政府の意味］のみである」（p. 24）。

こうしたルソーの思想がフランス革命のみならずその後の19世紀の社会思想に大きな影響を与えたことは周知のとおりである。しかし実際のフランス革命の展開はこうした人民民主主義の理想と大きくかけ離れていく。

(2) 労働権

シャルル・フーリエは、フランス革命が人権をめぐる空理空論に明け暮れたことに対して痛烈な批判を行い、抽象的な政治的基本権ではなく、労働権という具体的な経済的基本権を対置すべきことを主張した。労働権とは、私企業のもとでいかなる雇用も見出せない労働能力のある国民が国家または地方公共団体から通常の報酬が支払われる雇用をあてがわれることを要求する

権利を意味する。フーリエ自身は、この要求が彼自身の思い描く社会体制以外において実現するとは考えなかったが、19世紀半ば、フランスにおける1848年の2月革命の頃までに、フーリエ主義者のコンシデランらが自然の共同使用権に変わる代償として労働権を主張するようになる。

　アントン・メンガーがいうように、労働権は本来「ただ単に現行の財産法を補足する性質をもっており、土地および資本の個人的所有権の存在を、まさに前提している」ものである（Menger [1899] p. 15）。しかし、労働権の解釈には大きな幅があり、それを土木事業など通常の日雇い労働程度を要求する権利であると捉えるのか、それとも個人がもつ技能に適した仕事を要求する権利であるのかといった問題が実際に2月革命のなかで大きな争点となった。国立作業場も車大工、製靴工、仕立屋など専門的な仕事を与えているあいだは非常に満足な成果を上げたが、そうでない場合に労働者の不満は強かったといわれる。また、雇用保障のための費用を国が負担するのか地方自治体が負担するのかという問題も大きな問題となった。ついには労働権の拡張を嫌う資本家勢力の反発をまねき、ルイ・ブランら社会主義的共和派の拠点であったリュクサンブール委員会は廃止され、国立作業場も閉鎖された。その後、6月蜂起を経て、労働権はフランス国民議会において明文上は否認された。

　しかしその後も労働運動と労働者政党は労働権をもって生存権の確保を追求した。19世紀の後半、ドイツ、イギリスをはじめ資本主義諸国において政府による雇用対策、社会保険制度ならびに公的扶助制度が徐々に形成されていくが、メンガーがいうように労働権は所有権を前提し、補完する位置にあり、さらには、就業から脱落した人口を社会保障が補足的に救済するというモデルとして定着した。

　1930年代の世界不況は、こうした完全雇用創出と社会保障のカップリングによる安定化を極限まで追求すべきことを国家に強制した。しかし少なくとも30年代には、最も資金的に余裕のあったアメリカでさえ、その赤字財政支出の規模は完全雇用には十分とはいえなかった[9]。第二次世界大戦後、

9）本書第4章の議論を参照されたい。

主な先進国で完全雇用と社会保障の両輪によって生存権を保障する仕組みが作られた。しかし、現在までにアメリカに顕著なように、雇用劣化が進み、両者のカップリングに深刻な問題が生じている[10]。

III　普遍的所得保障——ペイン、スペンスおよびホブハウス

(1) 生存権と労働権の分離

　分配論の第3の類型は、最低限の生活水準の恒常的保障を国家が無条件に行うという意味での強い所得再分配を主張する見解である。この立場は、生存権の所有権に対する優位という点で、第2のニューリベラル・モデルと共通の性格をもち、社会給付の水準の引き上げという意味ではその外延的延長といえるが、就労と給付、生存権を労働権と切り離して実現しようとする点においてそれと区別される。さらに必要に応じて、政府による強い課税や経済統制、さらには生産手段の社会的所有をも必要に応じて認めようとする。本書でいう普遍的所得保障の立場は直接にはこれであり、ベーシックインカムもこれに含まれる。

　古いユートピア思想を別にすれば、普遍的な所得分配あるいは再分配の構想はそもそもヨーロッパ市民革命のなかから生存権を保障する政策論として考え出され、とくに18世紀後半から19世紀にかけてトーマス・ペイン、トーマス・スペンス、ヘンリー・ジョージといった啓蒙思想の流れをくんだ土地社会主義者たちによって提起された。彼らは、課税による私有土地の収益の再分配から土地の共同所有や貸与による社会主義的な分配に至る多種多様な政策を構想することによって経済的公正の実現を目指した。さらに19世紀末から20世紀初頭に、トーマス・ヒル・グリーンやL・T・ホブハウスなど、「新しい自由主義」「自由主義的社会主義」を掲げる思想家たちが現れ、こうした人々の着想はその後のフェビアン社会主義やヨーロッパの社会民主主義運動、社会保障制度の発展の土壌を形成した。

---

10) 本書第5章の議論を参照されたい。

(2) トーマス・ペイン

　アメリカの独立革命に貢献し、さらにフランス革命に身を投じたトーマス・ペインは、1792年に発表した『人間の権利』第2部で、文明国と呼ばれるヨーロッパ諸国において貧困が蔓延していることを告発し、とりわけイギリスに向かって貧困の根絶を訴えた。ペインは、イギリスの人口700万人のうちその5分の1にあたる140万人が扶助を必要とする貧困人口であり、うち14万人は老齢の貧困者であると概算した。彼は次のような解決策を提案している。

　「困っている人々を実際に救うには、救貧税を全廃して、その代わりに、現在の救貧税の2倍に当たる額、つまり年に400万ポンドの金を余剰の税金のなかから出して、貧しい人々に対して税金の免除を行うのが第一歩であるだろう。こうした措置をとれば、貧しい人々は200万ポンドの、世帯主も同じく200万ポンドの利益を受けることになろう。これだけでも国債を1億2000万ポンド少なくするのに等しく、したがって、アメリカ戦争の全戦費に匹敵することになろう」（Paine [1792] pp. 246-247）。

　ペインの提案は現在でいう児童手当、就学促進、老齢年金、出産手当、結婚手当、死亡手当などに相当するものであり、その具体性は啓蒙思想の自然権思想の抽象さと比べて雲泥の差である。このような具体的な政策のための財源をペインはヨーロッパ諸国の和平条約による戦費の節約および土地に対する強い累進課税にもとめた。

　「3万、4万、ないし5万ポンドもの年収があるというような広大な土地所有がどうして発生し得たか、それも、商工業がそれほどの取得を許す状態になかった時代にどうして可能だったか、詮索してみても、ろくな結果は生まれてこないであろう。したがって、そのような土地をそれら家族の後継者であるすべての男女のあいだに分配するという穏やかな方法を用いて、土地財産が再び共同社会に護られていくようにして、この弊害を強制しさえすれば、それで十分だ、ということにしよう」（p. 263）。

ペインによれば、貴族は次男以下の子弟や縁者たちに官職をあてがい、その生活の負担を社会に押しつけてきたが、そうした慣習を廃止すると、長子相続も同時になくなり、分割相続によって土地貴族は長期的に衰退する。また土地所有の格差は人為的なものであるから、土地からの収益に対する強力な累進課税には根拠があるとし、そこに主たる財源をもとめた。ペインは一家族の生活を支える必要額を1000ポンドとし、そこまでは6％ほどの低税率に抑え、その後、累進的に税率が上昇し、2万3000ポンドで限界税率100％となる詳細な累進課税表を作り上げた。

　当時すでにトーマス・スペンスやウィリアム・オグルヴィらの土地国有化論が存在したが、それらと比較してみると、ペインの提案は地主的土地所有の存続を認め、土地貴族の勢力を相続面から縮小するといった点で、より漸進的かつ穏健な戦略であったといえる。

　バブーフの蜂起が鎮圧された翌年の1797年に、ペインは『土地の公正』（*Agrarian Justice*）というパンフレットを発表した。そこでペインは、『人間の権利』での議論をさらに推し進め、貧者や高齢者に対する給付という枠を超えて、普遍的な社会的給付の構想を打ち出した。それは、人類の共同所有物である土地に対する相続課税に基づく国家基金の創設によって、土地のもたらす価値に対する平等な取り分として、21歳に達した男女に対して15ポンド、50歳に達したすべての男女に対して10ポンド無条件に給付するというものである。

　　「農耕は少なくとも人間が成しとげた最大の自然改良である。それは土地の価値を10倍にもしたのである。しかし、それにともなう土地独占は最大の悪を生み出した。それによってすべての国の住民の過半が自然遺産の所有から排除された。当然なされるべき保証が与えられないまま、かつては存在しなかったような貧窮の人種が生み出された」（Paine [1797]）。

　ここには土地の生産性は、地主や資本家の個々の努力ではなく、社会的な産物であり、その富の源泉から生み出されたものは人類が等しく享受すべきであるという考え方が打ち出されている。したがって社会的給付と労働とは

原理的に切り離され、各自は無条件的な給付を受ける権利があると考えられた。

(3) トーマス・スペンス

こうしたペインの構想が土地の私的所有を前提しているのに対し、同時代のトーマス・スペンスは、教区ごとの委員会によって管理された土地の共有制を主張してペインに挑んだ。具体的には、入札によって土地をリースし、その収益を共同体成員間で無条件に分配しようというものである。

「土地を改良したのは誰であろうか。所有者だけが働き労苦を費やして改良を行ったであろうか。そしてわれわれ労働者やその先祖はこの公共的な意義ある産業に対しインディアンやホッテントットのように怠惰な傍観者の態度をとったのであろうか。そうではないだろう。逆に、いかなる改良も主として労働階級のおかげであることはもっとも皮相な観察者にとってさえ明らかである」(Spence [1797])。

「労働大衆の口によって作られる消費も手と同様に土地の耕作に寄与する」と彼はいうが、これは市場を取り払ったら、どのようにまたなんのために国土が耕作されているかが明かであるという、彼のラディカルな立場を表現したものといえる。

ペインとスペンスには、土地に再分配の原資をもとめるという初期社会主義に共通の特徴がみられるが、土地私有制の是非、給付の形態の問題についての立場は基本的に異なっている。ペインは私的所有の基礎のうえで再分配による生存権の保障を構想しているのに対し、スペンスの場合には、私的所有と市場によって媒介されない分配を想定している。スペンスの議論の独特な点は、土地の生産性が社会によってもたらされたものであるという事実から、直接、すべての市民が土地の生み出す富の分配に与る権利を有すると考えたところにある。スペンスにとっては、同じ土地でも、生産力の社会的条件が異なれば、その生産性、収益性も異なるため、生産性の結果は、それを生み出す社会に帰属すべきものである。スペンスにおいて土地独占そのもの

を認めないという立場は、共有制への支持と裏腹の関係になっている。

(4) L・T・ホブハウス

　ホブハウスは、財産権（Rights of Property）だけでなく、それと同時に、財産への一般的な権利（General Rights *to* Property）も存在すると主張する点で、他のニューリベラルよりもラディカルである。ホブハウスによれば、社会の初期状態においては、各人は生まれながら共有地に妥当な取り分をもっていた。経済的個人主義の結果、物質的には進歩したが、大衆の幸福はそれによって犠牲となった。経済学の根本問題は、財産が社会的であるという考え方を復活させ、それを現代的に正しく位置づけることである。

　「富は個人的基礎だけでなく社会的基礎もあわせもつ。都市の内部やその周辺の敷地地代のような富のいくつかの形態は、本質的に社会の創造したものである。そして、そうした富が私人の手に委ねられたのは、もっぱら過去における政府の不正行為をつうじてである。富の他の大きな源泉は、金融上や投機的な取引のなかに見いだされるが、それはしばしば明瞭に反社会的傾向をもっており、そしてイギリスの欠陥ある経済組織をつうじてのみ可能なものである」（Hobhouse［1911］pp. 77-78）。

　スペンスと同様、ホブハウスもまた富の社会的性格を強調している。この議論から出てくる結論は、個人は社会的余剰に対する請求権を社会的財産の相続権として主張できるというものである。次のような改善のための提案をホブハウスは行う。

　「社会が自由に処分できる共同のストックを増し、それを怠惰、無能力または犯罪により自らの長所を失っていないすべての人びとの経済的自立を保障するために活用する上で効果的な一連の財政的、産業的、社会的な共同的方策をつうじて、この傾向は改善が可能であると理解されている」（p. 78）。

彼にとって財産とは社会的概念である。つまり、ある財産によってどの程度の富が生み出されるかは社会的な生産力によって決定されるのであり、個々の財産所有者の個別的な努力によるものではない。したがってホブハウスが主張するのは、社会成員のすべてが一定の社会的ミニマムを享受しうる程度の財産権を保有しているということである。「この原理が断固として主張するのは、〔個人が果たす〕社会的な機能が、いずれも個人の生涯を通じて、この機能を刺激し維持するための十分な報酬をうけなければならないということである」(p. 85)。ホブハウスは給付水準を明示してはいないが、個人の十分な身体的快適さを保持し、現実的な欠乏に苦しまない程度の支出としており、その実現が社会の共通善の本質的要素であると記している。

ホブハウスは、自由の名による個人の恣意的な攻撃や強制を社会が制限することによってこそ自由は実現されるという「積極的自由」の考え方を基礎に、古典的自由主義の枠を越えて、個人の活動に対する社会的統制の必要を主張している。『自由主義』(Liberalism)と題するホブハウスの著書を読んだハイエクが、タイトルをむしろ「社会主義」とすべきであると揶揄した所以である。

生産手段の社会化をも認める点でホブハウスの立場は社会主義と共鳴するが、同時に彼は、国家が統制権力を行使する際には、実験を積み重ねつつ慎重に行うべきであるとし、先見的にも社会主義は個人の権利や人格的独立を「時々忘れてしまう」と警告している。

ホブハウスは、「経済学における正義の領域とは何か。正義が終わり、慈善が始まるのはどこであるのか。(中略)財産権の基礎とは何か。その社会的な機能と価値とは何か。既得権や時効取得された権利はどの程度考慮されるべきだろうか」(p. 72)といった根本問題を提起する。社会成員は社会の富に対し「相続として」一定の取り分をもつべきであるとし、生活賃金の形態での無条件の所得保障を提唱した。

こうしてペインやスペンスが土地に認めた社会的性格を、ホブハウスは財産すなわち生産手段一般に押し広げ、さらに「産業の集団的統制は、それが実際により成果をもたらすことが明らかになるにつれて拡張されるであろう」(p. 70)とし、自らの立場を「自由主義的社会主義」と呼んだ。

むすび

　結論を要約すると以下のようになる。まず第1に、生存権と所有権という古典的二分法からすれば、両者の具体的な規定関係や補完関係は古典的自由主義においてもニューリベラルにおいても曖昧かつ不安定であった。それに対して、普遍的社会保障モデルは無条件の社会的給付を社会的生存権保障の具体的な形態であるとともに、生存権が保障されているかぎりにおいて所有権をも最大限保障するものとして両者の関係を捉えている。その意味で、この制度においては、生存権と所有権の棲み分けが他の分配類型にもまして明瞭である。そこでは国家が個人の労働参加あるいは労働能力の有無にかかわらず、生活の最低限を保障し、それ以外の領域は市場にゆだねる。国家による経済介入の目的は生存権の確保であり、課税や生産手段の社会化それ自体は目的ではなく、あくまで目的に従属する手段とみなされる。

　第2に、19世紀において、産業資本主義の発達にともない、生存権は労働権へと置き換わっていくが、この思想的転換が20世紀をつうじて完全雇用とそれを補完する社会保障制度というニューディール型の結合を支える支配的な観念的装置となった。現時点において、そうした制度的複合体の機能低下によって、ふたたび雇用と保障の組み合わせのあり方が根本的に問われている。

　第3に、ペイン、スペンス、およびホブハウスにおいては、生存権の保障は労働権ではなく、社会的生産力の一部を共有すべき経済的基本権としてダイレクトに主張された。こうした見解によれば、無条件の社会的給付は、社会が歴史的に作り上げてきた生産力を遺産として相続することを意味し、自然権に基づく生存権は土地あるいは生産手段一般からもたらされる利益を享受する権限へと置き換えられる。したがって無業の者は、就労する人と同等の分配を要求することはできないにせよ、無業であるからといって、最低限の生存に必要な生活手段を得る権限を剥奪される理由はない。このことが19世紀の社会思想が導き出した普遍的所得保障の論拠であるといえる。

第9章
ベーシックインカム

はじめに

　この十数年間、アメリカの経済格差と生活不安の高まりに対して、様々な対案と運動が現れている。1990年代半ば以降、アメリカの多くの自治体で独自の最低賃金水準を設定する「生活賃金」（Living Wages）の運動が始まり、現在時給15ドルの運動がシアトルをはじめ、全米に広がりつつある。中間所得層の抱える経済的リスクの緩和を目指した失業時の「所得保険」（Universal Insurance）実現のための運動（Hacker [2006]）やすべての個人に対して例えば18〜21歳までの4年間に就学や起業の機会を保証するための年間数万ドルの資金を給付し経済的機械の平等を実現するという「ステークホルダー・グラント」（Stakeholder Grants）という制度の提案もなされている（Ackerman et al. [2006]; Bowles and Gintis et al. [1998]）。

　こうしたなかで、欧米のみならず世界中で「ベーシックインカム」（基礎所得）という所得再分配の制度が注目されている[1]。ベーシックインカムは、従来の社会保障制度と異なり、所得の恒常的な直接的再分配をつうじて国民の経済的リスクに対処し、経済生活の基礎的部分を直接支えようとする

---

1) ベーシックインカムは、BI（Basic Income）、UBI（Unconditional Basic Income）、UBI（Universal Basic Income）、UBG（Universal Basic Income Guarantee）などと略されている。

ものである。本書ではアメリカにおけるベーシックインカムをめぐる議論を整理することで、その可能性を検討したい。はじめにベーシックインカムの機能を明らかにし、戦後のアメリカにおける普遍的所得保障の構想がアメリカにおいていかに論じられてきたかをフロム、ガルブレイス、フリードマン、マリーの議論をつうじて検討する。そのうえで、代替案としてのベーシックインカムの役割に関する最近の議論を説明する。そして最後に具体的なシミュレーションについて考察する。

I ベーシックインカムとは何か

(1) 発生史的定義

ベーシックインカムには様々な定義があるが、一言でいうならば、社会構成員のすべてに対して、最低限の所得を資力、就労の有無その他を問わず無条件で保障するシステムを意味する。「ベーシックインカム・ヨーロッパ・ネットワーク」(BIEN) のメンバーでもあるスペインの経済学者ダニエル・ラベントスは、ベーシックインカムに次のような定義を与えている。「国家がその社会の成員もしくは認められた居住者に対して支払う所得であり、その支給にあたっては、受給者の稼得労働への従事の有無、資力水準、他の収入源の有無、同居者など家族構成を問わない」(Raventós [2007] p.8)[2]

ベーシックインカムの特徴を従来の福祉制度における年金や失業補償との比較で整理すると以下のようになるであろう。

・家計ではなく、個人に対する定期的な現金給付である。
・一時的な困窮期間ではなく、生涯にわたる恒常的な給付である。
・求職活動や労働能力を問わず、所得制限もない無条件の給付である。

19世紀までの生存権の保障という文脈でなされた様々な所得保障の思想

---

2) ラベントスは、実際の給付についていくつかの給付レベルで試算を行っているが、典型的なケースでは、すべての人々に年間 5414 ユーロ（月額 451 ユーロ、児童は半額）の場合、税率は 49.9 % となる。その際、およそ 80%の人々はこの制度の導入によって所得は増加するが、上位 20%の人々にとってはこれまでの制度と比べ負担が重くなるとしている (Raventós [2007])。

と区別される現代的な普遍的な所得保障の考え方は、主として2つの歴史的背景から生まれているといってよい。1つは、ニューディール型あるいは戦後ケインズ主義的な高雇用と社会保障のカップリングに基づく経済体制の限界に対する認識である。ギルド社会主義といわれるG・D・H・コールは、1930年代に資本主義の無計画性をおぎなうものとして「社会的配当」(Doles or Social Dividends) の構想を提案した。このアイデアは、今日のベーシックインカムと共通の性格をもつが、同時に、貯蓄と投資が連鎖的に収縮するマクロ不均衡を家計消費支出の引き上げによって調整するマクロ経済政策としての性格も備えたものであった (Cole [1935])。また、ジュリエット・リズ＝ウィリアムスはビヴァレッジ報告 (1942年) が約束した社会保障政策が就労に対するディスインセンティブを含むことを予見したうえで、「新しい社会契約」と彼女が呼ぶ、すべての市民に対する社会的給付の構想を打ち出した (Rhys-Williams [1943])[3]。こうした理論と政策は現代的な社会保障の形成期にその限界を認めることによって生まれたものであった。

　第2には、20世紀の社会主義の歴史に対する反省である。20世紀は、市場の失敗がもたらす惨状とともに、「生産手段の社会化」を掲げた社会主義が失敗した場合にいかなる悲劇が起こるかをも証明した。スターリン型は「本来の社会主義」ではなかったという主張も可能であろうが、社会主義がその本来の姿から逸脱した場合でさえ、個人はその社会から最低限の生存権を保障されねばならない。その意味において、ベーシックインカムは「政府からの自由」「国家からの自由」を保障し、生存権を守るために必要と捉えられた。マベルとミルナーは早くもロシア革命の直後にベーシックインカム型の給付制度を主張し、それが革命的手法が生み出したロシア革命の混乱を避けつつ、緩やかな共産主義を効率的に導入するものであると述べた (Milner and Milner [1918])。アメリカのロックバンド、クリーデンス・

---

3) これはベーシックインカムの先駆といわれるが、「労働取引所」(Labour Exchange) をつうじた就労促進的要素の強いものでもあった。イギリスの経済学者ジェームス・ミードは、1948年に市場社会主義の立場からこのリズ＝ウィリアムスの着想を高く評価し、その実行可能性について論じた (Meade [1948])。ミード自身も「市民配当」(Citizen Dividend) としてベーシックインカムを主張した。

クリアウォーター・リバイバルはかつて「五カ年計画もニューディールも黄金の鎖でがんじがらめ。この雨を止めるのは誰だ」と歌ったが、ベーシックインカムは「市場の失敗」と「政府の失敗」の両方にかかわろうとする[4]。

(2) 機能

　前章でみたように、ヨーロッパ社会思想における啓蒙思想以来の所有権と生存権の古典的な二項対立の類型把握からすれば、ベーシックインカムは、最低限の社会的給付によって社会が生存権を直接保障し、同時に各自の経済活動の自由を広げるという意味において、こうした二項対立を最終的に解消する役割をもつといえる。

　現在の社会保障制度は、各自が就労をつうじて得た所得によって生活を支えることを前提に、就労から離脱せざるをえない失業や疾病といった例外的状況、もしくは高齢により就業能力を失った場合に対して、条件的に救済がなされるというものである。つまり完全雇用もしくは高雇用から逸脱したときのセーフティネットである。それに対してベーシックインカムは、就労の如何、資産の有無などを問わない無条件的で恒常的な社会的給付である。生活に必要と考えられる基礎的なニーズに対応する所得を社会的に給付するという意味で、それは賃金の一部を労働市場から切り離して社会化しようとするものである。このようなベーシックインカムは、具体的にはどのように人々の行動に働きかけ、どういう機能をもつと考えられるであろうか。

① 生存権の保障

　無条件の恒常的な社会的給付であるため、労働者は生存のために資本家あるいは企業に全面的に依存する必要はなくなり、労使間の非対称的な力関係は根本的に是正される。団体交渉制度がない場合でさえも大幅な労働条件の改善が可能となる。また人々は行政の裁量にも依存することなく、いかなる理由によってもその生存権を脅かされることがなくなる。ベーシックインカ

---

4) P・ヴァン・パリースは、資本主義は市場の失敗に対してそれらを内部化するために行政的に価格を修正して処理するが、社会主義でもそれは同じであり、それがどの程度適切に行われるかは、生産手段の私的所有か公的所有かということよりも、政治諸制度のデザインに依存すると主張している（Van Parijs [1996] p. 187）。

ムは雇用と保障のはざまにあえぐ多数の貧困者を救うことができる。つまり「市場の失敗」と「政府の失敗」の両方から生存権を守る。

②失業リスクの軽減

技術革新による「テクノロジー失業」の可能性が高まるにつれ、労働の流動性は強まらざるをえないが、ベーシックインカムによってそうした流動性を受け容れることが社会にとって可能となる[5]。ベーシックインカムは、既存の生活保護と異なり、追加所得が発生してもベースとなる給付が維持されるため、所得増加分がそのまま自分の手に残る。そのため労働インセンティブを高め、長期的な教育投資や技術開発を促進する。恒常的な給付のため、失業のリスク（失業によって失う所得）が軽減され、再就職までの再教育の可能性が広がり、柔軟な労働移動や雇用調整を可能にする。無条件的給付であるため、従来の社会保障制度につきまとう受給することによるスティグマ（恥辱感）がない。

③経済構造の変革

人々の職業選択の自由を促進し、労働現場における強制を排除する。働きがいのある魅力的な職種の労働供給は高くなるため、そこでの賃金は下がり、そうでない職種の賃金は上がる。前者の職種は、賃金を引き下げても労働者が集まり、その分、収益性は高まるであろう。後者の職種は、労働供給が減少することによって報酬の引き上げを迫られる。このようにベーシックインカムは、社会的有用性の乏しい、魅力のない職業を淘汰する半面、これまでの資本主義的市場が有効に組織しえなかった非商品形態をとる社会的に有益な活動、たとえばケア、芸術、政治、地域のための活動、就学、起業促進等への従事を可能にする。

④ジェンダー

ベーシックインカムは性別や家族構成にかかわらず給付される。とくにアメリカや日本などは、成年男子従業員に家族賃金あるいは生活賃金を支給する傾向が強く、女性労働や学生のパートやアルバイト労働は基本的にそれに

---

5)「私にとっては、賃金が需要と供給関係に応じて形成される労働市場と、人間が尊厳を持って生活できることを万人に保障する社会保障政策とを分離することが決定的に重要なのです」(Werner [2006])

対する補助的な地位を与えられてきた。主婦や児童に対しては給与からの各種控除や手当というかたちでの負担軽減措置が男性給与に対してなされてきた。こうした賃金形態と社会保障制度の組み合わせそのものがジェンダー格差の基盤であったが、ベーシックインカムは、そうした女性や児童の男性世帯主への経済的依存を軽減する役割を果たす。

⑤行政機構の簡素化

既存の公的扶助・失業給付その他のかなりの部分を一元的にベーシックインカムに置き換え、給付資格の調査にともなう行政上の負担を取り去ることによって、社会保障行政機構を大幅に簡素化することができる。

⑥マクロ経済調整

ベーシックインカムはその給付水準を調整することによって、経済の総需要、賃金・物価・為替の変動への対応を容易にする。

このようにベーシックインカムは、就労の有無と関係なく社会成員の最低限の生活を、したがってまた生存権を実質的に保障する制度であり、その無条件的性格から効果は職業選択、労使関係、家族関係、生活スタイルなど経済活動全体に及ぶ。ベーシックインカムのこのような性格から、ただちにその実行可能性、既存の制度との整合性、倫理的是非などの論争を引き起こし、今日まで様々な議論が続いている。

Ⅱ　アメリカにおける所得保障論の展開

(1) エーリッヒ・フロム──権威主義社会主義体制への批判

戦後アメリカにおける早い時期のベーシックインカムの提唱はフロイト派の社会心理学者エーリッヒ・フロムにみられる。フロムの1955年の著書『正気の社会』（*The Sane Society*）は、資本主義社会の心理的側面の分析に基づいて、スターリニズムの全体主義とは異なった社会主義（「正気の社会」）の可能性を模索しようとしたものである。

フロムのここでの議論の特徴は、社会の進歩は、経済的、社会政治的、および文化的諸変化がともなってはじめて起こりうるのであり、そのどの側面を欠いても不十分であり、技術や生産からの疎外、疎外による権威への同調

といった社会心理的要素が非合理な熱情を生み出し、その結果、破壊的な作用をもたらす場合がありうるというものである。

社会心理的次元の問題は、フロムによれば、生産手段の社会化といった伝統的な社会主義の手法によって必ずしも解消できるものではなく、むしろ経済的計画化の失敗でその破壊的作用が極端に増幅されうる可能性がある。彼は社会主義はこうした問題に十分な注意を払ってこなかったと考えた。こうした認識から、フロムは、新しい社会主義のあり方を考えるうえで、社会心理的要素を勘案すると同時に、社会主義の経済的基礎として、生産手段の社会化に代えて、普遍的所得保障の必要性を強調した。したがって、フロムにおいて普遍的所得保障は彼のスターリン主義批判の根幹部分を占める。

ソビエト政権は、労働者や農民の自発的行動を信じず、あらかじめ抱いていた政治的思考から論理的に導き出した政策を半封建状態から抜け出したばかりのロシアに押しつけるという重大な誤りを犯した。資本主義でさえ、その初期のオーウェン主義やチャーチスト運動、その後の労働運動、社会主義運動を完全に封じ込めたわけではなかった。しかしスターリンが行った政治弾圧は、ロシアのツアー政府ですら行うことができなかった類のものであり、ソビエト政府は、クロンシュタットの反乱以来、いかなる進歩的運動の機会も許さなかった。スターリン体制は、ヨーロッパ資本主義が19世紀の労働者に押しつけた経済的諸法則の代わりに、政治的恐怖を用いたとフロムは述べている（Fromm [1955] pp. 239-240）。

フロムは、社会主義の経済的側面を生産手段の社会化に一面化して捉えたスターリンの立場を次のように批判している。スターリンは、「社会主義の純粋に経済的な側面、すなわち生産手段の社会化を、社会主義の全概念から切りはなし、その人間的目的と社会的目的を反対のものにゆがめてしまった。今日の社会主義体制は、生産手段を国家が所有しているにもかかわらず、おそらく、社会主義社会について想像しうるどんな考えよりも、西欧資本主義の初期の搾取的形態に近い」（p. 248）。

社会主義、マルクス主義とスターリン主義が同一視されることによって、スターリン主義者は最大の推進力を得てきた。フロムによれば、マルクスの議論には中央主権的権力を重視するあまり、政治権力獲得における暴力の過

大評価を脱却していなかった部分がある。また人間における道徳的要素を無視し、野蛮主義の可能性を十分意識しなかった。さらに、マルクスは、生産手段の社会化が社会主義的共同社会をもたらすという過度に単純かつ楽観的なイメージを植えつけた。これらは悲劇的な誤りであって、スターリン主義の土壌となった。そのうえで彼は、「こうした考え方は、過去の遺産の一部であって、新しい社会主義の概念のそれではない」（p. 261）と述べ、あるべき社会主義の立場を擁護する。

　その際、フロムが重視するのは、人間が他者の目的のための手段として使用されることから解放され、自己自身の成長という目的に従う健全な社会秩序をいかに作り出すかということであった。所有権上の変化と計画経済は、社会と人間のそうした変化をもたらすための必要十分条件ではないと彼は考えた。

　フロムが「共同主義的社会主義」と呼んだものの柱のひとつは、労働者の社会的意志決定への参画である。「われわれが『共同主義的社会主義』（communitarian socialism）と呼んでもよいような、これらのすべての社会主義のさまざまな形態の目的とするところは、一人ひとりの労働者が積極的で責任をもった参加者であり、労働が魅力的であり、意味があり、資本が労働を雇用せず、労働が資本を雇用するような産業組織である」（pp. 283-284）。このように述べてフロムは、G・D・H・コールの社会主義のもとでの経済的自由の重要性を指摘したいくつかの文書をその原理を説明するものとして提示する。

　フロムが強調するもうひとつの点が、「普遍的な生存保障」である。「たとえば、現在イギリスにあるような社会保障制度が維持されなければならないことはいうまでもないことだ。しかし、それで十分だとはいえない。現存する社会保障制度は、普遍的な生存の保障（a universal subsistence guarantee）にまで拡大されなければならない」（p. 335）。

　西欧工業国に存在する失業、病気、老齢の場合に与えられる最低限度の生活保障は、そうした条件がなくても、「万人が生きるための手段を与えられる権利があると仮定することは、ほんの一歩にすぎない」（p. 336）。自分から仕事をやめても、現存の保険年金の適用に該当しなくても、要するに、な

んの理由がなくても最低限度の生存を要求できる制度が必要である。こうした制度によって、人々は不本意な労働条件を押しつける「飢え」という経済的脅威なしに、自由に責任をもつ行為者として行動できる。生命しか所有しない人間に資本の所有者が自分の意志を強いることができるかぎり、いかなる自由も存在しない。

　フロムは、こうした所得保障によって怠惰が生み出されるという懸念に対して次のように答えている。

　「こういう計画に対する主な反対は、各人が最低限の衣食を得ることができたら、働かなくなるだろうということだろう。この仮定は、人間の本性はもともと怠惰なものだという謬見に基づいている。だが実際には、神経症的に怠惰な人は別として、最低限以上にかせごうとせず、働くよりも何もしないほうがいいという人は、ほとんどいないのだ」(p. 336)。

　政治権力に対しては懐疑的であるフロムが、個々の人間に向かっては深い信頼を寄せていることがうかがえる。1965年の論文でフロムは所得保障の人類史的な根本的意義について指摘している。

　「私が、この保障所得という概念を受け入れる最も重要な理由は、それによって個人の自由が根本的に高められるかも知れぬということによるものである。人類の歴史において、人間は今日まで、2つの要素によってその行動の自由を制約されてきた。すなわち、支配者の側における権力（本質的には、彼らに反対をとなえるものを殺す権力）の行使と、さらに重要なのは、自分に課せられた労働ならびに社会的生存の条件に服したがらないものに対する餓死の恐怖とがこれである」。「ゆたかさの心理は、独創性や人生に対する誠実や連帯精神をもたらす」(Fromm [1965])。

　レオン・トロツキーはスターリンのソビエト権力を、「働かざるものは食うべからずという旧来の原則は、従わざるものは食うべからずという新しい原則とかわった」と特徴づけたが（Trotzky [2016]）、権威主義的国家の支

配から自由であるためには、「従わなくても食える」という原則が経済民主主義の普遍的な権利として確立されねばならない[6]。

(2) ジョン・K・ガルブレイスの所得保障論——「生産と保障の分離」

　ジョン・ケネス・ガルブレイスは、アメリカの普遍的所得保障の歴史を考えるうえで重要な位置を占める。1930年代からの古いケインジアンであり、すでに『アメリカの資本主義』(1952) などの著作によってリベラル派の経済学者として確立した地位を得ていたガルブレイスは、『ゆたかな社会』の初版 (1958年) において、完全雇用政策の継続によっても克服しえない貧困や失業が存在するという事実に着目し、その原因を「生産の偏重」と「社会的投資のアンバランス」、軍事支出増大などにもとめる見方を提示した。

　ガルブレイスは、初版で彼が主張したかったことを、1969年の第2版の序文において次のように説明している。「本書を書くにあたって主たる動機となったものは、市場復活論と、ほとんどすべての社会的な弊害は生産の増大によって治癒することができるというケインズ派の確信との2つであった」(Galbraith [1969] pp. 19-20)。

　彼が挑んだのは、経済機構の主軸は生産と経済成長であり、生産の拡大が十分であれば、他の社会問題は一掃されるという社会全体に広く浸透した彼のいう「通念」であった。初版で彼は、今日の経済において、不平等や生活

---

6) ハンガリーの経済学者カール・ポランニーも、個々人が経済的支配からのみならず、社会からの強制に対しても自由であるべきことについて次のように述べている。「確立した社会では、不服従の権利が制度的に保護されねばならない。個々人は、社会生活のある分野でたまたまその管理的任務を委任されることになった権力に対しなんら恐れを抱くことなく、みずからの良心に従って自由であらねばならない。科学と芸術は、常に文人社会の保護のもとに置かれるべきである。強制は決して絶対的なものであってはならない。『不服従者』には引きさがれる場、つまり彼に生きるための余地を残す『次善』の選択が提供されるべきである。こうして不服従の権利は、自由な社会の証明印として保証されるであろう」(Polanyi [1944] p. 255)。ポランニーは、経済の諸領域を引き継いだ社会が誤ることなくその役割を果たすとナイーブに考えていたわけではない。社会がまちがった場合、つまり「政府の失敗」に対しても個人の居場所を確保すべきと考えたのである。

の安定が生産の優位に従属させられている構造を描いている[7]。

　ガルブレイスによれば、現在の経済においては、生産のみを所得の源泉とするがゆえに、「緊要でない財貨」の生産に莫大な生産的エネルギーが注がれている。しかしガルブレイスは、財貨の生産はもはや緊要ではなく、したがって、一定の割合の人々が働かないこと、すなわち怠惰もまた有害ではないと主張した。そのうえで、初版の第21章「生産と保障との分離」（The Divorce of Production from Security）において、生産と生活の保障、生産と所得の基本的な関係を「ゆるめる」ことを提起した。

　「その解決方法、あるいはすくなくとも解決の一部分は、所得の源泉としての生産に代わるかなり満足な代替物を見つけることである。それによって、生産と所得のあいだの現在の関連をゆるめることができ、そしてまた社会の成員に困難を与えることなく生産に対する最も気楽で合理的な見方をもちうるためには、これ以外の解決策はない」（Galbraith [1958] p. 238）。

　初版では、その具体的な方策として、失業手当の拡充、すなわち「循環的累進的失業手当」（Cyclically Graduated Compensation）をつうじた所得保障を提唱した。しかし、第2版以降では、そのような寛大な失業手当を第1の必要な措置とし、それに付け加わる第2として、より直接的な社会的給付の必要性を述べている。「第2の措置は、今日の経済が職を与えることが著

7）ガルブレイスの優れた伝記を書いたリチャード・パーカーはこの点を次のように述べている。「ケインジアンの完全雇用重視の考え方には2つの弱点があり、そのせいで今、ケインジアンの見方全体が危機的状況に置かれている、と彼は考えた。第1の弱点は、『ゆたかな社会』でも概略を示したように、ケインズ自身が設定したわけではないのに戦後の「ケインジアン」理論のスタンダードとなってしまった仮定にある。無限の総体的成長こそ成功の鍵だとみる新古典派総合は、ケインズ派以前のミクロ経済学の特徴であった、市場の「自己を正当化する商品生産」という原理に対する信奉を捨てることができなかった。そのため、新古典派総合の経済政策は、計画的「完全雇用均衡」という目標を追求するものの、ガルブレイスが現代の経済と政治にある構造的問題と考える事柄については十分考慮しなかった」（Parker [2005] p. 528-529）。

しく困難または賢明ではないような人々に対して、生産とは無関係に別の収入源を与えることである」（Galbraith [1969] p. 242）。

「職のない人々とは、教育に不足し、若くまたは職歴がなく、熟練ないし訓練に欠け、また黒人であることが多い。かれらはとくに教育を欠いている。彼らが失業しているときでも、もっと資格のある人が大量に求められているという場合がありうるし、またそれが常態でもあるのだ。労働力人口のうちの恵まれない部分にまで雇用・所得を及ぼすために生産を利用するとすれば、経済活動には大変な圧力がかからざるをえない。またかりにそうした状態であっても、要求されるような種類の職があるとは限らない」（p. 242）。

「ある限度を超えれば、また資格のある労働者が不足すると考えられる以上、無教育で未経験な黒人労働者を労働力と雇用に引き入れることは実際的でない。彼らとともに、ほかにも多数の人々——家庭の主婦、身体的または精神的な虚弱者など——も、その生産物に対する必要が大きくなければ、そもそも労働市場にはいるべきではないのだ」（p. 243）。

これは労働市場における需給のミスマッチ、あるいは「エンプロイアビリティ」（就業能力）の問題であるといえるだろう。ガルブレイスはそれを受け容れるべきものとしたのである。ガルブレイスによれば、総需要をいくら引き上げても、構造的な失業を克服することはできない。「雇用しえない人、困難なしには雇用しえない人、労働すべきでない人にとって直接的な解決策は、生産に関係のない収入源である」（p. 243）。

第2版の様々な箇所で、ガルブレイスは、とくに賃金上昇による悪性インフレの懸念を指摘している。最低所得保障は、この文脈において、雇用創出効果の薄い総需要拡大政策の継続を回避し、労働力の逼迫による労働側からの賃上げ圧力をも回避するというインフレ抑制にとって好都合な効果をももつと期待されている。「このように最低所得が与えられれば、福祉上の理由から生産に圧力がかかるのが軽減される。そして軽減された分の生産は、それに直接関係する労働者にとっては、収入源としては効果が少なくなるた

め、最低所得は福祉の手段としての生産が不足する分を補塡するわけである」(p. 243)。

「失業がない場合は、労働組合も未組織労働者も交渉力が強いから、物価騰貴の代償を勝ち取る機会がある。要するに、賃金・価格の悪循環が続くであろう」(pp. 243-244)。こうした点から、「完全雇用に近づくにつれて、ほっておけば起こるであろう循環的上昇を防ぐために、賃金および価格を何らかのかたちで統制する」(p. 244) 措置が必要であるが、所得保障はまさにその役割を果たす。

こうした引用にみられるように、ガルブレイスは、完全雇用をつうじた所得保障、貧困克服の限界を認識し、完全雇用政策を否定している。さらには、悪性インフレ予防のためにも、ある程度の失業の存在を容認しさえしている[8]。生産につくことが所得を得る大前提と考える立場からの雇用促進の経済政策は、コストの価格転嫁を容易に行いうる力をもった大企業部門をつうじて、インフレーションを加速する原因となりうる。所得保障の考え方は、1973年の『経済学と公共目的』のなかで彼の論じた「計画化体制」と「市場体制」——つまり巨大企業の独占的セクターと中小企業の競争的セクター——という経済の「二重構造」を根本的に是正する政策の柱のひとつとしてあらためて位置づけなおされ、その重要性が強調されている。

「この種の行動は——農産物価格の設定をはじめ、中小企業への援助、団体交渉の支持、最低賃金制の制定、最低所得を保障する具体的な提案、国際商品に関する取りきめ、さらに、保護関税の一部まで含めて——市場体制の交渉力が弱いことから必然的に生まれてくる、きわめて当然な対応策である。われわれはそうした法的措置をとるのに、既成経済学が強く主張しているほど、はやまった軽率な行動に出たわけでは決してない。それ

---

8) 当時のヨーロッパでも、通貨危機の際の所得政策（通貨価値下落を防止するための賃金抑制政策）の議論において、ジェームス・ミードが懸念したのは供給力の制限から賃金が上昇しインフレを惹起することを懸念し、ベーシックインカムをインフレ抑制の文脈に位置づけた（Meade [1995]）。

はまた、特殊な状況や特殊な困難への対応策でもなければ、政治への対応策でもない。普通の説明はいつもそうだし、それが正当化の理由にもなるわけだが、今日の経済構想——すなわち2つの体制——のもとでのこの種の行動はそれと違って、必要から必然的に生まれてくる対応策である。われわれが今苦しんでいるのは、2つの体制の支配力を平等にする措置をとるのに、あまりにも時間をかけすぎ、あまりにも慎重にすぎ、そのうえ罪の意識をもちすぎたためである」(Galbraith [1973] p. 253)。

『ゆたかな社会』においてはもっぱらインフレーション抑制の観点と結びつけられていた所得保障が、『経済学と公共目的』においては、経済の二重構造の克服への道を切り開くというより大きなビジョンに組み込まれていることがわかる。

所得保障は労働者側の交渉力を格段に強めるのみならず、労務比率の高い中小企業がその負担を軽減することによって、大企業に対して今よりはるかに対等の交渉力をもつことを促進する。「これらの措置がもたらす交渉力をさらに強力に補強するには、代替所得をかなり高いレベルで制度化するしかない。これこそ、計画化体制と市場体制につきまとう不平等を克服する、あらゆる実現可能な希望のかなめである」(p. 263)。

(3) ケインズ主義を超えて

ガルブレイスの浩瀚な理論体系から普遍的所得保障のみを取り出して議論することは適切ではないであろう。しかし、ガルブレイスが、アメリカ社会に執拗に存在する貧困と不平等の問題を生涯にわたって考えつづけた結果として所得保障という政策的見地に至ったことを理解しておくことは重要である。

『ゆたかな社会』初版を読んだ読者のうち、「生産と保障の分離」という表題に含まれる深長な意味を理解しえた人は多くなかったであろう。1966年のこの書の第2版においては、ガルブレイスは、明確に「生産と関係のない収入」というより直接的な表現を用いた。これは、1964年頃からにわかに高まる所得保障に対する政策的要求——ガルブレイスもそれに加わるわけで

あるが——がさまざまなかたちで主張されるようになった勢いを借りたものであり、それについては第 2 版以降の序文ならびに注記に記されている。

　注意しておかねばならないのは、第 2 版以降のガルブレイスの所得保障論は、いわゆる構造的失業に対応するものであり、就労している人たちに対して給付されるものではなく、したがって普遍的所得保障ではあるが、ベーシックインカムよりもむしろ「負の消費税」に近いものである。しかしそれは、フリードマンらのように市場の完全性を前提とした非自発的失業がほぼない世界を想定した限られた所得保障構想とはちがって、ガルブレイスの場合には、技術革新によって高められた生産力が、彼のいう「緊要でない財貨」の生産にますます向けられている現状を改め、社会的に真に必要なものの生産に用いようとする「余剰経済」の系譜に属すものと考えるべきであろう。その意味では、ガルブレイスはいわゆる「ケインズ・サーカス」の遅れた参加者であったが、ケインズの余剰経済学の側面について最も忠実な弟子であったといえる。

　所得保障の必要性について、ガルブレイスはその後も様々な機会に論及した（Galbraith [1994]）。ガルブレイスの所得保障論は、他の議論が華々しく注目されたためか、この問題での彼の議論が遠慮がちであったためか、またあるいは彼の散文的な叙述形式によるものなのかは何ともいえないが、十分に評価されてきたとはいい難い。

　ガルブレイスの主張は、当時のケインジアンの議論の枠を超えたものであったが、あくまで経済政策論の領域の議論としてなされたものであり、所得保障を政治体制や人間生活の本質的な自由の回復というより壮大な議論に結びつけたフロムに比べれば限定されたものとの印象を与えるかもしれない[9]。ガルブレイスの所得保障は、慢性的、構造的失業に対する経済政策として提示され、それがより普遍的に拡張されたものにすぎない。しかし、ガルブレイスが、フロムのように所得保障の可能性を大きく捉え、そのようなものに拡張されるべきと考えなかったと推察する理由はないであろう。ガルブレイスは 1930 年代、独占の規制問題に直面した際に、やはり現実的な政治状況において実現可能性のある政策選択を限定し、その実現を追求するという姿勢に徹した。彼のそのような政策的なリアリズムは一貫したものであ

る。その意味でガルブレイスはかなりのプラグマティストである。仮に30年代、独占が解体可能であるという政治的・社会的条件があったならば、彼はそのように主張したであろう。そうした現実感覚に満ちたスタンスはガルブレイスの持ち味であるように思える。そのような文脈でみれば、60年代の所得保障の運動の高まりが『ゆたかな社会』第2版の所得保障論を生み出し、その後のこの運動の失速が、ガルブレイスのその後の所得保障論の範囲を限定したといえるかもしれない。

Ⅲ 「負の所得税」とリバタリアン・ベーシックインカム

(1) ミルトン・フリードマン

　1962年、ミルトン・フリードマンは「負の所得税」（NIT: Negative Income Tax）と呼ばれる制度を主張した。60年代にNITがニクソン・プランとして議会で審議されたことについては第7章でみた。その際、フリードマンは、NITについて、それが論者によって「同じ言葉でまったくちがったプランを指し示している」と述べたが、たしかに、この種の所得保障の提案は、人によって異なった意味をもちうるがゆえに多くの支持を集めたともいえる（Steensland [2008] pp. 77-78）。ある人たちは、既存の社会保障制度の改善された形態として、また別の人たちは社会保障制度そのものの代替物として、さらに他の人たちはより普遍的なベーシックインカム型の社会給付への中間地点としてNITを支持した。リベラル派のベーシックインカムとの差異を明確にするために、ここではフリードマンのNITと彼に連なる

---

9) ガルブレイスの所得保障論への貢献は、50年代初頭のマッカーシズムの時代にもっぱら経済学以外の分野で細々と行われてきた所得保障要求のゲリラ戦を、経済学の議論に接合したという点にある。セオドア・ロスザックは、「グッドマンにはクロポトキンやウィリアム・モリスらのアナーキズムの影響が認められ、ガルブレイスはケインジアン＝ニューディールのリベラリズムを出発点としているが、それぞれ異なった出自から同じ結論に達している」と指摘している（Roszak [2009]）。ポール・グッドマンは無政府主義の評論家であり、建築家である兄のパーシバル・グッドマンとともにベーシックインカムを含んだコミュニタスという都市構想で知られていた（Goodman and Goodman [1947]）。グッドマンら以前に所得保障を組み込んだ都市のデザインを追求したのはフランク・ロイド・ライトである（Wright [1945]）。

今日のリバタリアンのベーシックインカム論を検討する。

　フリードマンの NIT とは、簡単にいえば、一定額を下回る低所得の申告者に対して、基礎控除額との差額の一定割合を給付するというものであり、文字どおり「マイナスの税金」である（Friedman [1962]）。彼の数値例を多少修正して簡単に説明すると、たとえば年間の基準所得額が 10000 ドルとし、ある人の申告所得（数カ年の平均）が 8000 ドルであった場合、この人はその差額 2000 ドルの一定比率——たとえば負の税率が 50％の場合には 1000 ドル——を受け取ることができるというものである。

　NIT が最低限の生活を保障するうえで十分な水準であること、また低所得者が確実に所得申告をすること、適切な累進課税制度によってその財源が確保されることなど、いくつかの条件を満たすとすれば、NIT にはいくつもの利点がある。NIT は、最低賃金制度、フードスタンプ、生活保護、年金制度といった社会保障制度を代替し、貧困層のほとんどを包含する所得保障制度として機能する。所得基準だけでの審査であるため、他の資力調査や資格審査など行政的手間もかなり省けるであろう。また、重要なことに、最低賃金制度のように低賃金を底上げする費用を中小企業に過度に多くの割合で負担させるというデメリットもない。

　フリードマンが一見かなりラディカルにみえるこの制度を主張したことの理由は、なによりもまず、不効率な社会保障制度を簡素化し、社会保障関連支出を削減するための方策として NIT が好都合であると考えたからであった。1960 年代、社会保障プログラムの支出は急増する。AFDC（育児世帯補助）受給者の増加、メディケア（高齢者・障害者向け医療保険）、メディケイド（低所得者向け医療保険）の新設などがその要因であった。これらを代替するもの、それが NIT であった。フリードマンは次のように述べている。

　　「ここで提案しておきたいプログラムは、2 つの本質的な部分から成り立っている。その第 1 は、現行の実に雑多な各種の福祉プログラムにかえて、現金による所得補償、すなわち『負の所得税』という単一の包括的なプログラムを導入することによって、現行の福祉体制を根本的に改善する

ことだ。(中略)第2には、現行の社会保障制度を解体することであり、それにあたっては、すでになされている約束はすべてこれを果たすか、あるいは、人々が自分の定年後に対して準備をするようにだんだんと仕向けていくことだ」(Friedman and Friedman [1980] p. 120)。

このように、フリードマンのNITは、市場化の促進による労働市場の均衡を促す手段として構想されたものであり、政策的には他の社会保障制度をすべて市場にゆだねるべきであるとの主張と結びついている。ニクソン大統領が、「家族支援法」(FAP)としてNITを含む法案を議会に提出した際に、フリードマンは、それが他の社会保障給付の削減をともなっていないとして、議会で反対証言をしたが(pp. 124-126)、これは彼の理論的立場を率直に表現したものである(本書第7章参照)。

フリードマンはまた、NITを受給者の就労促進と結びつけようとした。就労促進を可能とする理論的根拠は、これも同じく、福祉給付の他の諸項目を削減することによって、効率的な労働市場が生み出されるからである。したがって、NITといってもその受給者は限られ、費用は容易に捻出可能だと思われたにちがいない。このように、NITの機能を、真の貧困者の選別とその就労促進、労働市場の機能化と捉えるならば、保守派やリバタリアンにとってもNIT型の所得保障は好都合なものとなる。

しかしフリードマンの主張にはいくつもの問題があり、その見通しは現実に照らしても正しいものではなかったように思える。

NITに代えて社会保障制度を廃止するというが、社会保障制度は所得保障のみによって成り立っているものではない。それは市場が生み出す様々なリスクに応じて医療、教育、住居など多様なサービスを提供している。フリードマンのいう他の社会保障制度のないNITでは、生活に必要な財やサービスを購入するに足る生活賃金を得る責任が依然としてそれぞれの個人にあるが、その所得が十分でない場合、NITだけで医療や教育費用をすべて自己負担しえない人々が大量に生み出されることになる。

そもそも市場で得られる賃金水準が労働者の文化的生活水準を恒常的に支えうるものであるかどうかを市場は判断できない。効率的市場仮説によれ

ば、すべての財とサービスの市場が賃金の水準に応じて調整され、購買力の水準に供給が合致することがアプリオリに想定される。しかし個人の労働所得がそうした社会的生活のために必要な財とサービスの購買力と同等かそれ以上にただちに調整されるとする論理的根拠はない。

仮に完全雇用とそこで得られるほとんどの人々の最低所得水準が生存水準を超える水準に達することを想定するとすれば、そもそもNITは不要であろう。フリードマンのNITは、社会の既存の福祉的機能を市場にふたたび戻すことを意図しているが、それはなによりも社会が生活保障の面で市場の限界で対処し、その役割を拡大させてきた資本主義の歴史的傾向と矛盾する[10]。

彼が思い描いた市場化された医療保険制度や年金制度は、実際にアメリカの制度の一部で実現されたことであり、しかもその部分こそ今日のアメリカの社会保障制度の病巣となり、財政負担を重くし、企業の経営を圧迫している（本書第5章参照）。社会保障制度も就労促進の用件を強めるよう制度が改変されたが、働いてもなお生活を支えられないワーキング・プアの問題がますます大きくなりつつある。母子世帯の貧困率の上昇によって貧困ライン以下で暮らす人口の比率は下がらず、低所得層の困窮ぶりはますます深刻さを増している。1960年代にその導入が試みられた際に、仮にNITの導入と

---

[10] ハンガリーの経済学者、カール・ポランニーは著書『大転換』のなかで、市場の作用は絶えず社会による自己防衛手のための反作用を生み出すとし、基本的生活手段の生産と分配を市場経済が包含しなくなると述べている。「市場システムは労働、土地、貨幣を包括しなくなる」(Polanyi [1944] p. 251)。ここで労働というのは賃金や労働環境、労働時間の規制を意味し、それらはもはや個人の契約ではなくなる。土地というのは土地、農地だけでなく、住居や食料を含む。貨幣というのは、金融、財政で、さらに彼がこれを書いた時代には国際的な管理通貨制度を意味したものと思われる。ポランニーは、これらの諸要素は、19世紀においても社会との相互作用において規制されてきたが、20世紀はますます市場の外部、つまり社会によって規定されるようになると考えた。「市場は、様々なかたちで、引き続き消費者の自由を保証し、需要の変化を指示し、生産者の所得に影響を与え、会計手段として役立ちつづけるのだが、他方では、経済的自己調整の器官であることをまったくやめてしまうのである」(p. 252)。フリードマンとは逆に、ポランニーにおいては基本的な生活手段の生産と分配を市場が包含しなくなり、社会的領域に押しやることこそが、市場の破壊的な帰結から必然的に現れた歴史的傾向である。

引き替えに社会保障をすべて市場性の保険商品に置き換え、年金や医療基金を証券市場に投じていたとすれば、間歇的に起こる経済ショックに耐ええない人々を現在にもまして多数生み出していたであろう。

　実際には多数の労働者にとって全般的な実質賃金は抑えられたままという事態が 20 年以上にわたってつづいている。低賃金に傾斜する企業行動が大多数の人びとの生活を貧困ライン以下に追いやり、経済成長の恩恵が下位所得層にトリクルダウンしないということ事態が続いている。経済成長と技術革新の進展にもかかわらず、企業が十分な賃金を支払わないことこそが根本的な問題であり、そうした企業行動が続くかぎり、NIT であろうとなんであろうと、それによってもたらされる結果を所得保障政策だけで是正することには限界がある。したがって市場が包含しなくなった生活保障の機能を含み込むことによって、社会が担うべき協同的領域はむしろ拡大せざるをえないのである。

(2) リバタリアン・ベーシックインカム──チャールズ・マリー

　NIT とベーシックインカムとは外観上の類似性がある。ベーシックインカムと NIT とが異なるのは、前者がすべての市民に対する無条件の普遍的所得保障であるのに対して、後者が、所得申告によって低所得が証明された貧困者のみを対象とした保障制度であるということである。こうした支払い形態の相違から権利上の大きなちがいが生まれる。

　ベーシックインカムにおいては、所得保障の基本的責任の所在は社会（国家）にあり、個人は予防接種や初等教育のように所得保障を受ける権利を主張することができる。これに対して NIT は事後的な（確定申告後の）差額給付であるため、受給者にとっての「スティグマ」は従来の生活保護と同じように存在する。さらに受給者が所得を増やせば増やすほど給付が段階的に削減されるという仕組みも従来の生活保護と同じであり、そのため就労に対するディスインセンティブと「失業の罠」の問題を克服しえないという問題が指摘されてきた（Brittan and Webb [1990]）。申請された所得が実際にそのとおりであるかどうかという認定に別の行政的な手間がかかるということも考えられる。

こうしたことから、NIT よりもむしろベーシックインカムへ人々の関心が向かいはじめた。アメリカのリバタリアンで、社会保障制度の痛烈な批判者であるチャールズ・マリーもその一人で、彼は、フリードマン流の NIT の支持者であったが、2003 年頃からむしろベーシックインカムを支持するようになった。2006 年に彼は *In Our Hands* という著書を発表し、ベーシックインカムの全面的な擁護にまわった。

　ベーシックインカムの導入によって既存の社会保障制度、とくに医療保険給付の弊害などがどのように是正されうるかといった分析は、関連する諸問題の所在を熟知している彼ならでは鋭い分析に満ちている。しかしその一方で、所得保障の導入が彼の場合にもフリードマンと同様、市場への全面的依存とセットになっている。したがって、個人の退職後のベーシックインカムを超える医療や住居については政府の支援はなく、個人が証券市場などにおける資産運用によって得た資金でそれをもとめるべきことなどが主張されている。

　ベーシックインカムは、供給サイドに対する国家のコントロールを不可欠とする。それなくして需要のみをかさ上げした場合には、インフレーションやアブセンティズム（怠業ないしは就労拒否）などによる経済収縮が起こりうる。マリーの議論にも低コストでの医療保険制度の運用などのプランが含まれてはいる。しかしそれは日常的な受診と高額医療とを区別して、前者は市場化により医療負担を抑えるといった医療制度の民営化による費用効率化のアイデアにすぎない。医療システムは医科大学の設置や診療施設、診療内容の規制など国家の政策によってサービスの供給水準が大きく左右されるため、医師会と医療産業を規制する医療市場の供給サイドの政策なしに高額医療をコントロールすることはできない。医療市場の民営化が、国家のその分野への関与を少なくすることを意味するのであれば、それは年金市場、住宅市場、教育市場と同様に、経済能力に応じた利用者の選別が生じる可能性が強い。

　アメリカでは、社会的に管理された医療保険制度の創設の必要が叫ばれている。それは合理的で持続可能な医療保険制度は、民間企業によっては保証されえないと考えられているためである。リバタリアン型のベーシックイン

カムは、NIT と同様、国家の役割を限定するがゆえに生活に必要な基本的な財とサービスの供給面での政策が欠落しているように思える。ベーシックインカムにはそれを補完する社会保障制度、社会政策と供給サイドの政策がなければならない。

　潜在的に存在する経済的余剰を社会の需要に結びつける可能性を現実のものにするためには、基本的な生活手段を質・量ともに安定的に供給する手だてがなければならない。資本主義的市場経済において十分な収益をもたらさない財やサービスは過剰とみなされ、わずかしか生産されないか、まったく生産されない。したがって市場にゆだねてしまえば社会的給付によって形成された購買力がそれらの財やサービスの価格高騰に吸収されてしまうというリスクがある。潜在的に過剰な生産能力が存在する場合においてさえもそのようなリスクは存在しうるのである。したがって所得保障を現実に機能させるためには基礎的な食料、住居、教育、医療サービスなどの供給安定のための政策が同時に行われることが必須条件となると考えるべきである。この点においてリバタリアン型のベーシックインカム論者は同意し難いかもしれない。

　市場が律することができない経済領域は社会によって普遍的な社会保障に制度的に組み込み、管理される必要がある。基礎的な生活手段の供給を社会的に保障し、それと社会給付とを結びつけること、これがベーシックインカムの基本的役割であり、生産をどの程度社会化すべきかは、この必要に応じた政策判断としてあくまで事後的に決定される。

Ⅳ　代替戦略としてのベーシックインカム

(1) ベーシックインカムの可能性

　民主的な代替戦略としてのベーシックインカムは、本書が検討した、技術革新によって高められた経済的余剰の潜在力をどのように生かすかという古くて新しい経済学の議論とかかわる。ベーシックインカムの代表的な提唱者であるベルギーの哲学者フィリップ・ヴァン・パリースは、「人類が相続したあらゆる技術の価値を、人類が相続したあらゆる資本の価値に加えること

ができるなら、各人のベーシックインカムをファイナンスするために利用可能な資源の量は飛躍的に増大するのではないか」(Van Parijs [1996] pp. 103-102) と述べているが、ベーシックインカムは経済の潜在力の開放と結びつかねばならない。

　ヨーロッパでは、高められた生産力を「労働時間短縮」とベーシックインカムの創設に結びつけようと主張するフランスの労働運動家アンドレ・ゴルツらの運動が早くから知られている[11]。またドイツの思想家ゲッツ・ヴェルナーも日本で紹介され広く知られていて、彼は先進諸国における慢性的な高失業率の持続や労働参加率の低下傾向は、社会全体の過剰な生産能力の形成の結果であり、それは潜在的に労働の少なくて済む社会の条件を整えているという。たしかにドイツでは、フルタイム労働比率の減少、パートタイム労働、派遣・契約労働、家事労働などの増加によって社会保険加入義務のある被雇用者数は労働人国全体の3分の1であり、アメリカでも労働参加率は60％台である。問題は生産性をさらに高めることではなく、分配のあり方を改革することにあると考えている[12]。

　こうした議論をアメリカで主張しているのは、評論家ジェレミー・リフキンである。彼は『大失業時代』(*The End of Work*) において次のように述

---

11) ゴルツはベーシックインカムを「社会的所得」と呼ぶが、その構想の基礎には生産性の上昇による社会全体の労働節約の可能性の存在がある。「ますます増加するロボット化で生産の労働コストが無視できるほど小さくなるにつれて、社会の選択を反映する政治的価格システムの制度化、そして、強制された労働から切り離された社会所得の創設が、否応なく必要になってくる。分配される総賃金の下落と、オートメーション生産価格の下落は、価格と所得の政策を通して社会が優先順位を確立し、技術革新に意味を与えることによってしか避けることができない」(Gorz [1988] 邦訳 397-398 頁)。

12)「根本的に考えると、私たちの社会はそもそも消費しきれない量の財とサービスをますます過剰に産出しているのです。しかも、それらの財とサービスのために必要とされる人間の数は——言い換えれば他者によって組織され、他者によって労働対価が支払われる労働に従事しなければならない人間の数は——ますます少なくて済むようになります」(Werner [2006] 邦訳 20-21 頁)。「貧困は分配の問題であるのに対して、欠乏は社会全体の富の産出の問題です。貧困は相変わらず政治的に克服されねばならないのに対して、欠乏は少なくとも西欧地域では歴史的にも経済的にも解決済みです。そのかぎりでは、そもそも欠乏とは無縁の経済・社会秩序が可能であるというのは、じつは人類が新たに経験する現象なのです」(30-31 頁)。

べる。

　「人間の意識改革と地域社会への貢献を土台にした新しい将来ビジョンの確立に期待をかけるのは、それを裏づける理由があっての話だ。幾百万の人々が今後いっそう仕事以外の活動に時間を割くようになるにつれ、生活に占める労働の重要性は——それが自己の価値観におよぼす影響力を含めて——薄れていく。そのことは同時に、市場原理をふまえた価値観や世界観や将来ビジョンに対する忠誠心が低下することをも意味する。そして、市場原理に代わる新たなビジョンが人々の自己変革や共同体の再生、環境への関心といった気風に深く根を下ろし、それが幅広い支持を得るとすれば、脱市場時代に向けた精神的な素地はおのずと整って行くにちがいない」(Rifkin [1995] p. 247)。

　リフキンは、ゴルツやヴェルナーと同様の生産性と就労構造に関する見方から発して、彼が「第三部門」と呼ぶ、社会奉仕、医療、教育、調査研究、芸術、宗教、法律など、共同体的な活動に従事することを条件にした一種の参加所得 (Participation Income) 型の「社会的賃金」の支給を提案している (pp. 258-267)。彼は、その社会的賃金の財源として大企業に対する各補助金の削減や、付加価値税——ただし、基本的必要物資や中小企業への税控除によって逆進性を軽減することを条件とした——を列挙している。

　第1章で取り上げたマーティン・ワイツマンは、「シェアエコノミー」という分配システムを提唱している。それは、労働者が固定賃金ではなく収益における固定割合でシェアを受け取るというものである (Weitzman [1984])。需要サイドからのインフレーションや失業の発生を防ぐためには消費需要を安定させることが必要であり、そのためには国民所得の固定的なシェアとして賃金を社会的に決定し分配することが必要だとワイツマンは考えたのである。需要サイドからの経済の制約を強調したワイツマンの理論とこのような分配政策には必然的な関係があるといえる。これは一種の所得政策であり、景気下降の際のしわ寄せが労働者にいく弊害をもつと予想される。

しかしベーシックインカムはシェアエコノミーのこの弊害を補う役割を果たすものとも考えられている。パリースは、ワイツマンのシェアエコノミーのアイデアについて、「ベーシックインカムがシェアシステムを受容可能なもの、それゆえ能率的に機能するものとしてくれる一方で、シェアシステムは過少消費理論によって強調されたような循環型失業を解消することによって、ベーシックインカムの水準を継続的に押し上げることに貢献するだろう」とコメントしている（Van Parijs [1995] p. 206）。賃金を単にシェアで固定するだけでは、経済の下降局面で労働者の生活が守られる保障はない。しかしベーシックインカムで最低限の所得が保障されれば、有効需要の不足による過少雇用をある程度防止することができ、過度な景気拡大に対してはベーシックインカムを削減することで景気の過熱と物価上昇を抑制することができる。つまりベーシックインカムはマクロ経済の反循環的な安定化機能を果たす。

(2) 社会主義的代替戦略としてのベーシックインカム──オスカー・ランゲ

基本的生活手段の無償もしくは低価格での供給とその購入のための所得の保障とは、社会主義者が描いてきた経済社会の将来ビジョンであった。そこにおいては、本質的に社会的給付と就労とが分離され、個人の所有権は他の社会目的に従属するものと想定されていた。

たとえば1936年と37年の論文においてポーランドの経済学者、オスカー・ランゲは、社会主義経済には生産手段の社会化の結果、資本財市場が欠落しているため、資本財で利用される「代替物の指標」がないとするミーゼスの議論にこたえて、需要関数の形状、資源の利用可能性に関する知識が与えられていれば、社会主義経済においても生産関数によって価格の広義の機能である「代替物の指標」は規定しうると主張した。そのうえでランゲは、社会主義の目標として一定の生活必需品を無料で供給することをあげている。

「財とサービスを無償割当てで分配するという思想はたしかにユートピア的に響く。しかし一部の財にのみ適用するならば、無償割当ては、当初

考えられたほどナンセンスでは決してない。多くの財に対する需要は、ある程度に達するとまったく非弾力的になる。もしこうした財の価格が低く、ある最小限度消費者の所得が多いならば、その財は消費者によって、いわば無償財として取り扱われる。その財は、それが満たすべき欲望が完全に飽和されるという量まで消費される。(中略) 価格がゼロであっても、人々によって消費される塩、パン、燃料、石けんの量は目立っては増えない。このような財に関しては、飽和状態は現実の価格においてさえ達せられる。もしこれら財の消費量が飽和状態の量に等しいように、価格がすでに低くなり、収入が高くなれば、無償割当ては分配の方法として使用しうる。ある種のサービスはこうした方法ですでに我々の現代社会で分配されている」(Lange [1936-1937] pp. 170-171)。

ランゲは、財とサービスの一部が無償割当てによって分配されると、価格体系は残りの部分に限定されるとし、無償割当てによって分配される財の需要からコストを計算し、それによって消費者の収入が決定できると考えた。「消費者の貨幣収入はこれら財の生産費に等しい量にまで縮小されるに違いない。このことは、無償割当てがいわば消費の『社会化部分』もたらすことを明らかに意味している。そしてその消費のための費用は課税によって調達されるのである」(p.172)。

課税による財源によって基礎的な消費財を無償もしくは低価格で供給する構想は、ベーシックインカムの現金給付によって基礎的な生活を支えるという発想と同じである。ただランゲの場合には、生活に必要な財やサービスを供給面から保障しようと考えている。ベーシックインカムはそれとは逆に購買力の面から生活を支える。したがってランゲの場合、財政支出は生産者に向かうが、ベーシックインカムの場合には消費者個人に向かう。

こうした「社会化部分」は、ランゲにとってそれ自体としては社会主義固有の性格のものではない。彼は、このような「社会化部分」は資本主義社会においても存在し、その例として、義務教育、社会保障による無料診療、公園などをあげている。富が増加するにつれて、この部分もまた増加し、財のますます多くが無償割当てで分配され、「価格体系による分配は品質の良い

ものや贅沢品にますます限られるであろう」(p.172) と述べている。ランゲは、市場の貨幣計算と限界生産物に応じた分配が依然広範に残存している段階から、所得分配が個人の行う労働と切り離された段階へ移行する過渡的な経済体制における分配様式をこのようなものとして想定したのである。しかもその形態を資本主義においてもすでに存在する基礎的消費財の「社会化された部分」を土台に発展してゆくものと捉えている。

(3) 権力の再分配（パワーシフト）

社会主義的なベーシックインカム論の特徴は、資本から労働へのパワーシフトの問題を重視する点にある。社会学者エリク・オーリン・ライトは、ベーシックインカムの性格を次の3点で捉えている。第1に、十分な水準のベーシックインカムが与えられるとすれば、それは人々が非商品形態の社会的生産活動を促進しうる。市場や政府が組織できない、もしくは十分に組織できないケア労働、芸術、政治、地域活動といった広範な分野の労働を多くの人々がこれまでよりも容易に担うことができるであろう。人々が市場の強制によらずこの種の活動を選択することができることによって就労構造は大きく変わる。第2に、労使の個別的な交渉の基盤が大きく変化する。すなわち、ベーシックインカムによって最低限の生活が保障されるかぎり、低賃金の労働、不本意な労働に従事する必要は大幅になくなる。第3に、労使の団体交渉において労働者の交渉基盤が強まることによって、生産性上昇率に応じた賃金上昇を得ることができ、資本家側にとっても労働力逼迫時に過剰な賃上げを回避することができる[13]。「問題は、社会主義的要素が資本主義的諸関係に注入され、資本主義の権力的な不均衡を中立化する方法を考えると

---

13) ヴェルナーが述べているように、ベーシックインカムは資本家にとってもある種の交渉の自由度を生み出す。「ベーシックインカムの導入によって、今日では考えられないような、賃金あるいは給与の交渉余地が生まれます。それによって、真の労働市場がようやく成立するといえるかもしれません。と言うのは、十分な数の従業員を見つけるためには、雇用者はどのような条件整備が必要なのかをついに理解するに違いないからです。このことをもう一度はっきり言えば、あらゆる種類の所得がベーシックインカムとは切り離して認められる一方で、ベーシックインカムそれ自体は部分的に完全に賃金代替的に作用することです」(Werner [2007] 邦訳 110 頁)

いうことになる」とライトはいう（Wright [2006]）。

　ベーシックインカムによる労働者の企業への依存の縮小は、労働者の職業選択や居住地選択の自由を押し広げる。社会的意義があり、働きがいのある職種に対しては低賃金でも就労希望があるが、そうでない職種に対しては高い賃金がないと人が集まらない。つらく汚いが社会的な需要のある仕事の賃金は高くなる。一定の恒久的な現金収入があれば就学への復帰、帰農や半農生活、ただちに収益性を持ちにくい芸術、工芸、伝統芸能への従事なども容易になるであろう。企業にとっては最低所得保障によって従業員に支払う賃金負担が減少し、雇用調整が容易となる。その意味では、ベーシックインカムがない場合よりは、労働市場はより流動的なものとなり、人間の能力が多面的に発揮されるであろう。ベーシックインカムの導入によって最終的にどのように報酬の水準が決定されるかはケースバイケースであろうが、労働者の企業に対する従属・依存の縮小は雇用のあり方のみならず、産業構造、経済構造のあり方を大きく変えるであろう。中小企業の大企業への従属・依存も軽減できる。つまりベーシックインカムは、労使および企業間の力関係の大きな変化「権力の再分配」（パワーシフト）をもたらす。

　ベーシックインカムは、「市場の失敗」のみならず、「社会化の失敗」あるいは「政府の失敗」からも個人と社会を擁護し、社会の生産力の発展の恩恵をすべての人が享受する最低限度を保障する。この制度を基礎にしてはじめて啓蒙思想以来の古典的な生存権と所有権の「二項対立」が最終的に止揚される。これらのことから、ベーシックインカムは、単なる所得再分配の代替案ではなく、将来の社会組織の経済的根幹であり、民主的な社会が保障すべき基本権の具体化と捉えられるべきである。

V　アメリカでの財源シミュレーション

(1) アンディ・スターンの概算——月額1000ドル、財政規模2兆5000億ドル

　「国際サービス従業員労働組合」（SEIU）の指導的な活動家であったアンディ・スターンは、先頃刊行された著書 *Rising the Floor* でベーシックイン

カムの必要性を述べ、最後にその財源について試算を行っている（Stern [2016] pp. 212-215）。それをもとに、実際のアメリカにおけるベーシックインカムの財源の可能性について考えてみたい。

スターンは、18〜64歳までの国民および65歳以上で社会保障年金が月額1000ドルに満たない高齢者に対して、1人当たり月額1000ドル、年間1万2000ドルを支給するベーシックインカムを考えている。そのために必要とされる連邦財政支出の規模は1兆7500億ドルから2兆5000億ドルと見積もっている。センサス局によると2013年のアメリカの18〜64歳までの人口は1億9800万人、65歳以上は4470万人であった。65歳以上の約10％が貧困人口であるので、支給対象を約2億1000万人として概算したものと思われる。

これに対して、スターンがあげる財源は以下のとおりである。スターンによれば、これら財源の合計は所期のベーシックインカムの費用をまかなってあまりある金額となる。

- 既存の福祉プログラム126種類の一部──フードスタンプ（760億ドル）、低所得者向け住宅補助（490億ドル）、勤労所得税額控除（EITC）（820億ドル）など──のベーシックインカムへの置き換え（1兆ドル）。
- 企業に対する各種の連邦の租税支出──投資税減税、企業年金・医療保険に対する補助、公債金利に対する税額控除、海外課税控除など──の削減（1兆2000億ドル）。
- 付加価値税の導入による税収。現在の消費財総額13兆ドルに対する5〜10％の課税（6500億〜1兆3000億ドル）。
- 「トービン税」「ロビンフッド税」「投機税」などと呼ばれ、すでにヨーロッパで導入されている「金融取引税」（FTT）の導入。株式売買に0.25％という微弱な税率による課税（1500億ドル）。
- 石油、水資源、ビッグデータなど国民共同の資源の利用に対する課税。
- すべての個人資産に対する課税。不動産、預金、証券など家計資産は85兆7000ドルに達している。100万ドル以上の資産に対する1.5％の課税（6000億ドル以上）。

・その他の予算組み替え。現在の国防費（6000億ドル）、企業補助金（200億ドル）、石油ガス会社への補助金（300億ドル以上）など。

(2) 付加価値税の問題および所得税・資産税

アンソニー・アトキンソンも、「パーティシペーション・インカム」（参加所得）という若干の就労義務を含めたベーシックインカムを永年提唱してきた。「参加」とは就労のみならず、広く社会的貢献を行うことと定義され、勤労年齢の人々すべてにフルタイムまたはパートタイムの賃金雇用もしくは自営業を営むこと、教育、研修、求職、育児、介護、定期的なボランティア活動などが含まれる。アトキンソンはイギリスの社会保障制度改革の包括的な対案を論じている。週40ポンドへの児童手当の引き上げ、週60～80ポンド参加所得の実施を、所得税の5分の1の引き上げその他によって行うプランを示している（Atkinson [2015] pp. 287-293）。財源のアイデアについて課税所得20万ポンド以上の最高税率を65%とするなどの所得税の大幅引き上げや国民保険料率の課税上限の5万5000ポンドへの引き上げなど、アトキンソンにあって、スターンにないものもある。こうした相違のいくつかは、それぞれの国での税制の歴史的背景と課税強化政策の実現可能性に対する認識の違いから生まれたものと思われる。

アメリカでは消費税は州の財源として徴収されているが、連邦レベルでは存在しない。アメリカに付加価値税を導入した場合について、スターンはニューメキシコ州立大学のマーク・ウォーカーによる、14%の付加価値税で年間1万1400ドルのベーシックインカムが可能となり、その際、人口の90%を占める年収8万ドル以下の人はベーシックインカムで収入が増えるといった試算を紹介している。スターンは、ヨーロッパの福祉国家の多くが付加価値税を財源に社会保障政策を行っていることから、その逆進性を認めつつも、付加価値税をベーシックインカムの財源とすることに意義を認めている。

しかし、付加価値税をベーシックインカムの財源とすることについては留保が必要と思われる。それは次のような理由による。第1に、ヨーロッパの福祉国家と異なり、1970年代以降の消費税や付加価値税を導入した諸国

——オーストラリア、ニュージーランド、カナダ、韓国、台湾、日本など——は、社会保障の拡充というよりもむしろそれ以前に採りつづけてきたケインズ主義政策の破綻、新自由主義の台頭を背景に、財政赤字の削減と直接税減税という先行福祉大国グループとはまったく異なる目的にそれを用いている（Kato [2003]）[14]。

アメリカにおける20世紀前半の拡大する財政は高い直接税に基づいて作られたものであった。戦後、保守派はこの高い直接税を嫌悪した。アメリカの新自由主義が高水準の税率を引き下げることに闘いの目標を置いたのはそのためである[15]。こうした直接税に対する攻撃は現在も続いており、アメリカで連邦レベルの消費税あるいは付加価値税が導入された場合、それが社会的目的に用いられるかどうか心許ない。日本の消費税が財政の穴埋めや法人税と高額所得税の減税に用いられているのと同じ経路をたどることが懸念される。

第2に、そのような政策環境の相違からくる逆進性の弊害とならんで重要な問題として、付加価値税が、いわゆる「経済の二重構造」と呼ばれる問題を悪化させるということがある。「経済の二重構造」とは、大企業と中小企業（アメリカでは小企業という）という企業規模間の収益性、技術力、資金力、賃金水準の格差が大きいということを表す。OECDのなかではアメリカおよび日本、韓国でこの特徴が強く、付加価値税の逆進性は小さい企業か

---

14) 高福祉国家ほど逆進的税制への依存が強いという事実は、累進税制こそ民主的で公平な税制であるという財政学上の通念と明らかに矛盾する。政治学者ウィレンスキーは、「平等は企業と資産に対する累進課税によって導かれるというのは神話であって、実際は、より平等で文化的な民主主義国家は多少逆進的な税制と高度に累進的な支出政策を併せもつ国である」と述べている（Wilensky [2002]）。しかしこうした逆説的な事態は、福祉先進国における両大戦間期から第二次世界大戦後にかけての逆進的税制と福祉国家との妥協的な成立事情によるものであり、特殊な事例が一般化してしまった結果である（本田 [2014]）。

15) ノースウェスタン大学のモニカ・プラサドがこの点を指摘している。19世紀、貧しい農業国であったアメリカでは、税制は所得税を中心にすべきだという意見がとくに「ファーム・ブロック」と呼ばれる農民と中西部・南部の農民と民主党のあいだで強かった。多くの農民には所得といえるものがほとんどなかったので、彼らは所得税を逃れることができた。税金は「東部の資本家に払わせろ」というのが彼らの考えであった（Prasad [2012]）。

ら交渉力をますます奪い経営を圧迫する。アメリカで付加価値税が導入されても同じ効果をもち、経済構造の歪みにさらに拍車をかけるであろう。勤労世帯についても同じことがいえ、アメリカでは付加価値税が「二重構造」に基づく賃金格差の問題を悪化させるであろう。

スターンは、アトキンソンとちがって、ベーシックインカムが高額所得層や企業家から強い反発を受けることに配慮し、法人資産に対する課税、高額所得に対する課税や相続税の累進性強化には慎重である。アメリカにおいてもGDPの2倍以上の法人資産に対して課税することができれば、それは重要な財源となりうる。これに平均1％の課税を行うだけで、3000億ドル以上の税収が見込める。これらの資産収益率は大まかにみても平均4％程度で、大規模な資産ほどそれを上回る収益性があるため、その程度の課税は理論的には不可能ではない。

また所得税については、ピケティは、年収20万ドル以上の所得に50〜60％、50万〜100万ドルの所得、すなわち所得最上位0.5〜1％に対しては80％以上という限界税率を提案している。ピケティのいうような税率の引き上げは第二次大戦後数十年続いた水準への回帰を意味する。こうした課税は国際的な政府間および金融機関間の連携による税率の調整、情報公開および適正かつ公平な賦課および徴収のための強い姿勢が不可欠である。

ベーシックインカムのためには、以上のような簡単なシミュレーションが可能であるが、こうした試算が大きな限界をもつことも明らかである。なぜなら、ベーシックインカムによって労使関係が大きく変わり、経済社会全体の権力構造が変化すれば、これまでのGDPの規模がどのように変化するかは予想できないからである。労働と資本の双方にとって競争圧力が低下した社会をわれわれは正確に想定することができない。現在の資源浪費型の経済規模を縮小させ、環境への負荷の小さい経済構造へと移行すること、経済的不平等を是正し、人々がより自由に働き方を選択できるようになることはアメリカのみならず、世界にとって計り知れない影響を及ぼすであろう。こうした経済システムへの移行のカギは、賃金と課税に対する社会的規範意識の変革とその政治的組織化であり、その現実的基盤はベーシックインカム自身によって労働者の交渉力を確保することのうちにある。

むすび

　ロバート・ソローは、2001 年にヴァン・パリースが企画した、ベーシックインカムに対する経済学者のコメントを集めた論集 *What's Wrong with a Free Lunch?* にまえがきを寄せ、そのなかでベーシックインカムに対する的確な性格づけと条件つきの支持を与えている。ソローの主な懸念はベーシックインカムが労働インセンティブを担保しうるかどうか、実現の合意に至ることが可能であるかどうかにあるようであるが、その点に留意しながらも、ソローは、ベーシックインカムのいくつもの優れた特徴をうまく説明している。

　ソローは 1950 年代後半の経済成長理論の研究以降、労働市場の分析、不完全競争の理論など幅広い研究に取り組んだ（Solow [1990] [1998a] [1998b]）。そうした研究と所得保障とのつながりをソローのそれらの文献から読みとることはできない。しかし、本書の脈絡からすれば、第 1 章で〈希少性〉の経済学として特徴づけた新古典派成長理論のパイオニアが、ベーシックインカムに傾斜したことは興味深い。

　ベーシックインカムは、1960 年代の負の所得税がそうであったように、多様な位置づけが可能であり、その実現可能性をめぐっても十分な議論が必要である。その政治的合意がアメリカであろうと日本であろうと近い将来に起こりうるとはいえない。しかし、資本蓄積の不安定な土台のうえに、安定的な社会保障制度を構築することはできない。したがって現代の利用可能な生産的資源を用いて人々の基本的な生活ニーズを満たすためには、就労と切り離した生活保障、所得保障が必要であるということから、ベーシックインカムに対する関心は高まりこそすれ、衰えることはないであろう。ベーシックインカムのもつ普遍主義的性格は、既存の社会保障制度改革の是非を判断する基準ともなる。

結　論

　1964年1月8日、リンドン・ジョンソン米大統領が一般教書演説で「貧困との戦争」（The War on Poverty）を宣言してから50年余りが過ぎた。この演説を機に、メディケア（高齢者医療補助）、メディケイド（低所得者医療補助）、フードスタンプ（食料費補助）、ジョブコア（職業訓練隊）、ヘッドスタート（幼児教育支援）など一連の社会プログラムがつくられ、さらに人種差別を法的に禁じる公民権法が制定された。

　「貧困との戦争」半世紀の戦果はどう評価されたであろうか。開戦50周年を記念してメディアや政治家はいっせいにそれぞれの判定を下した。保守派は、1964年から現在まで貧困人口比率の低下がきわめてわずかであり、しかも貧困人口の福祉依存がむしろ強まりつつあることをもって「惨敗」であったとしている。保守派にとって貧困の残存は社会保障制度をつうじた政府介入が効果をもたないことを示すものにほかならず、貧困は自助努力を軸にしてこそ根絶されるべきものであるという彼らの信条の正しさを証明するものであった。

　ロナルド・レーガン大統領は、ジョンソン政権以来の「貧困との戦争」がまったくの「敗戦」であったとして、次のように語った。「1964年に貧困に対する戦争が宣言され、状況がおかしくなった。社会保障への依存という意味での貧困は減少するどころかむしろ強まった。貧困こそこの戦争の勝者である。その理由は政府のプログラムが貧困者を救わず、むしろ家族の絆を破壊したからである」（Radio Address to the Nation on Welfare Reform, February 15, 1986）。

　自らが生んだ巨額の赤字の削減をも社会保障費の削減と減税に結びつけようとしたレーガンの手法は、今日の共和党やティーパーティなど保守派の共通のレトリックとなっている。こうした見解が、ニューディール起源の社会保障制度を蝕んだ資本蓄積の構造的な問題、すなわち本書で考察した生産性

と投資の停滞、雇用創出力の弱化（市場の失敗）を不問に付し、社会保障支出の膨張による財政負担の問題（政府の失敗）として、あげて貧者に投げつける歪んだものであることは本書の考察によって明らかであろう。

　それに対して、*The Nation*誌や*The New York Times*紙などリベラルなメディアでは、「貧困との戦争」はアメリカの貧困を克服したとはいえないが、貧困の削減にある程度の役割を果たし、現在なおも貧困のいっそうの悪化をくい止めているとして制度に軍配をあげている（Abramsky [2014]; Billingsley [2014]; Lowrey [2014]）。

　1960年代にできたこうした制度がニューディールを受け継ぐ進歩的な遺産であるか、それとも嫌悪すべき時代のグロテスクなモニュメントであるかは、その長期的な貧困や所得分配に対する政策的効果の客観的な評価というよりも、むしろ、ニューディール以来の社会保障制度のあり方、さらにはアメリカの経済成長とその分配に対する評価の相違と密接不可分であり、より根元的には貧困観や人間観の相違を投影したものといえる。

　貧困対策や人種差別撤廃の制度が作られはじめた1960年代半ば、頻発する黒人暴動、ヴェトナム戦争をめぐる世論の分裂などを背景に、白人中間層のあいだに人種統合や貧困者への再分配に対する強い忌避意識が生まれ、いわゆる「ホワイト・バックラッシュ」（白人の巻き返し）と呼ばれる政治意識の急速な保守化が起こった。これによって民主党は66年の中間選挙で大敗し、とりわけ公民権運動に近い議員の多くを失うという事態に陥った。こうしたなかで貧困対策や社会保障政策の拡充は急激に失速した。

　トマス・エドソールとメアリー・エドソールは、こうした60年代半ばに起こったこの政治的保守化について次のように述べている。「犯罪、セックスに関する責任、福祉依存、麻薬の乱用、労働への不参加、社会的義務の基準など、価値の問題が深くかかわる事柄を表立って論じると、たちまち『人種差別』とか『裏切り者』という烙印を押されるというわけで、民主党リベラル派と多くの一般有権者とのあいだに20年以上にわたって価値をめぐる障壁ができあがった」（Edsall and Edsall [1992] p. 259）。エドソール夫妻は、民主党やリベラル派がここでいう「価値をめぐる障壁」に有効に対処する戦略をもたなかったことが、のちに「レーガン民主党」と呼ばれるような

白人中間層の出現をもたらす原因であったと主張している。

　トマス・エドソールは、最近、オバマケアについても次のように指摘している。「白人有権者の多くが中間層から貧困なマイノリティへの所得移転を意味するオバマケアを受け容れていなかったことは 2010 年の選挙をみれば明らかである。彼らの反感は容易に政治的に利用された。オバマケアの可決がこの問題を前面に押し出し、共和党は下院と全米の州議会で議席を伸ばした。現在、このプログラムが問題を抱えていることで 2010 年に起こったことが 2014 年とおそらくは 2016 年にも繰り返し起こる可能性がある」(Edsall [2013])。エドソールは民主党が 1966 年の敗北を再演するのを恐れているのである。

　こうした懸念を乗り越えていくことは可能であろうか。手がかりがないわけではない。アメリカの社会保障制度をめぐる議論は、伝統的な社会保障制度のあり方に固執するリベラル派と、それを新自由主義的あるいはリバタリアン（自由至上主義）的な観点から否定する保守派との争いといったメディアや政治家が演出する図式的な枠内にとどまるものではない。とくにリベラル派、左派のなかにも、ニューディール起源の社会保障制度に様々な視点から再検討を加え、より普遍的な社会保障制度の必要性を主張する研究や運動が現れている。こうしたアメリカ二大政党間の議論を超えて、公正で合理的な代替案を描こうとする新たな主張の台頭こそ、エドソールらがいう「価値をめぐる障壁」を乗り越えようとする理論的・政策的な試みの端緒である。

　ベーシックインカムは社会保障制度を普遍的なものに作り変え、基本的生存権の確保のための生産基盤の確立を要求する理論であることをみてきた。その実現がいまいかに政治的にみて困難であろうと、それは経済政策、社会運動、労働運動の底流とならなければならない。その意味で、ウィリアム・ブレイクの次の一節が本書の結びにふさわしい。

　　「現在当然と思われているものは、かつては空想でしかなかった。」
　　　　　　　　——*What is now proved was once only imagined.*

文　献

● 邦文

新井紀子［2010］『コンピュータが仕事を奪う』日本経済新聞出版社。
蛯原良一［1986］『所有論の歴史』世界書院。
置塩信雄［1986］『現代資本主義と経済学』岩波書店。
小沢修司［2002］『福祉社会と社会保障改革―ベーシック・インカム構想の新地平』高菅出版。
川口弘，［1966］『金融論』筑摩書房。
吉川洋［1994］「労働分配率と日本経済の成長・循環」（石川経夫編『日本の所得と富の分配』東京大学出版会、1994 年、107-140 頁）。
経済企画庁［1987］『経済成長と所得分配』大蔵省印刷局。
佐藤千登勢［2013］『アメリカ型福祉国家の形成―1935 年社会保障法とニューディール』筑波大学出版会。
佐藤千登勢［2013］『アメリカの福祉改革とジェンダー―「福祉から就労へ」は成功したのか？』彩流社。
椎名重明［1978］「土地公有思想の歴史的展開」（同編『土地公有の史的研究』御茶の水書房、1978 年、3-80 頁）。
本田浩邦［2014］「なぜ日本では消費税が社会保障のためにならないか？」（『緑の風』多摩住民自治研究所、2014 年 3 月、9-11 頁）。
山森亮［2009］『ベーシック・インカム入門―無条件給付の基礎所得を考える』光文社新書。

● 欧文

Abramsky, S. [2014] The Battle Hymn of the War on Poverty, *The Nation*, January 14.
Acemoglu, D. and Robinson, J. A. [2015] The Rise and Decline of General Laws of Capitalism, *Journal of Economic Perspectives*, Vol. 29 No. 1: 3-28.
Ackerman, B., Alestott, A., and Van Parijs, P. et al. [2006] *Redesigning Distribution: Basic Income and Stakeholder Grants as Alternative Cornerstones for a More Egalitarian Capitalism*, The Real Utopias Project Volume V, Verso.
Adema, W. and Ladaique, M. [2009] "How Expensive is the Welfare State?: Gross and Net Indicators in the OECD Social Expenditure Database (SOCX)", *OECD Social, Employment and Migration Working Papers*, No. 92, OECD Publishing.
Aghion, Ph., Caroli E., and García- Peñalosa, C. [1999] Inequality and Economic Growth: The Perspective of the New Growth Theories, *Journal of Economic Literature*, Vol. 37: 1615-1650.

Anderson, S. [2014] Wall Street Bonuses and the Minimum Wage, Institute for Policy Studies, March 12. (http://www.ips-dc.org/wall_street_bonuses_and_the_minimum_wage/)

Arthur, B. [1994] *Increasing Returns and Path Dependence in the Economy*, University of Michigan Press.（有賀祐二訳『収益逓増と経路依存―複雑系の経済学』多賀出版、2003年）

Aschoff, N. [2013] Vultures in the E. R.: Private-Equity Firms Target the U. S. Health-Care Industry, *Dollars and Sense*, January/February.

Atkinson, A. B. [2015] *Inequality: What Can Be Done?* Harvard Belknup.（山形浩生、森本正史訳『21世紀の不平等』東洋経済新報社、2015年）

Auerbach, J. A., and Belous, R. S. eds. [1998] *The Inequality Paradox: Growth of Income Disparity*, National Policy Association.

Ayres, C. E. [1965] Guaranteed Income: An Institutionalist View, in Theobald ed. [1965], pp. 161-174.

Backhouse, E. R. and Bateman, B. W. [2011] *Capitalist Revolutionary: John Maynard Keynes*, Harvard University Press.（西沢保監訳、栗林寛幸訳『資本主義の革命家 ケインズ』作品社、2014年）

Baran, P. [1959] Reflections on Underconsumption, Paul Baran [1969] *The Longer View: Essays Toward a Critique of Political Economy*, Monthly Review Press.（「過少消費説に対する省察」都留重人編『現代資本主義の再検討』岩波書店、1959年）

Baran, P. and Sweezy, P. [1966] *Monopoly Capital: An Essay on the American Economic and Social Order*, Monthly Review Press.（小原敬二訳『独占資本』岩波書店、1967年）

Baumol, W. J. [2012] *The Cost Disease: Why Computers Get Cheaper and Health Care Doesn't*, Yale University Press.

Beer, M. [1919 (1953)] *A History of British Socialism*, Allen & Unwin.（大島清訳『イギリス社会主義史』岩波文庫、1950-75年）

Beer, M. [1929] *Allgemeine Geschichte des Sozialisms und der sozialen Kämpfe, sechste durchgesehene und erweiterte Auflage*, Verlag für Sozialwissenschaft.（西雅雄訳『社会思想史』三一書房、1951年）

Bernstein, W. J. [2006] *The Birth of Plenty*, McGraw-Hill Companies, Inc.（徳川家広訳『「豊かさ」の誕生―成長と発展の文明史』日本経済新聞社、2006年）

Berry, E. [2010] Health Plans Extend Their Market Dominance, *American Medical News*, March 8.

Berry, E. [2012] Health Plan Market Primed for Further Consolidation, *American Medical News*, September 3.

Bettman, O. L. [1974] *The Good Old Days: They Were Terrible!*, Random House.（山越邦夫、斎藤美加訳『目で見る金ぴか時代の民衆生活―古き良き時代の悲惨な事情』草風館、1999年）

Biles, R. [2002] *Crusading Liberal: Paul H. Douglas of Illinois*, Northern Illinois

University Press.

Billingsley, L. [2014] 50 Years Later, LBJ's 'War on Poverty' Has Proven a Total Failure, *Forbes*, January 10.

Bivens, J. [2011] *Failure By Design: A Story behind America's Broken Economy*, Cornell University Press.

Bivens, J. and Mishel, L. [2015] *Understanding the Historic Divergence Between Productivity and a Typical Worker's Pay: Why It Matters and Why It's Real*, Economic Policy Institute.

Blinder, A. [1980] The Level and Distribution of Economic Well-being, in Martin Feldstein ed., *The American Economy in Transition*, University of Chicago Press.（宮崎勇監訳『戦後アメリカ経済論』東洋経済新報社、1985年）

Bowler, K. M. [1974] *The Nixon Guaranteed Income Proposal: Substance and Process in Policy Change*, Ballinger Publishing Company.

Bowles, S. and Gintis, H. [1998] *Recasting Egalitarianism*, Verso.（遠山広徳訳『平等主義の政治経済学―市場・国家・コミュニティのための新たなルール』大村書店、2002年）

Bradbury, K. and Triest, R. K. [2014] Inequality of Opportunity and Aggregate Economic Performance, Paper Prepared for Conference on "Inequality of Economic Opportunity", Federal Reserve Bank of Boston, October.

Bregger, J. [1996] Measuring Self-employment in the United States, *Monthly Labor Review*, Vol. 119 No.1-2: 3-9.

Brenner, R. [2002] *The Boom and the Bubble*, Verso.（石倉雅男、渡辺雅男訳『ブームとバブル―世界経済のなかのアメリカ』こぶし書房、2005年）

Brittan, S. and Webb, S. [1990] *Beyond the Welfare State: An Examination of Basic Incomes in a Market Economy*, Aberdeen University Press.

Brynjolfson, E. and McAfee, A. [2011] *Race against the Machine: How the Digital Revolution is Accelerating Innovation, Driving Productivity, and Irreversibly Transforming Employment and the Economy*, Digital Frontier Press.（村井章子訳『機械との競争』日経BP社、2013年）

Brynjolfson, E. and McAfee, A. [2014] *The Second Machine Age: Work, Progress, and Prosperity in a Time of Brilliant Technologies*, W. W. Norton and Company.（村井章子訳『ザ・セカンド・マシン・エイジ』日経BP社、2015年）

Bureau of the Census [1996] A Brief Look at Postwar U. S. Income Inequality, *Current Population Reports*, June, P60-191, U. S. Government Printing Office.

Bureau of Census, The Department of Commerce [2011] *Income, Poverty, and Health Insurance Coverage in the United States: 2011*.

Burke, V. J. and Burke, V. [1974] *Nixon's Good Deed: Welfare Reform*, Columbia University Press.

Burkitt, B. and Hutchinson, F. [1994] Major Douglas' Proposals for a National Dividend: A Logical Successor to the Wage, *International Journal of Social Economics*, Vol. 21 No.

1: 19-28.

Burtless, G. [1998] Technological Change and International Trade: How Well Do They Explain the Rise in U. S. Income Inequality? in Auerbach J. A. and Belous, R. S. eds, *The Inequality Paradox: Growth of Income Disparity*, National Policy Association, pp. 90-91.

Capps, C. and Dranov, D. [2011] *Market Concentration of Hospitals*, Bates White Economic Consulting, Washington, D. C., June.

Chernomas, R. [1984] Keynes on Post-Scarcity Society, *Journal of Economic Issues*, Vol. 18 No. 4: 1007-1026.

Cingano, F. [2014] Trends in Income Inequality and its Impact on Economic Growth, OECD Social, Employment and Migration Working Papers, OECD.

Clark, J. B. [1889] *The Distribution of Wealth: A theory of Wages, Interest and Profits*, Macmillan. (田中敏広、本郷亮訳『富の分配』日本評論社、2007 年)

Cloward, R. and Piven, F. F. [1966] The Weight of the Poor: A Strategy to End Poverty, *The Nation*, May 2.

Cohen, G. A. [1995] *Self-Ownership, Freedom, and Equality*, Cambridge University Press. (松井暁、中村宗之訳『自己所有権・自由・平等』青木書店、2005 年)

Commonwealth Fund [2015] U.S. Health Care from a Global Perspective Spending, Use of Services, Prices, and Health in 13 Countries. (http://www.commonwealthfund.org/publications/issue-briefs/2015/oct/us-health-care-from-a-global-perspective)

Council of Economic Advisers [Annual] *Economic Report of the President*, U. S. Government Printing Office (萩原伸次郎監訳『米国経済白書』毎日新聞社、蒼天社出版)

Cowen, T. [2011] *The Great Stagnation: How America Ate All the Low-Hanging Fruit of Modern History, Got Sick, and Will (Eventually) Feel Better*, Dutton Adult. (池村千秋訳『大停滞』NTT 出版、2011 年)

Coyle, D. [2014] *GDP: A Brief but Affectionate History*, Princeton University Press. (高橋璃子訳『GDP―〈小さくて大きな数字〉の歴史』みすず書房、2015 年)

Crotty, J. [2002] Why Do Global Markets Suffer from Chronic Excess Capacity?: Insights from Keynes, Schumpeter and Marx, Working Paper, Political Economy Research Institute of the Economics Department at the University of Massachusetts, Amherst.

Cunliffe, J. and Erreygers, G. [2004] *The Origins of Universal Grants: An Anthology of Historical Writings on Basic Capital and Basic Income*, Palgrave Macmilan.

Dabla-Norris, E., Kochhar, K., Suphaphiphat, N., Ricka, F., Tsounta, E. [2015] Causes and Consequences of Income Inequality: A Global Perspective, *IMF Staff Discussion Note*, IMF.

Danziger, S. and Gottschalk, P. [1996] *American Unequal*, Russell Sage Foundation.

Freeman, R. B. [1996] Toward an Apartheid Economy? *Harvard Business Review*, Vol. 74 No. 1: 114-123.

Dean, H. [1991] *Social Security and Social Control*, Routledge.

Dillard, D. [1948] *The Economics of John Maynard Keynes: The Theory of a Monetary*

Economy, Prentice Hall.（岡本好弘訳『J・M・ケインズの経済学』東洋経済新報社、1973年）

Domar, E. [1957] *Essays in the Theory of Economic Growth*, Oxford University Press.（宇野健吾訳『経済成長の理論』東洋経済新報社、1959年）

Dorfman, J. [1959] *The Economic Mind in American Civilization, Volume four and Five, 1918-1933*, Viking Press.

Douglas, P. H. [1928] Smith's Theory of Value and Distribution, in Clark, J. M., Douglas, P. H., Hollander, J. H., Morrow, G. R., Palyi, M., and Viner, J., *Adam Smith, 1776-1926: Lecture to Commemorate the Publication of "The Wealth of Nations*, University of Chicago Press, pp. 77-115.

Douglas, P. H. [1929] Lessons from the Last Decade, in Harry W. Laidler and Norman Thomas eds., *The Socialism of Our Times*, Vanguard Press, pp. xx-xx.

Douglas, P. H. [1930] *Real Wages in the United States: 1890-1926*, Houghton Mifflin Company.

Douglas, P. H. [1931] *The Movement of Money and Real Earnings in the United States, 1926-1928*, University of Chicago Studies.

Douglas, P. H. [1932] *The Coming of a New Party*, McGraw Hill Book Co.

Douglas, P. H. [1934] *The Theory of Wages*, Augstus M. Kelly.（辻村江太郎、續幸子訳『賃金の理論』日本労働研究機構、2000年）

Douglas, P. H. [1935] *Controlling Depressions*, W. W. Norton.

Douglas, P. H. [1936] *Social Security in the United States*, McGraw Hill Book Company, Inc.

Douglas, P. [1968] *In Our Time*, Harcourt, Brace & World.

Douglas, P. H. [1971] *In the Fullness of Time: The Memories of Paul H. Douglas*, Harcourt Brace Jovanovich, Inc.

Douglas, P. H. [1976] The Cobb-Douglas Production Function Once Again: Its History, Its Testing, and Some New Empirical Values, *Journal of Political Economy*, Vol. 84 No. 5: 903-915.

Dugger, W. M. and Peach, J. T. [2009] *Economic Abundance: An Introduction*, M. E. Sharpe.

Editors [2013] Why the Left Should Defend Obamacare, *The Nation*, November 20.

Edsall, T. B. [2013] The Obamacare Crisis, *The New York Times*, November 19.

Edsall, T. B. and Edsall, M.D. [1991] *Chain Reaction: The Impact of Race, Rights, and Taxes on American Politics*, W. W. Norton and Company.（飛田茂雄訳『争うアメリカ—人権・権利・税金』みすず書房、1995年）

Edwards, K. A., Hertel-Fernandez, A., and Turner, A. [2012] *A Young Person's Guide to Social Security*, Economic Policy Institute.

Ehrenreich, B. [2001] *Nickel and Dimed: On (Not) Getting By in America*, Metropolitan Books.（曽田和子訳『ニッケル・アンド・ダイムド—アメリカ下流社会の現実』東洋経済

新報社、2006 年)

Elmendor, D. W. [2011] Long-Term Analysis of a Budget Proposal by Chairman Ryan, Congressional Budget Office, April 5.

Elsby, M.W. L., Hobijn, B., and Sahin, A. [2013] The Decline of the U.S. Labor Share, *Brookings Papers on Economic Activity*, Fall.

Frey, C. B. and Osborne, M. A. [2013] The Future of Employment: How Susceptible are Jobs to Computerisation?" *OMS Working Paper*.

Fishback, P. [2007] "The New Deal," in Fishback ed., *Government and the American Economy*, University of Chicago Press, pp. 384-430.

Freeman, R. E. [1999] *The New Inequality, Creating Solutions for Poor America*, Beacon Press.

Freeman, R. [2007] *America Works: Critical Thoughts on the Exceptional U.S. Labor Market*, Russell Sage Foundation.

Friedman, M. [1962] *Capitalism and Freedom*, University of Chicago Press.（熊谷尚夫、西山千明、白井孝昌訳『資本主義と自由』マグロウヒル好学社、1975 年)

Friedman, M. [1968] Negative Income Tax-1, *Newsweek*, 16 September.

Friedman, M. and Friedman, R. [1980] *Free to Choose: A Personal Statement*, Harcourt Inc.（西山千明訳『選択の自由―自立社会への挑戦』日経ビジネス人文庫、2002 年)

Frumkin, N. [1992] *Tracking American's Economy, Second edition*, M. E. Sharpe.

Galbraith, J. K. [1st edition 1958, 2nd edition 1969], *Affluent Society*, Houghton Mifflin.（鈴木哲太郎訳『ゆたかな社会』岩波書店、初版 1960 年、第 2 版 1970 年)

Galbraith, K. [1973] *Economics and the Public Purpose*, Houghton Miffilin.（久我豊雄訳『経済学と公共目的』ガルブレイス著作集第 4 巻、TBS ブリタニカ、1980 年)

Galbraith, J. K. [1992] *The Culture of Contentment*, Houghton Mifflin Company.（中村達也訳『満足の文化』新潮文庫、1998 年)

Galbraith, K. [1994] The good life beckons, *New Statesman & Society*, Vol. 7 Issue 287: 14-16.

Geremek, B. [1989] *Litość i szubienica: Dzieje nędzy i miłosierdzia*, Czytelnik.（早坂真理訳『憐れみと縛り首―ヨーロッパ史のなかの貧民』平凡社、1993 年)

Geremek, B. [1991] *Poverty: A History*, translated by Agnreszka Kolakowska, John Wiley & Sons.（早坂真里訳『憐れみと縛り首―ヨーロッパ史のなかの貧民』平凡社、1993 年)

Glickman, D. [1999] Food Security: Building Partnerships to End Hunger: Remarks by Secretary of Agriculture National Summit on Community, Chicago, Illinois, October 14.

Glied, S. and Laugesen, M. [2011] Higher Fees Paid to US Physicians Drive Higher Spending for Physician Services Compared to Other Countries, *Health Affairs*, Vol. 30 No. 9: 1647-1656.

Glyn, A. [2009] Functional Distribution and Inequality, in Salverda, W., Nolan, B. and Smeeding, T. M. eds., *The Oxford Handbook of Economic Inequality*, Oxford University

Press, pp. 101-126.

Goldin, C. and Margo, R. A. [1992] The Great Compression: The Wage Structure in the United States at Mid-Century, *Quarterly Journal of Economics*, Vol. 107 No. 1: 1-34.

Goodman, P. and Goodman, P. [1947] *Communitas: Means of Livelihood and Ways of Life*, University of Chicago Press.（槙文彦、松本洋訳『コミュニタス―理想社会への思索と方法』彰国社、1968 年）

Gordon, R. J. [2000a] Does the "New Economy" Measure Up to the Great Inventions of the Past, *Journal of Economic Perspective*, Vol. 14 No. 4: 49-74.

Gordon, R. J. [2000b] Interpreting the "One Big Wave" in U.S. Long-term Productivity Growth, in Ark, B. van, Kuipers, S. K., Kuper, G. H. eds., *Productivity, Technology, and Economic Growth*, Kluwer Publishers, pp. xx-xx.

Gordon, R. J. [2004] *Productivity Growth, Inflation, and Unemployment: The Collected Essays of Robert J. Gordon*, Cambridge.

Gordon, R. J. [2012] Is US Economic Growth Over?: Faltering Innovation Confronts the Six Headwinds, *NBER Working Paper*, No. 18315, August.

Gordon, R. J. [2014] The Demise of U.S. Economic Growth: Restatement, Rebuttal, and Reflections, *NBER Working Paper* No. 19895, February.

Gorz, A. [1988] *Métamorphoses du travail Quéte du sens: Critique de la rasion économique*, Galilée.（真下俊樹訳『労働のメタモルフォーズ　働くことの意味を求めて―経済的理性批判』緑風出版、1997 年）

Grossman, D. [1996] *On Killing: The Psychological Cost of Learning to Kill in War and Society*, Back Bay Books.（安原和見訳『戦争における「人殺し」の心理学』ちくま学芸文庫、2004 年）

Hacker, J. S. [2002] *The Divided Welfare State: The Battle over Public and Private Social Benefits in the United States*, Cambridge University Press.

Hacker, J. S. [2006] *The Great Risk Shift: The Assault on American Jobs, Families, Health Care, and Retirement and How You Can Fight Back*, Oxford University Press.

Hacker, J. S. and Loewentheil, N. [2012] *Prosperity Economics: Building an Economy for All*, Creative Commons.

Hall, R. E. [1990] Invariance Properties of Solow's Productivity Residual, in Peter Diamond ed., *Growth, Productivity, Unemployment: Essays to Celebrate Bob Solow's Birthday*, MIT Press, pp. 71-112.

Harrington, M. [1962] *The Other America*, Macmillan Co.（内田満、青山保訳『もう一つのアメリカ』日本評論社、1995 年）

Harris, R. [2005] The Guaranteed Income Movement of the 1960s and 1970s, in Widerquist, K., Lewis, M. A. and Pressman, S. eds., *The Ethics and Economics of the Basic Income Guarantee*, Ashgate Publishing, pp. 77-94.

Hartley, J. E. [2000] Does the Solow Residual Actually Measure Changes in Technology?, *Review of Political Economy*, Vol. 12 No. 1: 27-44.

Hayek, F. [1941] *The Pure Theory of Capital*, Macmillan.（江頭進訳『資本の純粋理論』ハイエク全集 II-9、春秋社、2012 年）

Heilbroner, R. L. [1964] *The Worldly Philosophers: The Lives, Times and Ideas of the Great Economic Thinkers*, Simon & Schuster/Touchstone.（八木甫、松原隆一郎、浮田聡、奥井智之、堀岡治男訳『入門経済思想史—世俗の思想家たち』ちくま学芸文庫、2001 年）

Hein, E. [2012] The Crisis of Finance-dominated Capitalism in the Euro Area, Deficiencies in the Economic Policy Architecture, and Deflationary Stagnation Policies, *Levy Economics Institute of Bard College Working Paper* No. 734.

Hein, E. [2014] *Distribution and Growth after Keynes: A Post-Keynesian Guide*, Edward Elgar.

Hein, E., Detzer, D. and Dodig, N. eds. [2015] *The Demise of Finance-dominated Capitalism: Explaining the Financial and Economic Crises*, Edward Elgar.

Helpman, E. [2004] *The Mistery of Economic Growth*, Harvard University Press.（大住圭介、池下研一郎、野田英雄、伊勢崎大理訳『経済成長のミステリー』九州大学出版会、2009 年）

Hobhouse, L. T. [1911] *Liberalism*, Oxford University Press.（吉崎祥司監訳、社会的自由主義研究会訳『自由主義』大月書店、2010 年）

Hobhouse, L. T. [1911] Liberalism, in James Meadowcroft ed., [1994] *Hobhouse: Liberalism and Other Writings*, Cambridge University Press.（吉崎祥司監訳、社会的自由主義研究会訳『自由主義—福祉国家への思想的転換』大月書店、2010 年）

Hobsbawm, E. [1994] *Age of Extremes: The Short Twentieth Century 1914-1991*, Michael Joseph Ltd.（河合秀和訳『20 世紀の歴史—極端な時代』三省堂、1996 年）

Hoeschele, W. [2010] *The Economics of Abundance: A Political Economy of Freedom, Equality, and Sustainability*, Gower Publishing Limited.

Hofstadter, R. [1963] *Anti-Intellectualism in American Life*, Alfred A. Knopf.（田村哲夫訳『アメリカの反知性主義』みすず書房、2003 年）

Howard, C. [1997] *The Hidden Welfare State, Tax Expenditures and Social Policy in the United States*, Princeton University Press.

Hungerford, T. and Thiess, R. [2013] *The Earned Income Tax Credit and the Child Tax Credit*, Economic Policy Institute, Issue Brief No. 370, September 25.

Illich, I. [1978] *The Right to Useful Unemployment: And its Professional Enemies*, Marion Boyars.（大久保直幹訳『エネルギーと公正』晶文社、1979 年）

International Labour Office [2005] *World Employment Report 2004-2005: Employment, Productivity and Poverty Reduction*, International Labour Organization.

Jacoby, S. [1998] *Modern Manors: Welfare Capitalism since the New Deal*, Princeton University Press.（内田一秀、中本和秀、鈴木良始、平尾武久、森杲訳『会社荘園制—アメリカ型ウェルフェア・キャピタリズムの軌跡』北海道大学図書刊行会、1999 年）

Kaldor, N. [1957] A Model of Economic Growth, *Economic Journal*, Vol. 67 No. 268: 591-

624.

Kalecki, M. [1954] *Theory of Economic Dynamics*, George Allen and Unwin Ltd.

Karabarbounis, L. and Nieman, B. [2013] The Global Decline of the Labor Share, *NBER Working Paper* 19136, National Bureau of Economic Research.

Kato, J. [2003] *Regressive Taxation and the Welfare State: Path Dependence and Policy Diffusion*, Cambridge University Press.

Katz, L. F., and Murphy, K. M. [1992] Changes in Relative Wages, 1963-87: Supply and Demand Factors, *Quarterly Journal of Economics* Vol. 107 No. 1: 35-78.

Kelton, E. [2013] Medicare Blood Money: The Healthcare Industry's Misalignment of Profits and Humane Medical Treatment, *Forbes*, September 12.

Keynes, J. M. [1930 (1972)] Economic Possibilities for Our Groundchildren, *The Collected Writings of John Maynard Keynes IV*, Cambridge University Press.（宮崎義一訳『説得論集』ケインズ全集第9巻、東洋経済新報社、1983年）

Keynes, J. M. [1934] Can America Spend Its Way into Recovery, *Redbook Magazine*, 64, December.

Keynes, J. M. [1936 (1972)] *The General Theory of Employment, Interest and Money*, *The Collected Writings of John Maynard Keynes VII*, Cambridge University Press.（塩野谷祐一訳『雇用・利子および貨幣の一般理論』ケインズ全集第7巻、東洋経済新報社、1983年）

Keynes, J. M. [1936 [1973]] Fluctuations in Net Investment in the United States, *Economic Journal*, Vol. 46 No. 183: 540-547, in *The Collected Writings of John Maynard Keynes VII*, Cambridge University Press.（塩野谷祐一訳『雇用・利子および貨幣の一般理論』ケインズ全集第7巻、東洋経済新報社、1983年）

Keynes, J. M. [1939 [1973]] Relative Movements of Real Wages and Output, *Economic Journal*, Vol. 49 No. 193: 34-51, in *The Collected Writings of John Maynard Keynes VII*, Cambridge University Press.（塩野谷祐一訳『ケインズ全集　第7巻　雇用・利子および貨幣の一般理論』東洋経済新報社、1983年）

Keynes, J. M. [1940] The United States and the Keynes Plan, *New Republic*, July 29.（『ケインズ　ハロッド』世界の名著69、中央公論社、1980年）

Klein, L. R. [1989] Restructuring of the American Economy, in Kregel, J. A. ed., *Inflation and Income Distribution in Capitalist Crisis*, Macmillan Press, pp. 25-45.

Klein, L. R. and Kosobud, R. F. [1961] Some Econometrics of Growth: Great Ratios of Economics, *Quarterly Journal of Economics*, Vol. 75 No. 2: 173-198.

Kornai, J. [2014] *Dynamism, Rivalry, and the Surplus Economy: Two Essays on the Nature of Capitalism*, Oxford University Press.（溝端佐登史ほか訳『資本主義の本質について―イノベーションと余剰経済』NTT出版、2016年）

Kornbluh, F. [2007] *The Battle for Welfare Rights: Political and Poverty in Modern America*, University of Pennsylvania Press.

Kosman, J. [2010] *The Buyout of America: How Private Equity Will Cause the Next*

Great Credit Crisis, Portfolio/Penguin.

Kruger, A. B. [1999] Measuring Labor's Share, *American Economic Review*, Vol. 89 No. 2: 45-51.

Kurzweil, R. [1999] *The Age of Spiritual Machines: When Computers Exceed Human Intelligence*, Viking Press.（田中三彦、田中茂彦訳『スピリチュアル・マシーン──コンピュータに魂が宿るとき』翔泳社、2001年）

Kuznets, S. [1937] *Discussion, Studies in Income and Wealth, Volume One*, National Bureau of Economic Research.

Kuznets, S. [1946] *National Account: A Summary of Findings*, National Bureau of Economic Research.

Kuznets, S. [1953] *Shares of Upper Income Groups in Income and Savings*, National Bureau of Economic Research

Kuznets, S. [1955] Economic Growth and Income Inequality, *American Economic Review*, Vol. 45 No. 1: 1-28.

Kuznets, S. [1961] *Capital in the American Economy: Its Formation and Financing*, Princeton University Press.

Kuznets, S. [1989] *Economic Development, the Family, and Income Distribution: Selected Essays*. Cambridge University Press.

Lange, O. [1936, 1937] On the Economic Theory of Socialism, *Review of Economic Studies*, Vol. 4 No. 1 and 2.（土屋清訳『計画経済理論』社会思想社、1951年）

Leuchtenburg, W. E. [1962] *Franklin D. Roosevelt and the New Deal, 1932-1940*, Harper Torchbooks.（陸井三郎訳『ローズヴェルト』紀伊國屋書店、1968年）

Leven, M., Moulton, H. and Warburton, C. [1934] *America's Capacity to Consume*, Brookings Institute.

Levin, R., et al. [2005] A Retrospective on the Negative Income Tax Experiments: Looking Back at the Most innovate Field Studies in Social Policy", in Winderquist, K. et al. ed., *The Ethics and Economics of the Basic Income Guarantee*, Ahgate, pp. 95-106

Levin-Waldman, O. [2011] *Wage Policy, income Distribution, and Democratic Theory*, Routledge.

Livingston, J. [2011] *Against Thrift: Why Consumer Culture Is Good for the Economy, the Environment, and Your Soul*, Basic Books.

Locke, J. [1690] *The Second Treatise of Government: An Essay Concerning the True Original, Extent and End of Civil Government*, edited with an introduction by J.W. Gough, Basil Blackwell, 1956.（鵜飼信成訳『市民政府論』岩波文庫、1968年）

Locke, J. [1692] *Some Considerations of the Consequences of the Lowering of Interest, and Raising the Value of Money*（田中庄司、竹本洋訳『利子・貨幣論』東京大学出版会、1978年）

Loring, R. [1964] *Communist Commentary on 'The Triple Revolution'*, Pamphlet, Los Angeles, California.

Lovenstein, M. [1965] Guaranteed Income and Traditional Economics, in Theobald ed. [1965], pp. 97-114.

Lowenstein, R. [2008] *While America Aged: How Pension Debts Ruined General Motors, Stopped the NYC Subways, Bankrupted San Diego, and Loom as the Next Financial Crisis*, Penguin Press HC.（鬼澤忍訳『なぜGMは転落したのか―アメリカ年金制度の罠』日本経済新聞出版社、2009年）

Lowrey, A. [2014] 50 Years Later, War on Poverty Is a Mixed Bag, *New York Times*, January 4.

Lubove, R. [1968] *The Struggle for Social Security, 1900-1935*, Harvard University Press.（古川孝順訳『アメリカ社会保障前史』川島書店、1982年）

Lucas, R. E. [1988] On the Mechanics of Economic Development, *Journal of Monetary Economics*, Vol. 22: 3-42.

Lumer, H. [1965] *Poverty: Its Roots and its Future*, International Publishers.（陸井三郎、田中勇訳『アメリカ貧乏物語』青木書店、1966年）

Luxemburg, R. [2015 (1913)] *The Accumulation of Capital*, Martino Publishing.（長谷部文雄訳『資本蓄積論』青木文庫、1952年）

MacBride, R. [1967] *The Automated State: Computer Systems as a New Force in Society*, Chilton Book Company.

McKay, A. [2005] *The Future of Social Security Policy: Women, Work and A Citizens Basic Income*, Routledge.

Mankiw, G. [2006] How are wages and productivity related?, Greg Mankiw's Blog, 29 August.

Meade, J. E. [1948] *Planning and the Price Mechanism, The Liberal-Socialist Solution*, George Allen & Unwin Ltd.

Meede, J. E. [1995] *Full Employment Regained?: An Agathotopian Dream*, Cambridge University Press.

Mendershausen, H. [1938] On the Significance of Professor Douglas' Production Function, *Eoconometrica*, Vol. 6 No. 2: 143-153.

Menger, A. [1899 [1962]] *The Right to the Whole Product of Labour*, Augustus M. Kelley.（森田勉訳『労働全収権史論』未来社、1971年）

Michell, J. [2014] A Steindlian Account of the distribution of Corporate Profits and Leverage: A Stock-flow Consistent Macroeconomic Model with agent-based Microfoundations, *Post Keynesian Economics Study Group Working Paper* 1412.

Mishel, L., Bernstein, J., and Allegretto, S. [2005] *The State of Working America 2004/2005*, Cornell University Press.

Mishel, L., Bernstein, J., and Schmitt, J. [2001] *The State of Working America 2000/2001*, Cornell University Press.

Mishel, L., Bernstein, J., and Schmitt, J. [2003] *The State of Working America 2002/2003*, Cornell University Press.

Mishel, L., Bivens, J., Gould, E., and Shierholz, H. [2012] *The State of Working America, 12th Edition*, Cornell University Press.

Milner, E. and Milner, D. [1918 (2004)] Scheme for a State Bonus, in Cunliffe, J. and Erreygers G., *The Origins of Universal Grants: An Anthology of Historical Writings on Basic Capital and Basic Income*, Palgrave Macmillan, pp. 121-133.

Mitra-Kahn, B. H. [2011] Redefining the Economy: how the 'economy' was invented 1620. (Unpublished Doctoral Thesis, City University London)

Moggridge, D. E. [1976] *Keynes*, Macmillan and Fontana Books.（塩野谷祐一訳『ケインズ』東洋経済新報社、1979年）

Mott, T. and Shapiro, N. eds. [2005] *Rethinking Capitalist Development: Essays on the Economics of Josef Steindle*, Routledge.

Moulton, H. G. [1935a] *The Formation of Capital*, Brookings Institution.（甲斐太郎訳『アメリカの資本形成』博文館、1943年）

Moulton, H. G. [1935b] *Income and Economic Progress*, Brookings Institution.（世界経済調査会訳『アメリカの国民所得と経済進歩』世界経済調査会、1944年）

Moulton, H. G. [1943] *The New Philosophy of Public Debt*, Brookings Institution.

Moulton, H. G. [1949] *Controlling Factors in Economic Development*, Brookings Institution.

Moynihan, Daniel P. [1973] *The Politics of a Guaranteed Income: The Nixon Administration and the Family Assistance Plan*, Random House.

Murphy, K. M. and Welch, F. [1992] The Structure of Wages, *Quarterly Journal of Economics* Vol. 107 No. 1: 285-326.

Murray, C. [1984] *Losing Ground: American Social Policy 1950-1980*, BasicBooks.

Murray, C. [2006] *In Our Hands: A Plan to Replace the Welfare State*, American Enterprise Institute Press.

Nasser, A. [2013] How Franklin D. Roosevelt Botched Social Security, *Counterpunch*, November 12. (http://www.counterpunch.org/2013/11/12/how-franklin-d-roosevelt-botched-social-security/)

Nourse, E. G. and Associates [1934] *America's Capacity to Produce*, Brookings Institution.（武石勉訳『アメリカの生産能力』博文館、1942年）

Occupy the SEC [2013] Occupy the SEC Awaits Agency Votes on Final Version of the Volcker Rule: Promulgation of Vital Component of Dodd-Frank Already Delayed by Two Years, December 5. (http://occupythesec.nycga.net/category/volcker-rule-loopholes/)

Odland, S. [2012] College Costs Out Of Control, *Forbes*, March 24. (http://www.forbes.com/sites/steveodland/2012/03/24/college-costs-are-soaring/#6725eb0f641b)

Okun, A. M. [1975] *Equality and Efficiency: The Big Tradeoff*, Brookings Institution.（新開陽一訳『平等か効率か―現代資本主義のジレンマ』日経新書、1976年）

Osterman, P., Kochan, T. A., Locke, R., and Piore, M. J. [2001] *Working in America*, MIT Press.（伊藤健市、中川誠士、堀龍二訳『ワーキング・イン・アメリカ―新しい労働市場

と次世代型組合』ミネルヴァ書房、2004 年）

Paine, T. [1792 (2008)] *Rights of Man*, Dover Publications.（西川正身訳『人間の権利』岩波文庫、1971 年）

Paine, T. [1797 (2004)] *Agrarian Justice*, in Cunliffe, J. and Erreygers, G. eds, *The Origins of Universal Grants: An Anthology of Historical Writings on Basic Capital and Basic Income*, Palgrave Macmilan.

Parker, R. [2005] *John Kenneth Galbraith: His Life, His Politics, His economics*, University of Chicago Press.（井上廣美訳『ガルブレイス―闘う経済学者』日経 BP 社、2005 年）

Perelman, M. [2006] *Railroading Economics: The Creation of the Free Market Mythology*, Monthly Review Press.

Perkins, F. [1946] *The Roosevelt I Know*, Viking Press.

Perrucci, R. and Pilisuk, M. [1968] *The Triple Revolution: Social Problems in Depth*, Little, Brown and Company.

Phelps Brown, E. H. [1957] The Meaning of the Fitted Cobb-Douglas Function, *Quarterly Journal of Economics*, Vol. 71 No. 4: 546-560.

Piketty, T. [2014] *Capital in the Twenty-First Century*, Harvard Belknup.（山形浩生、守岡桜、森本正史訳『21 世紀の資本』みすず書房、2014 年）

Piketty, T. [2015] About Capital in the Twenty-First Century, *American Economic Review: Papers & Proceedings*, Vol. 105 No. 5: 48-53.

Piketty, T. and Saez, E. [2001] Income Inequality in the United States, 1913-1998, *NBER Working Paper* 8467.

Piketty, T. and Saez, E. [2006] The Evolution of Top Incomes: A Historical and International Perspective, *American Economic Review*, Vol. 96 No. 2: 200-205.

Piven, F. F. and Cloward, R. A. [1971] *Regulating the Poor: The Functions of Public Welfare*, Random House.

Piven, F. F. and Cloward, R. A. [1977] *Poor People's Movements: Why They Succeed, How They Fail*, Vintage Books.

Plotnick, R. D., Smolensky, E., and Evenhause, E. [1998] The Twentieth Century Record of Inequality and Poverty in the United States, Institute for Research on Poverty, Discussion Paper No. 1166-98.

Polanyi, K. [1944 (2001)] *The Great Transformation: The Political and Economic Origins of Our Time*, Beacon Press.（吉沢英成、野口建彦、長尾史郎、杉村芳美訳『大転換―市場社会の形成と崩壊』東洋経済新報社、1975 年）

Pollin, R., Brenner, M., Wicks-Lim, J., and Luce, S [2008] *A Measure of Fairness: The Economics of Living Wages and Minimum Wages in the United States*, Cornell University Press.

Pomfret, J. D. [1964] Guaranteed Income Asked For All, Employed or Not; Assured Income Is Urged for All, *New York Times*, March 23.

Poterba, J. M. [2000] Stock Market Wealth and Consumption, *Journal of Economic Perspectives*, Vol. 14 No. 2: 99-118.

Prasad, M. [2012] *The Land of Too Much: American Abundance and the Paradox of Poverty*, Harvard University Press.

President's Commission on Income Maintenance Program [1969] *Poverty Amidst Plenty: The American Paradox*, GPO.

Rauch, J. E. [1993] Production Gains from Geographic Concentration of Human Capital: Evidence from the Cities, *Journal of Urban Economics*, Vol. 34: 380-400.

Raventós, D. [2007] *Basic Income: The Material Conditions of Freedom*, Pluto Press.

Reagan, D. [1986] Radio Address to the Nation on Welfare Reform, American Presidency Project, February 15.

Reati, A. [2001] Total Factor Productivity: A Misleading Concept, *BNL Quarterly*, No. 218: 313-332, September.

Reinhardt, U. E. [2011] The Many Different Prices Paid to Providers and the Flawed Theory of Cost Shifting: Is It Time for a More Rational All-Payer System?, *Health Affairs*, Vol. 30 Issue 11: 2125-2133.

Rhys-Williams, J. [1943 (2004)] Something to Look Forward to: A Suggestion for a New Social Contract, Cunliffe, John and Guido Erreygers, *The Origins of Universal Grants: An Anthology of Historical Writings on Basic Capital and Basic Income*, Palgrave Macmilan.

Ricardo, D. [1821 (2004)] *On the Principles of Political Economy and Taxation*, Dover Publications.（羽鳥卓也、吉沢芳樹訳『経済学および課税の原理』岩波文庫、1987年）

Rifkin, J. [1995] *The End of Work: The Decline of the Global Labor Force and the Dawn of the Post-Market Era*, Tarcher.（松浦雅之訳『大失業時代』TBSブリタニカ、1996年）

Robbins, C. J., Rudsenske, T., and Vaughan, J. S. [2008] Private Equity Investment in Health Care Services, *Health Affairs*, Vol. 27 Issue 5: 1389-1398.

Robinson, J. [1947] *An Essay on Marxian Economics, the Second Edition*, Macmillan.（戸田武雄、赤谷良雄訳『マルクス経済学』有斐閣、1951年）

Rodgers, H. R. [2005] *American Poverty in a New Era of Reform, 2nd editon*, M. E. Sharpe.

Rogers, J. M. and Gray, M. B. [1994] CE Data: Quintiles of Income versus Quintiles of Outlays, *Monthly Labor Review*, December, pp.32-37.

Romer, P. [1986] Increasing Returns and Long-Run Growth, *Journal of Political Economy*, Vol. 94 No. 5: 1002-1037.

Romer, P. [1990] Endogenous Technological Change, *Journal of Political Economy*, Vol. 98 No. 5: 71-102.

Rostow, W. W. [1960] *The Stages of Economic Growth: A Non-Communist Manifesto*, Cambridge University Press.（木村健康、久保まち子、村上泰亮訳『経済成長の諸段階』ダイヤモンド社、1961年）

Roszak, T. [1995] *The Making of a Counter Culture: Reflections on the Technocratic Society and Its Youthful Opposition*, University of California Press.

Rothbard, M. [1998] *The Ethics of Liberty*, New York University Press.（森村進、森村たまき、鳥澤円訳『自由の倫理学』勁草書房、2003年）

Rousseau, J.-J. [1762 (2008)] *The Social Contract*, Cosimo.（桑原武夫、前川貞次郎訳『社会契約論』岩波文庫、1954年）

Ryscavage, P. [1999] *Income Inequality in America: An Analysis of Trends*, M. E. Sharpe.

Samuelson, P. [1968] Negative Income Tax, *Newsweek*, June 10, p. 76.

Shaikh, A. [1974] Laws of Production and Laws of Algebra: The Humbug Production Function, *Review of Economics and Statistics*, Vol. 56: 115-120.

Shapiro, N. [2012] Keynes, Steindl, and the Critique of Austerity Economics, *Monthly Review*, Vol.64 No.3: 103-113.

Sheehan, B. [2010] *The Economics of Abundance: Affluent Consumption and the Global economy*, Edward Elgar Publishing Limited.

Shultz, G. and Dam, K. [1977] *Economic Policy Beyond the Headlines*, W. W. Norton and Company.（安藤博訳『市場への信頼』サイマル出版社、1983年）

Sismondi, S. de [1819] *Nouveaux Principes d'Economies Politique*, Delauney（菅間正朔訳『経済学新原理』日本評論社、1949年）

Skidelsky, R. [1995] *The World after Communism: A Polemic for Our Times*, Macmillan.（本田毅彦訳『共産主義後の世界』柏書房、2003年）

Smith, A. [1759] *The Theory of Moral Sentiments*, Clarendon Press.（高哲男訳『道徳感情論』講談社学術文庫、2013年）

Smith, A. [1776] *An Inquiry into the Nature and Causes of the Wealth of Nations*, Penguin Classics, 2003（水田洋監訳、杉山忠平訳『国富論』岩波文庫、2001年）

Smith, J. [2016] *Imperialism in the Twenty-First Century: Globalization, Super-Exploitation, and Capitalism's Final Crisis*, Monthly Review Press.

Social Security Administration [2012] *Annual Statistical Supplement to the Social Security Bulletin, 2011*, SSA Publication, No. 13-117.

Solow, R. M. [1956] A Contribution to the Theory of Economic Growth, *Quarterly Journal of Economics*, Vol. 70 No. 1: 65-94.（福岡正夫、神谷傳造、川又邦雄訳『資本 成長 技術進歩』竹内書店新社、1970年）

Solow, R. M. [1957] Technical Change and the Aggregate Production Function, *Review of Economics and Statistics*, Vol. 39 No. 3: 312-320.（福岡正夫、神谷傳造、川又邦雄訳『資本 成長 技術進歩』竹内書店新社、1970年）

Solow, R. M. [1987] Growth Theory and After, Nobel Foundation.（福岡正夫訳『成長理論（第2版）』岩波書店、2000年）

Solow, R. M. [1990] *The Labor Market as a Social Institution*, Basil Blackwell.

Solow, R. M. [1998] *Monopolistic Competition and Macroeconomic Theory*, Federico

Caffé Lecture, Cambridge University Press.

Solow, R. M. [1998] *Work and Welfare*, Amy Gutmann ed., Princeton University Press.

Solow, R. [2001] Foreword, in Philipe Van Parijs ed., *What's Wrong with a Free Lunch?*, Beacon Press, pp.ix-xvi.

Spence, T. [1797 (2004)] The Rights of Infants, Cunliffe, John and Guido Erreygers, *The Origins of Universal Grants: An Anthology of Historical Writings on Basic Capital and Basic Income*, Palgrave Macmillan.

Steensland, B. [2008] *The Failed Welfare Revolution: America's Struggle over Guaranteed Income Policy*, Princeton University Press.

Stein, H. [1984] *Presidential Economics: The Making of Economic Policy from Roosevelt to Reagan and Beyond*, Simon and Shuster.（土志田征一訳『大統領の経済学―ルーズベルトからレーガンまで』日本経済新聞社、1985 年）

Steindl, J. [1952 (1976)] *Maturity and Stagnation in American Capitalism*, Monthly Review Press.（宮崎義一、笹原昭五、鮎沢成男訳『アメリカ資本主義の成熟と停滞―寡占と成長の理論』日本評論新社、1962 年）

Steindl, J. [1985] Distribution and Growth, Political Economy, *Studies in the Surplus Approach*, Vol. 1 No. 1, Reprinted in Steindle [1990] *Economic Papers: 1941-88*, Macmillan, pp.149-165.

Stern, A. [2016] *Rising the Floor: How a Universal Basic Income can Renew Our Economy and Rebuild the American Dream*, Public Affairs.

Stigler, G. J. [1987] *The Theory of Price, 4th edition*, Macmillan Publishing Company.（南部鶴彦、辰巳憲一訳『価格の理論 第 4 版』有斐閣、1991 年）

Stiglitz, J. [2014] *Reforming Taxation to Promote Growth and Equity*, Roosevelt Institute, May 28.

Sweezy, P. M. [1942] *The Theory of Capitalist Development: Principles of Marxian Political Economy*, Monthly Review Press.（都留重人訳『資本主義発展の理論』新評論、1967 年）

Sweezy, P. M. [1981] *Four Lectures on Marxism*, Monthly Review Press.（柴田徳衛訳『マルクス主義と現代』岩波書店、1982 年）

Sweezy, P. M. [1991] Monopoly Capital After Twenty-Five Years, *Monthly Review*, Vo. 43 No. 7: 52-57.

Sweezy, P. M. and Harry Magdoff [1982] *The Deepening Crisis of U.S. Capitalism*, Monthly Review Press.（伊藤誠訳『アメリカ資本主義の危機』TBS ブリタニカ、1982 年）

Taibbi, M. [2012] Greed and Debt: The True Story of Mitt Romney and Bain Capital, *Rolling Stone*, August 29.

Theobald, R. [1963] *Free Man and Free Markets*, Doubleday and Company Inc.

Theobald, R. ed. [1965] *The Guaranteed Income: Next Step in Economic Revolution?* Doubleday & Company.（浜崎敬治訳『保障所得―経済発展の新段階』法政大学出版局、

1968 年）

Tobin, J. [1967] It Can Be Done!, *New Republic*, Vol. 156 Issue 22, June 3.

Tobin, J. [1981 (1987)] Strategy for Disinflation (Fellner on 'The State of Monetary Policy), *Policeis for Prosperity: Essays in a Keynesian Mode*, MIT Press.

Tolles, N. A. [1964] *Origins of Modern Wage Theories*, Prentice-Hall.

Trotsky, L. [1936 (2016)] *The Revolution Betrayed: What Is the Soviet Union and Where Is It Going?*, translation by Max Eastman, Createspace Independent Publishing Platform.（藤井一行訳『裏切られた革命』岩波文庫、1992 年）

Van Parijs, P. [1995] *Real Freedom for All: What (If Anything) Can Justify Capitalism*, Oxford University Press.（後藤玲子、斎藤拓訳『ベーシックインカムの哲学』勁草書房、2009 年）

Warsh, D. [2006] *Knowledge and the Wealth of Nations: A Story of Economic Discovery*, Norton.

Weintraub, A. [1959] *General Theory of the Price Level, Output, Income Distribution, and Economic Growth*, Chilton.

Weitzman, M. [1982] Increasing Returns and the Foundations of Unemployment Theory, *Economic Journal*, Vol. 92: 787-804.

Weitzman, M. [1984] *The Share Economy: Conquering Stagflation*, Harvard University Press.（林敏彦訳『シェア・エコノミー——スタグフレーションを克服する』岩波新書、1985 年）

Welch, F. [1999] In Defense of Inequality, *American Economic Review*, Vol. 89 No. 2: 1-17.

Weller, C. [2006] The Middle Class Falls Back, *Challenge*, Jan-Feb, pp.16-45.

Werner, G. W. [2006] *Ein Grund fur die Zukunft: das Grundeinkommen*, Verlag Freies Geisteslegen & Urachhaus GmbH.（渡辺一男訳『ベーシック・インカム——基礎所得のある社会へ』現代書館、2007 年）

Werner, G. W. [2007] *Einkommen für alle. Derdm-Chef über die Machbarkeit des bedingungslosen Grundeinkommens*, Kiepenheuer & Witsch.（渡辺一男訳『すべての人にベーシック・インカムを——基本的人権としての所得保障について』現代書館、2009 年）

Wicksell, K. [1900] Marginal Productivity as the Basis of Distribution in Economics, *Economisk Tidskrift*, pp. 305-337, Reprinted in *Selected Papers on Economic Theory*, George Allen & Unwin, 1958, pp. 93-120.

Wilensky, H. [2002] *Rich Democracies: Political Economy, Public Policy, and Performance*, University of California Press.

Williamson, G. J. [1991] *Inequality, Poverty and History*, Blackwell.（安場保吉、木原正享訳『不平等、貧困と歴史』ミネルヴァ書房、2003 年）

Winderquist, K., Lewis, M. A., and Pressman, S. eds. [2005] *The Ethics and Economics of the Basic Income Guarantee*, Ahgate.

Wooten, J. A. [2005] *The Employment Retirement Income Security Act of 1974, A*

Political History, California University Press.（みずほ年金研究所監訳『エリサ法の政治史―米国企業年金法の黎明期』中央経済社、2009 年）

Wright, E. O. [2006] Basic Income, Stakeholder Grants, and Class Analysis, in Ackerman B., Alestott, A. and Van Parijs, P. et al., *Redesigning Distribution: Basic Income and Stakeholder Grants as Alternative Cornerstones for a More Egalitarian Capitalism*, The Real Utopias Project Volume V, Verso, pp. 91-100.

Wright, F. L. [1945] *When Democracy Builds*, University of Chicago Press.（二見甚郷訳『デモクラシイの真髄』永晃社、1949 年）

Zingales, L. [2012] *A Capitalism for the People: Recapturing the Lost Genius of American Prosperity*, Basic Books.（若田部昌澄監訳、栗原百代訳『人びとのための資本主義―市場と自由を取り戻す』NTT 出版、2013 年）

索　引
＊頁数に付したnは脚注であることを示す

◆人名索引

《ア行》

アーサー、ブライアン　23
アイゼンハワー、ドワイト　136
アシュホフ、ニコール　169
アセモグル、ダロン　79
アトキンソン、アンソニー　46, 243
アドラー、モーティマ　179
アブラモビッツ、モーゼス　19
アラスコグ、ランド　169
イリッチ、イヴァン　127
ヴァン・パリース、フィリップ　217n, 235, 238, 246
ウィクスティード　5
ウィクセル、クヌート　5, 6
ウィリアムソン、ジェフリー　36n, 83n
ウェルチ、フィニス　v
ヴェルナー、ゲッツ　236
ウォーカー、マーク　243
ウォーレス、ジョージ　189
ウォルシュ、デイヴィッド　23n, 25
ヴォルテール　203
エアズ、C・E　181
エーレンライク、バーバラ　155n
エクスタイン、オットー　186
エドソール、トーマス　153, 189, 191, 194
蛯原良一　202n
エマニュエル、ラーム　167
エルズビー、マイケル　47
オーウェン、ロバート　18
置塩信雄　99
オグルヴィ、ウィリアム　209
小沢修司　199n

《カ行》

カーター、ジミー　194
カーツワイル、レイ　23n
カウツキー、カール　7
カッツ、ローレンス　36
カラバウニス、ロウカス　45
カルドア、ニコラス　10, 114
ガルブレイス、ジョン・K　2, 10, 154, 177, 186, 197, 223, 229
カレツキ、ミハウ　15
ギルダー、ジョージ　v
クズネッツ、サイモン　31, 57n, 102, 129
グッドマン、ポール　229n
クライン、ローレンス　11
グリーン、トーマス・ヒル　207
クリステンセン、クレイトン　61
グリン、アンドルー　47
クリントン、ビル　154
クルーガー、アラン　11
クロウォード、リチャード　139, 140n, 190, 192
グロスマン、デーヴ　103n
クロティ、ジェイムズ　58, 118, 121
ケインズ　10, 11n, 102, 103, 122, 178, 223, 228
ゲゼル、シルビオ　107
ゲッパート、ウィリアム　167
ケネディ、ジョン・F　137n
ケネディ、ロバート　190
ケルソー、ルイス　179
ゲレメク、ブロニスワフ　iii
ケンドリック、ジョン・W　19
コーエン、D・A　202n
コーエン、タイラー　85

ゴーディン、クラウディア 35
ゴードン、ロバート 63, 75, 92, 97
コール、G・D・H 216
ゴールドウォーター、バリー 189
ゴールドスタイン、ジェフリー 167
ゴールドスミス、レイモンド 57n
コスマン、ジョシュ 165
コブ、チャールズ 8
ゴルツ、アンドレ 236
コンシデラン、ビクトール 206

《サ行》

サエズ、エマニュエル 34
佐藤千登勢 132n, 155n
サミュエルソン、ポール 6n, 186
サリー、スタンリー 137n
サンダース、バーニー 160
椎名重明 201n
シーハン、ブランデン 125
シスモンディ、シスモンド・ド 5, 104
ジャコビー、サンフォード 138n
シャルリエ、ジョセフ 202n
シュタインドル、ジョセフ 16, 29, 57, 58, 59, 118
シュルツ、ジョージ 188
ショー、バーナード 106
ジョージ、ヘンリー 207
ジョンソン、リンドン 137n
ジンガルス、ルイジ v, 170
スウィージー、ポール 111
スキデルスキー、ロバート 108n
スターン、アンディ 241
スタイン、ハーバート 49
スティーブンソン、アドレイ 135
スティグラー、ジョージ 9n, 154
スティグリッツ、ジョセフ 101
スペンス、トーマス 207
スミス、アダム 5, 103, 202
スミス、ジョン 27n
セオボルド、ロバート 178

ソロー、ロバート 19-20, 24, 37, 101, 185n, 246

《タ行》

ダガー、ウィリアム 123
ダグラス、クリフォード 107, 176
ダグラス、ポール 5, 17, 21, 37, 101, 115, 147n, 189
ダシェル、トム 167
タフト、ロバート 143
タブラノリス、エラ 60
ダム、ケネス 197
タリー、ジェームス 202n
チェンバリン、エドワード 15
チャノマス、ロバート 110
ディーン、ハートリー 99
ディラード、ダッドリン 108n
デビッド、ポール 22
デューイ、ジョン 6
トービン、ジェームス iv, 50, 186
ドーフマン、ジョセフ 108n
ドーマー、エブセイ 11n, 20, 115
トーマス、ノーマン 7, 183
トルーマン、ハリー 135
トロツキー、レオン 222

《ナ行》

ナッサー、アラン 141
ニーマン、ブレント 45
ネーダー、ラルフ 146

《ハ行》

パーカー、リチャード 190n, 224n
ハートリー、ジェイムス 26n
バーリ、アドルフ 15
バーンスタイン、ウィリアム 83n
ハイエク、フリードリヒ 106n, 110, 212
ハイルブローナー、ロバート 111, 183
ハイン、エクハルト 48

ハウ、アーヴィング　183
バタイユ、ジョルジュ　122
ハッカー、ジェイコブ　132n, 214
バックハウス、ロジャー　108n
バヴェルク、ベーム　62, 197
バラン、ポール　111, 121
ハリントン、マイケル　183
ハワード、クリストファー　137n
ハンフリー、ヒューバート　190
ピーヴン、フランセス・フォックス　139, 140n, 190, 192
ピーチ、ジェイムス　123
ビヴェンズ、ジョシュ　39
ピグー、アーサー・セシル　106n
ピケティ、トマ　17, 34, 50, 75, 95, 100, 115n, 245
フィッシュバック、プライス　109
フーリエ、シャルル　205
フェルドスタイン、マーティン　v
フェルプス＝ブラウン　15n
フォーゲル、ロバート　31n
フォード、ジェラルド　156
フォード、ヘンリー二世　87n
フォルサム、マリオン　138n
フォン・ミーゼス、ルードヴィヒ　106n
プラサッド、モニカ　151, 168n, 244n
フランコウスキ、レオ　103
ブラン、ルイ　206
フリードマン、ミルトン　106n, 144n, 154, 195, 204n, 228, 229
ブリニョルフソン、エリック　85, 100
ブルックス、アーサー　v
ブレイク、ウィリアム　249
ブレナー、ロバート　58, 120
プロトニック、ロバート　30n
フロム、エーリッヒ　154, 219, 228
ブロンフェンブレナー、マーティン　17
ベア、マックス　200n
ヘイデン、トム　183
ベイトマン、ブラッドリー　108n

ペイン、トーマス　207
ベッカー、ゲイリー　v
ベットマン、オットー・L　83n
ベル、ダニエル　185n
ヘルプマン、エルハナン　21n, 23n
ペレルマン、マイケル　97n
ボウエン、ハワード　185n
ホーシェーレ、ウルフギャング　128
ボーモル、ウィリアム　58, 75, 89, 97
ポーリング、ライナス　183
ポターバ、ジェイムス　11
ホブズボーム、エリック　3n
ホブソン、ジョン・A　108n
ホブハウス、L・T　207
ポランニー、カール　223n

《マ行》

マーゴ、ロバート　35
マーシャル、アルフレッド　106n
マーマー、セオドア　147n
マカフィー、アンドリュー　85
マズロー、アブラハム　122
マディソン、アンガス　23
マベル　216
マリー、チャールズ　153n, 233
マルクス、カール　9, 59, 76, 102, 116, 220, 221
マルサス、ロバート　5
マンキュー、グレゴリー　v, 42n
ミード、ジェームス　216n
ミーンズ、ガーディナー　15
ミシェル、ローレンス　39
ミチェル、ジョー　56
ミュルダール、ギュンナー　183
ミルズ、カレン・ゴードン　167
ミルナー、E・マベル　216
ミルナー、デニス　216
ムーア、マイケル　160-161
メールマン、ケネス　167
メンガー、アントン　202n

メンダーズハウゼン、ホルスト　15n
モイニハン、ダニエル　188
モーゲンソー、ヘンリー　141
モールトン、ハロルド　12, 17, 63, 98n
モグリッジ、ドナルド・E　106n
モンロー、スティーブン　163

《ヤ行》

山森亮　199n
吉川洋　69n

《ラ行》

ライト、エリク・オーリン　240
ライト、フランク・ロイド　229n
ラザルス、ジェレミー　163n
ラッファー、アーサー　v
ラビーニ、シロス　15
ラベントス、ダニエル　215
ランゲ、オスカー　238
ランプマン、ロバート　186
リカードウ、デイヴィッド　5, 86
リズ＝ウィリアムズ、ジュリエット　216
リスカベージ、ポール　36n
リビコフ、アブラハム　192
リビングストン、ジェイムス　126
リフキン、ジェレミー　236
リンダート、ピーター　36n
ルーカス、ロバート　12, 22
ルーサー、ウォルター　87n, 143, 185n
ルクセンブルグ、ローザ　59
ルクテンバーグ、ウィリアム　141
ルソー、ジャン・ジャック　204
レーニン、ヴェ・イ　18
ローヴェンシュタイン、ミーノ　180
ローウェンスィール、ネイト　168
ローウェンスタイン、ロジャー　144n
ローズベルト，フランクリン　135-136
ローマー、ポール　22
ロスザック、セオドア　229n

ロストウ、W・W　51n
ロック、ジョン　200
ロビンソン、ジェイムス　79
ロビンソン、ジョーン　10n, 15, 110
ロムニー、ミット　164
ロング、ヒューイ　176
ロング、ラッセル　188

《ワ行》

ワーツ、ウィラード　185
ワイツマン、マーティン　28
ワイリー、ジョージ　190
ワイントラウプ、シドニー　11
ワッツ、ハロルド　186
ワトソン、トーマス　185n

◆事項索引

《数字》
1935 年社会保障法　139
1946 年雇用法　33
1966 年中間選挙　189
1968 年公正住宅法　168n
1968 年民主党全国大会　189
1974 年従業員退職所得保障法　145
『21 世紀の資本』　76
401（k）　145

《A・B・C》
AFDC（Aid to Families with Dependent Children）　152, 175
Affordable Insurance Exchange　150
AFL-CIO　137
AHA　166
AWRC　140n
BainCapital　164
Blackstone　164
Carlyle Group　164
Cerberus　164
CHIP　147
CPI　71

《E・F》
EITC　134, 156
ERISA 法　145
Fair Housing Act　168n
FAP（Family Assistance Plan）　154, 158, 174

《G・I・K》
General Rights *to* Property　211
GM　145
IBM　145
ILO　27
Imperatives　3
IRA　144, 146

IT ブーム期　51
KKR（Kohlberg, Kravis and Roberts）　164

《L・M・O》
LBO　166
Living Wages　214
MFP　19
Occupy the SEC　170

《P・R》
Participation Income　237
PBGC（Pension Benefit Guarantee Corporation）　145
Pincus　164
Private Equity Firms　164
Private Equity Fund　164
Rights of Property　211

《S・T》
SCHIP（State Children's Health Insurance Program）　150
Share Our Wealth　176
Single Payer System　152
Social Credit　176
Social Dividend　176
social norms　34
Solow residual　21
SSI　134
Stakeholder Grants　214
TANF（Temporary Assistance Needy Families）　155
Tax Competition　101
Tax Expenditures　136
The National Committee on Technology, Automation, and Economic Progress　185

《U・W》
UI　133

Universal Insurance 214
Warburg 164

《あ行》

アブセンティズム 234
「アメリカ合衆国とケインズ・プラン」 109
アメリカ病院協会 166
『一般理論』 103
イノベーション
　プロセス・— 62, 87
　破壊的— 61
　プロダクト・— 62, 87
医療犯罪 164n
ウェルフェア・キャピタリズム 133, 135, 138n, 145
ウォーバーグ 164
オーウェン主義 220
オートメーション 183
オバマケア 149, 159

《か行》

カーライルグループ 164
確定給付型年金 145
確定拠出型年金 145
家計消費 70
家計負債 74
過少消費説 13, 107
課税引き下げ競争 101
家族支援計画 154, 174, 231
完全失業 →失業
技術・オートメーション・経済進歩に関する全国委員会 185
技術革新 22 →イノベーションも見よ
技術的失業 →失業
技術の外部性 24
希少性の経済学 3
逆U字型仮説 19
キャッシュフロー 51, 66
緊縮政策 50, 64

金融的肥大化 55
金融取引税 101
勤労所得税額控除 134, 156
クロウォード＝ピーヴン戦略 140n, 190
『経済学と公共目的』 226
経済停滞 13, 51, 63
経済の二重構造 →二重構造
啓蒙思想 199
限界生産力理論 5, 41, 45
権力の再分配 240
公的制度 152
高齢者・障害者医療給付 133
国際労働機構 27
国立作業場 206
個人退職貯蓄勘定 144, 146
コスト病 89
古典的自由主義モデル 199
古典的な二項対立 200
子どもメディケア 147, 149n, 150
コブ＝ダグラス型生産関数 →生産関数
雇用保険制度 133
コンピュータ 176

《さ行》

サーベラス 164
財産権 211
財産への一般的な権利 211
最低賃金 37
サイバネーション 176, 183
参加所得 237
三重革命のための臨時委員会 183
シェアエコノミー 237
ジェンダー 219
市場の失敗 144n, 248
失業
　完全— 197
　技術的— 106, 218
児童扶養世帯補助 152
資本産出係数 80
資本産出比率 18

資本収益性　78
資本主義
　　―の基本法則　77
　　世襲型―　76
『資本主義発展の理論』　115
資本所得比率　78
資本蓄積　vi, 4
資本と労働の代替　21, 45
『市民政府論』　200
社会的共同領域　95
社会的国家　76
社会的諸規範　34
社会的恥辱　→スティグマ
社会配当論　176, 216
社会保障税　142
収穫加速　23n
収穫逓減　22
収穫逓増　22, 25, 118
州児童医療保険プログラム　150
自由主義的社会主義　212
『正気の社会』　219
消費者物価指数　71
剰余価値の未実現　59
所得格差　30
所得保険　214
ジョブコア　247
所有権　200
シングルマザー　153
新古典派経済学　9, 200
新保守主義　200
スコットランド啓蒙学派　203
スタグフレーション　117n
スチュードベーカー　145
スティグマ　153, 218, 233
ステークホルダー・グラント　214
ストックオプション　11
生活賃金　214
生産関数　6, 9, 22, 42n
　　コブ=ダグラス型―　9
生産手段の社会化　216

生産性と労働報酬のギャップ　39
生産性のパラドックス　25, 92
生存権　200, 217
制度化されたトリクルダウン　101
性能の供給過剰　61
製品のライフサイクル　62
政府の失敗　248
セイ法則　29
世襲型資本主義　→資本主義
設備稼働率　15-16, 51, 53
潜在的な経済余剰　112
全米福祉受給権協会　140n
租税支出　136, 137n
ソビエト　7n, 216, 220
ソブリンファンド　78
ソロー残差　21
ソロー・モデル　21n

《た行》

『大失業時代』　236
退出コスト　118
代替的経済戦略　97
『大転換』　232n
タックスヘイブン　101
タフト=ハートリー法　135
多要素生産性　19, 26, 44
団体交渉制度　217
恥辱感　→スティグマ
チャーチスト運動　220
長子相続　209
賃金シェア　5n, 41, 64
賃金／収益比率　46
ティーパーティ　247
定言的命題　3
低所得者医療補助　133
適正保険取引所　150
投資の社会化　107
『道徳感情論』　103
ドーマー理論　115
『独占資本』　115

独占的競争　29
独占的停滞　14, 29
独占度　15
土地社会主義者　203
『土地の公正』　209
ドッド＝フランク法　170
富の共有運動　176

《な行》
ニクソン・プラン　174
二重構造　132, 158, 244, 226
　　経済の―　227
ニューディール　iii, 107, 136, 141, 216
ニューディールの孤児　147
新自由主義（ニューリベラリズム）　106
ニューリベラル・モデル　199
『人間の権利』　208
ネオリベラル派　200
ネットワーク外部性　23
年金給付保証公社　145

《は行》
破壊的イノベーション　→イノベーション
破壊的競争　62
パターナリズム　142
バブーフの蜂起　209
ハロッド＝ドーマー・モデル　20
『繁栄への道』　109
ビヴァレッジ報告　216
ヒューレット・パッカード　145
ビルトイン・スタビライザー　181
ピンカス　164
貧困　31
　　―との戦争　171
　　―の罠　153
　　過剰のなかの―　103
貧困家庭一時扶助　155
フードスタンプ　247
フェデラルトラストファンド　143

フェビアン派　18, 176, 207
福祉爆発　152
負の所得税　174n, 229
普遍的社会保障　99
普遍的所得保障　198
普遍的所得保障モデル　199
プライベートエクイティ会社　164
プライベートエクイティファンド　78, 164
ブラックストーン　164
ブルッキングス研究所　12
フレディマック　168
プレミアム　149
プロセス・イノベーション　→イノベーション
プロダクト・イノベーション　→イノベーション
分割相続　209
『平和の経済的帰結』　105
ベインキャピタル　164
ベーシックインカム　154n, 174n, 198, 214
ヘッドスタート　247
ベライゾン　145
ボーモル病　89
保険料　149
保守連合　135
ポストケインジアン　14
補足的保障所得　134
ボルカールール　170
ホワイト・バックラッシュ　248

《ま行》
マークアップ　15
マッカーシズム　135
マルクス主義　7, 111, 119, 220
メディケア　133, 147
メディケイド　133, 147

《や行》
有効需要政策　107
要素シェア　5n

《ら行》
ラディカルな独占　127
リカードウ派社会主義　9, 203
リバタリアン　153n
リバタリアン右派　200
自由社会主義者（リベラル・ソーシャリスト）　106n
リュクサンブール委員会　206
レバレッジド・バイアウト　166
連邦住宅金融抵当公庫　168
労働権　205
労働シェア　5n, 64
労働生産性　40
労働と資本の限界代替率　46
ローズヴェルト政権　33

《わ行》
ワーキングプア　154
ワッツ暴動　194

■著者紹介

本田浩邦（ほんだ　ひろくに）

1961年大阪市生まれ。1984年立命館大学経済学部卒業。1991年一橋大学大学院経済学研究科博士後期課程単位修得退学、同年一橋大学経済学部助手。1993年より獨協大学経済学部専任講師、1997年同助教授。1997〜98年カリフォルニア大学ロサンゼルス校客員研究員。2005年より獨協大学経済学部教授、現在に至る。専攻はアメリカ経済論。共著に『現代アメリカ経済分析』(日本評論社、2013年)などがある。

アメリカの資本蓄積と社会保障
（しほんちくせき　しゃかいほしょう）

2016年12月20日　第1版第1刷発行
2017年12月10日　第1版第2刷発行

著　　者──本田浩邦
発行者──串崎　浩
発行所──株式会社　日本評論社
　　　　　〒170-8474　東京都豊島区南大塚3-12-4
　　　　　電話 03-3987-8621（販売）-8598（編集）
　　　　　https://www.nippyo.co.jp/
　　　　　振替　00100-3-16
印刷所──平文社
製本所──牧製本印刷
装　　幀──神田程史
検印省略　Ⓒ HONDA Hirokuni 2016　　　　　　　　　　Printed in Japan
ISBN978-4-535-55872-4

JCOPY〈(社)出版者著作権管理機構 委託出版物〉
本書の無断複写は著作権法上での例外を除き禁じられています。複写される場合は、そのつど事前に、(社)出版者著作権管理機構（電話 03-3513-6969、FAX 03-3513-6979、e-mail: info@jcopy.or.jp）の許諾を得てください。また、本書を代行業者等の第三者に依頼してスキャニング等の行為によりデジタル化することは、個人の家庭内の利用であっても、一切認められておりません。